从"文明标准"到"新文明标准"

中国与国际规范变迁

From Standard of Civilization to New Standard of Civilization

China and the Normative Changes in International Society

张小明

著

九州出版社 JIUZHOUPRESS | 全国百佳图书出版单位

图书在版编目（CIP）数据

从"文明标准"到"新文明标准"：中国与国际规
范变迁 / 张小明著. -- 北京 ：九州出版社，2021.6
ISBN 978-7-5225-0276-2

Ⅰ．①从… Ⅱ. ①张… Ⅲ. ①国际关系－研究 Ⅳ.
①D81

中国版本图书馆CIP数据核字(2021)第137425号

从"文明标准"到"新文明标准"：中国与国际规范变迁

作　　者	张小明　著
责任编辑	郑闯琦
出版发行	九州出版社
地　　址	北京市西城区阜外大街甲 35 号 (100037)
发行电话	(010)68992190/3/5/6
网　　址	www.jiuzhoupress.com
印　　刷	三河市九洲财鑫印刷有限公司
开　　本	710 毫米 ×1000 毫米　16 开
印　　张	21
字　　数	260 千字
版　　次	2021 年 6 月第 1 版
印　　次	2021 年 6 月第 1 次印刷
书　　号	ISBN 978-7-5225-0276-2
定　　价	98.00 元

目　录

导　言

这本书是我所承担的教育部人文社科规划基金项目"从'文明标准'到'新文明标准'——中国与国际社会规范的变迁"（项目批准号：09JAGJW003；结项证书编号：2013JXZ0809）之最终成果形式，也是我很多年来不断学习与思考相关研究主题的一点心得或一个阶段性小结。

一

本书的研究主题，从狭义上说是中国与国际规范变迁，而从广义上说则是中国与现代国际社会关系的历史演进。众所周知，自从近代①以来一直到今天，中国与发源于欧洲的、由主权国家所组成的现代国际社会的关系，

---

① "近代"是英文单词"modernity"的中译文，与"现代"的含义实际上是一样的，只是不同的翻译而已。但是在中文语境里，有一些学者对"近代"与"现代"进行了区分，比如在1949年以后出版的大多数中文国际关系史教科书中，近代国际关系史被描述为开始于1648年的《威斯特伐利亚和约》，而现代国际关系史开始于1917年的十月革命。与此同时，中国的近代史通常被认为开始于1840年的中英鸦片战争，中国的现代史开始于1919年的五四运动。在本书中，"近代"和"现代"是混用的，开始于1648年。

始终是中国对外关系的核心内容，也是中外学术界热衷于讨论的重要话题之一，相关研究成果可谓汗牛充栋。20 世纪 80 年代初，我到北京大学国际政治系求学，成为一名学习国际政治专业的学生。从那个时候开始到现在，有关中国与现代国际社会关系的思索似乎就从来没有离开过我的学习、研究与教学。在过去的 30 多年里，我选修过几门相关的课（比如中国近代外交史和中华人民共和国对外关系史），读过数量不少的相关主题的中英文书籍或文章，也在给学生开设的多门课程中或多或少地论及这个主题。我想，作为一个学习、研究和讲授国际关系或国际政治的中国学人，他（或者她）总是会自觉或者不自觉地关注和思考中国与现代国际社会的关系或者中国与世界的关系之类的话题。正所谓研究外国问题，心里总想着中国的事情。这可能属于大多数中国学者所持的自觉或不自觉的"中国中心观"吧！

　　然而，我开始有写一本相关主题著作的想法，却是最近十年的事情。更具体地说，2007—2008 年，我在英国伦敦政治经济学院休学术假的时候，最早产生了这样一个念头。

　　我在英国那一年的主要工作是撰写一本有关国际关系英国学派（English School of International Relations, 又译"国际关系英格兰学派"）的理论与历史的书。在阅读有关英国学派的著作、文章以及个人档案文献的时候，我有一个意外发现，即从 20 世纪 50 年代末开始，英国学派的主要学者在阐述国际社会的理论与历史的时候，常常会提及中国，而且其论述的重点是中国与现代国际社会的关系，尤其是中国与现代国际社会扩展的关联性，把中国视为一个非西方国家如何抵制、加入和挑战西方主导的现代国际社会之重要研究个案或者参照物。我在英国牛津大学图书馆查阅英国学派著名学者赫德利·布尔的个人档案的时候了解到，布尔曾经在 20 世纪 70 年代初，随澳大利亚国立大学代表团（其成员中包括王赓武教授）访问中国，并且写了两本关于中国之行的日记和一篇访华报告。后来在布尔牛津的家中，布尔夫人玛丽·布尔给我看了她丈夫在中国拍的照片，证实布尔访华一事。英国学派中的华裔学者（如江文汉和张勇进）还发表过影响颇大的相关研究专著。进入 21 世纪之后，在中国崛起的背景之下，当代英国学派学者有关中国与现存国际秩序关系的讨论也很多，不少英国学派学者（比如巴里·布赞、伊恩·克拉克、安德鲁·赫里尔、张勇进、蒂姆·邓恩、铃木章悟等人）都就此问题发表过自己的看法，他们和中国国际关系学界也有不少交流。由于这个原因，英国学派的中国观，特别是该学派有关中国与现代国际社会关系的理论思考和历史叙述，就成了我的一个重要学术关注点。因此，后来我便把英国学派的中国观写入了我的书《国际关系英国学派：历史、理论与中国观》（2010）①中，我也在英国国际研究学会（BISA）编辑的刊物《国际研究评论》（*Review of International Studies*）上发表了一篇相同主题的英文论文（2011）②。阅读英国学派的著述，激起我对中国与现代国际社会关系历史演进的更大兴趣，我因而阅读了更多的相关文献，也产生了写一本从中国人的视角讲述中国与现代国际社会关系历史演进的书之想法。这是我写作此书的主要学术动机。

此外，我在英国期间，正好赶上 2008 年北京奥运会的火炬传递活动在一些欧美国家进行，其中一站就是英国伦敦。奥运火炬在巴黎、伦敦、旧金山等城市传递的时候，我连着好几天都在观看英国广播公司（BBC）24频道的直播节目。我从 BBC 的电视直播以及当地其他媒体的报道中了解到，在这些地方的火炬传递活动频频遭遇来自"藏独"势力、人权组织等的粗暴阻挠或干涉，而当地媒体几乎是一边倒地批评中国侵犯人权的行为，也

---

① 张小明著：《国际关系英国学派——历史、理论与中国观》，北京：人民出版社2010 年版。

② Xiaoming Zhang, "China in the Conception of International Society: The English School's Engagements with China," *Review of International Studies*, Vol.37, No.2 (2011), pp.763–786.

有人主张"抵制北京奥运会"。实际上，在奥运火炬传递活动前后，中国在非洲苏丹达尔富尔冲突、与津巴布韦的关系、东亚的缅甸反政府示威、中东的"阿拉伯之春"（又称"阿拉伯觉醒"）等问题上的立场与态度，一直面对着来自西方政府、民间组织以及新闻媒体的强烈批评与指责。从中国的角度看，北京举办奥运会是中国改革开放以来更深地与国际接轨、融入现代国际社会的一个重要表现，理应受到国际社会的欢迎。然而，综合实力日益增强且更深融入国际社会的中国为什么却频频遭遇来自西方世界以及一些非西方国家的批评和指责呢？我感觉到，奥运火炬传递在欧美国家受阻一事，从一个侧面说明当今中国与现代国际社会的关系并非十分融洽，而是存在着某种紧张关系。那么中国与现代国际社会关系中的问题到底出在哪里呢？我很想从了解和研究中国与国际社会关系的历史演进中寻找到这个问题的答案。因此，在伦敦感受奥运火炬传递活动，也是促使我写作本书的另外一个重要原因，或者说是一个环境推动力。

2008 年夏天回国之后，我集中精力于《国际关系英国学派：历史、理论与中国观》一书的补充与修改工作。2009 年春天，我在完成该书的定稿之后，便开始认真考虑写一部与该书相关联的后续著作，其主题是中国与国际规范的变迁。有了这个想法之后，我就在 2009 年 6 月申请教育部人文社科规划基金项目，并且有幸在这一年的年底获得了研究资助。此后的几年里，我便按照当初申请项目时所设计的研究计划，开始这项新的研究工作，并且陆续写了几篇相关主题的中英文文章，有些或在国内外学术刊物上正式发表，或被收录于某些编著。① 在文献资料不断积累及研究思路逐渐清晰的基础上，我便开始撰写这部书稿。

书稿的撰写比最初预想的要艰难得多，这是因为它所涉及问题的时间跨度与研究难度都实在是太大了，我也因此多次产生了放弃的念头。好在我最后还是咬牙坚持下来了，于 2013 年春夏之交最终完成了书稿初稿的写作以及研究项目的结项。然而，此后书稿的修改过程持续的时间更长，我在对书稿进行补充和完善的时候，不断发现或遇到新的材料、新的问题以及新的困难，从而导致书稿的修改工作迄今已经断断续续地进行了好几年。

二

对我来说，本书的写作既是一个寻找答案的思想探索之旅，也是一个积累知识的学习过程。在这个历经约十年的过程之中，前人的研究成果和其他文献资料无疑给了我很多思想启示，也丰富了我的知识结构。我特别

---

① 张小明：《中国的崛起与国际规范的变迁》，《外交评论》2011 年第 1 期，第 34—47 页；张小明：《东亚共同体建设：历史模式与秩序观念》，《世界经济与政治论坛》2011 年第 1 期，第 37—47 页；张小明：《诠释中国与现代国际社会关系的一种分析框架》，《世界经济与政治》2013 年第 7 期，第 23—47 页；Xiaoming Zhang, "A Rising China and the Normative Changes in International Society," *East Asia*, Vol.28, No.3 (2011), pp.235–246; Xiaoming Zhang, "Multipolarity and Multilateralism as International Norms: The Chinese and European Perspectives," in Zhongqi Pan, ed., *Conceptual Gaps in China-EU Relations* (Basingstoke, Hampshire: Palgrave Macmillan, 2012), pp.173–186; Xiaoming Zhang, "China Dream: A New Chinese Way in International Society?" in David Kerr, ed., *China's Many Dreams: Comparative Perspectives on China's Search for National Rejuvenation* (Palgrave Macmillan, 2015), pp.226–245; 张小明：《非西方国家的兴起与国际社会的变迁》，《国际关系研究》2015 年第 2 期，第 5—7 页；张小明：《从 G20 杭州峰会看中国与国际社会关系的变化》，《浙江社会科学》2016 年第 10 期，第 4—7 页。

从阅读以下四类文献中，获益良多。

第一类文献是英国学派的著述。从 20 世纪 50 年代末至今，国际关系"英国学派"学者在探索国际社会的理论与历史的时候，对古代以中国为中心的东亚国际社会 / 国际体系、中国与现代国际社会的扩展、中国在当代国际社会中的崛起等一系列相关问题，都进行了比较深入的探讨并发表了研究成果。于 1959 年成立的"英国国际政治理论委员会"一直十分关注中国与西方主导的现代国际社会的关系，并讨论了"文明标准"与中国加入国际社会的历史过程。这个委员会的重要成员马丁·怀特、赫德利·布尔、亚当·沃森以及杰弗里·哈德逊等人，都在他们的相关著述中把中国当作思考现代国际社会缘起与扩展的重要分析个案或者参照物。该委员会的部分成员还发表了与中国相关的一些研究成果，其中最著名、最经典的研究成果有两项。第一项成果就是赫德利·布尔和亚当·沃森联合主编的《国际社会的扩展》（1984）①，该书有两章分别专门论述中国加入国际社会以及中国在国际社会中"反抗西方"，其作者是江文汉和科拉·贝尔。第二项成果就是布尔的华裔学生江文汉所出版的研究专著《国际社会中的"文明标准"》（1984）②，该书比较分析了中国、日本和暹罗加入现代国际社会的历史过程，它迄今为止还是该问题领域的一部经典著作。1985 年，赫德利·布尔去世之后，英国国际政治理论委员会不复存在，但英国学派的理论探索并没有结束。此后，英国学派学者在思考国际社会变迁的时候，依然把中国作为一个重要的研究个案。冷战结束以前，英国学派相关的重要

---

① Hedley Bull and Adam Watson, eds., *The Expansion of International Society* (Oxford: Oxford University Press, 1984).

② Gerrit W. Gong, *The Standard of 'Civilization' in International Society* (Oxford: Clarendon Press, 1984).

研究著作包括约翰·文森特的《人权与国际关系》(1986)①。冷战结束之后，英国学派学者发表的专门论述中国与国际社会的关系或者涉及该主题的研究著述不断出版，其中比较重要的著作包括，张勇进的《国际体系中的中国 1918—1920 年》②(1991)、亚当·沃森的《国际社会的演进：历史比较分析》(1992)③、大卫·阿姆斯特朗的《革命与世界秩序：国际社会中的革命国家》(1993)④、张勇进的《1949 年以来的国际社会中的中国》(1998)⑤、巴里·布赞和罗斯玛丽·富特主编的《中国重要吗？》(2004)⑥、伊恩·卡拉克的《国际社会中的合法性问题》(2005)⑦、安德鲁·赫里尔的《论全球秩序》(2007)⑧、伊恩·克拉克的《国际合法性与世界社会》(2007)⑨、铃木章悟的《文明和帝国：中国和日本遭遇欧洲国际社会》(2009)⑩，以及铃木章悟和张

---

① R. J. Vincent, *Human Rights and International Relations* (Cambridge: Cambridge University Press, 1986).

② Yongjin Zhang, *China in the International System, 1918-1920: The Middle Kingdom at the Periphery* (Basingstoke: Macmillan in association with St. Antony's College, Oxford, 1991).

③ Adam Watson, *The Evolution of International Society: A Comparative Historical Analysis* (London: Routledge, 1992).

④ David Armstrong, *Revolution and World Order: The Revolutionary State in International Society* (Oxford: Oxford University Press, 1993).

⑤ Yongjin Zhang, *China in International Society since 1949: Alienation and Beyond* (Basingstoke: Macmilian Press, Ltd., in association with St. Antony's College, Oxford, 1998).

⑥ Barry Buzan and Rosemary Foot, eds., *Does China Matter? A Reassessment: Essays in Memory of Gerald Segal* (London: Routledge, 2004).

⑦ Ian Clark, *Legitimacy in International Society* (New York: Oxford University Press, 2005).

⑧ Andrew Hurrell, *On Global Order: Power, Values, and the Constitution of International Society* (Oxford: Oxford University Press, 2007).

⑨ Ian Clark, *International Legitimacy and World Society* (Oxford: Oxford University Press, 2007).

⑩ Shogo Suzuki, *Civilization and Empire: China and Japan's Encounter with European International Society* (London and New York: Routledge, 2009).

勇进等主编的《近代世界早期的国际秩序：在西方崛起之前》（2014）^①等。本书的基本分析框架就是英国学派的国际社会理论，书中所用的"国际社会""文明标准""新文明标准"等概念均来自英国学派学者的著述。与此同时，我也从阅读与英国学派有一定关联性的国际关系建构主义学派的理论著作^②中获益匪浅，书中出现的"国际规范"概念便是借用于国际关系建构主义者。

　　第二类文献是除了英国学派作品之外的其他国外学者（包括海外华裔学者）的相关著述，这类著作的数量很多。在我已阅读过的此类文献中，数美国著名汉学家、哈佛大学教授费正清的作品（包括专著和编著，其中大多已经被译成中文）最多，它们给予我的思想启迪和知识养分也最为丰富。我之所以对费正清的作品情有独钟，除了他的作品享誉国际学术界之外，也和我本人曾经作为富布赖特研究学者在美国哈佛大学费正清东亚研究中心（Fairbank Center for East Asian Research）访学一年（1999—2000）的经历有很大关系，那时我经常逛哈佛大学附近的旧书店，买过多本费正

---

① Shogo Suzuki, Yongjin Zhang and Joel Quirk, eds., *International Orders in the Early Modern World: Before the Rise of the West* (New York and London: Routledge, 2014).

② Alexander Wendt, "The Agent-Structure Problem in International Relations Theory," *International Organization*, Vol. 41, 1987, pp.335–370; David Dessler, "What's at the Stake in the Agent-Structure Debate?" *International Organization*, Vol.43, 1989, pp.441–473; Fredrich Kratochwil, *Rules, Norms, and Decisions*：On the conditions of practical and legal reasoning in international relations and domestic affairs (Cambridge: Cambridge University Press, 1989); Nicholas Onuf, *World of Our Making* (Columbia: University of South Carolina Press, 1989); Alexander Wendt, "Anarchy Is What States Made of It: The Social Construction of Power Politics," *International Organization*, Vol. 46, 1992, pp.391–425; Martha Finnemoer, *National Interest in International Society* (Ithaca: Cornell University Press, 1996); Peter Katzenstein, ed., *The Culture of National Security* (New York: Columbia University Press, 1996);［美］亚历山大·温特著，秦亚青译：《国际政治的社会理论》，上海：上海人民出版社 2000 年版；Martha Finnemore, *The Purpose of Intervention: Changing Beliefs about the Use of Forc*e (Ithaca: Cornell University Press, 2003).

清写的英文原版图书。我阅读过的费正清作品包括《中国对西方的反应》
（1954，1979）①、《被认知的中国：中美关系中的形象与政策》（1974）②、《剑
桥中国晚清史 1800—1911 年》（1985）③、《中国：传统与变革》（1992）④、
《剑桥中华民国史 1912—1949 年》（1994）⑤、《剑桥中华人民共和国史》
（1998）⑥、《中国新史》（1998）⑦、《伟大的中国革命 1800—1985》（2000）、⑧
《美国与中国》（2000）⑨、《观察中国》（2001）⑩、《中国的世界秩序：传统中
国的对外关系》（2010）⑪ 等。其中，费正清教授有关"冲击—反应"关系
的论述给我留下的印象格外深刻，尽管我并非完全认同它。除了费正清的
作品之外，我也读过其他国外学者的一些相关著作，其中包括马士的《中

---

① 　Ssu-yu Teng and John K. Fairbank, *China's Response to the West: A Documentary Survey, 1839-1923* (Cambridge, Massachusetts: Harvard University Press, 1979). 该书初版出版于 1954 年。

② 　John K. Fairbank, *China Perceived: Images and Policies in Chinese-American Relations* (New York: Alfred A. Knopf, Inc., 1974).

③ 　［美］费正清等编，中国社会科学院历史研究所编译室译：《剑桥中国晚清史 1800—1911 年》，北京：中国社会科学出版社 1985 年版。

④ 　［美］费正清、［美］赖肖尔著，陈仲丹等译：《中国：传统与变革》，南京：江苏人民出版社 1992 年版。

⑤ 　［美］费正清等编，刘敬坤等译：《剑桥中华民国史 1912—1949 年》，北京：中国社会科学出版社 1994 年版。

⑥ 　［美］麦克法夸尔、［美］费正清编，谢亮生等译：《剑桥中华人民共和国史》，北京：中国社会科学出版社 1998 年版。

⑦ 　John King Fairbank and Merle Goldman, *China: A New History*, enlarged edition (Massachusetts, Cambridge: The Belknap Press of Harvard University Press, 1998).

⑧ 　［美］费正清著，刘尊棋译：《伟大的中国革命 1800—1985》，北京：世界知识出版社 2000 年版。

⑨ 　［美］费正清著，张理京译：《美国与中国》（第四版），北京：世界知识出版社 2000 年版。

⑩ 　［美］费正清著，傅光明译：《观察中国》，北京：世界知识出版社 2001 年版。

⑪ 　［美］费正清编，杜继东译：《中国的世界秩序：传统中国的对外关系》，北京：中国社会科学出版社 2010 年版。

华帝国对外关系史》（1963，2000）①、柯文的《在中国发现历史——中国中心观在美国的兴起》（1989）②、滨下武志的《近代中国的国际契机：朝贡贸易体系与近代亚洲经济圈》③（1999）、汪荣祖的《走向世界的挫折》（2000）④、伊丽莎白·埃克诺米和米歇尔·奥克森伯格主编的《中国参与世界》（2001）⑤、何伟亚的《怀柔远人》（2002）⑥、康灿雄的《中国崛起：东亚的和平、权力与秩序》（2007）⑦、徐中约的《中国近代史：1600—2000 中国的奋斗》（2008）⑧、徐国琦的《中国与大战：寻求新的国家认同与国际化》（2008）⑨、邓勇的《中国争取国际地位的奋斗》（2008）⑩、马丁·雅克的《当

---

① ［美］马士著，张汇文等译：《中华帝国对外关系史》，上海：上海书店出版社 2000 年版。该书的中文版初版于 1963 年，由商务印书馆出版。

② ［美］柯文著，林同奇译：《在中国发现历史——中国中心观在美国的兴起》，北京：中华书局 1989 年版。

③ ［日］滨下武志著，朱荫贵译：《近代中国的国际契机：朝贡贸易体系与近代亚洲经济圈》，北京：中国社会科学出版社 1999 年版。

④ ［美］汪荣祖著：《走向世界的挫折——郭嵩焘与道咸同光时代》，长沙：岳麓书社 2000 年版。

⑤ ［美］伊丽莎白·埃克诺米、［美］米歇尔·奥克森伯格主编，华宏勋等译：《中国参与世界》，北京：新华出版社 2001 年版。

⑥ ［美］何伟亚著，邓常春译：《怀柔远人》，北京：社会科学文献出版社 2002 年版。

⑦ David C. Kang, *China Rising: Peace, Power and Order in East Asia* (New York: Columbia University Press, 2007).

⑧ ［美］徐中约著，计秋枫、朱庆葆译：《中国近代史：1600—2000 中国的奋斗》，北京：世界图书出版公司 2008 年版。

⑨ ［美］徐国琦著，马建标译：《中国与大战：寻求新的国家认同与国际化》，上海：上海三联书店 2008 年版。

⑩ Yong Deng, *China's Struggle for Status: The Realignment of International Relations* (Cambridge: Cambridge University Press, 2008).

中国统治世界》（2010）①、川岛真的《中国近代外交的形成》（2012）②、文安立的《躁动的帝国：1750年以来的中国与世界》（2012）③、佩雷菲特的《停滞的帝国：两个世界的撞击》（2013）④、沈大伟的《中国走向全球：不完全的大国》（2013）⑤、金容九的《世界观冲突的国际政治学——东洋之礼与西洋公法》（2013）⑥、夏伟和鲁乐汉的《富强之路——从慈禧开始的长征》（2014）⑦、柯庆生的《来自中国的挑战：塑造一个崛起大国的选择》（2015）⑧、魏斐德的《中华帝国的衰落》（2017）⑨等。这些学者的研究作品，大多是从他者的视角看中国的对外关系，并给我以启示。

第三类文献是中国学者的研究成果。近代以来中国与世界的关系，一直是中国学术界，特别是史学界和国际关系学界关注的重点，相关研究成果也很多。首先，我看得最多的是中国历史学者的研究专著，其中包括钟叔河的《走向世界：近代知识分子考察西方的历史》（1985）⑩、王立诚的

---

① ［英］马丁·雅克著，张莉、刘曲译：《当中国统治世界：中国的崛起和西方世界的衰落》，北京：中信出版社2010年版。

② ［日］川岛真著，田建国译：《中国近代外交的形成》，北京：北京大学出版社2012年版。

③ Arne Odd Westad, *Restless Empire: China and the World Since 1750* (London: Bodley Head, 2012).

④ ［法］佩雷菲特著，王国卿等译：《停滞的帝国：两个世界的撞击》，北京：三联书店2013年版。

⑤ David Shambaugh, *China Goes Global: The Partial Power* (Oxford: Oxford University Press, 2013).

⑥ ［韩］金容九著，权赫秀译：《世界观冲突的国际政治学——东洋之礼与西洋公法》，北京：中国社会科学出版社2013年版。

⑦ ［美］夏伟、鲁乐汉著，潘勋译：《富强之路——从慈禧开始的长征》，新北：八旗文化、远足文化事业股份有限公司2014年版。

⑧ Thomas J. Christensen, *The China Challenge: Shaping the Choices of A Rising Power* (New York: W. W. Norton & Company, 2015).

⑨ ［美］魏斐德著，梅静译：《中华帝国的衰落》，北京：民主与建设出版社2017年版。

⑩ 钟叔河著：《走向世界：近代知识分子考察西方的历史》，北京：中华书局1985年版。

《中国近代外交制度史》（1991）①、茅海建的《天朝的崩溃：鸦片战争再研究》（1995）②、戴逸的《18世纪的中国与世界》（导言卷，1999）③、万明的《中国融入世界的步履：明与清前期海外政策比较研究》（2000）④、王建朗的《中国废除不平等条约的历程》（2000）⑤、蒋梦麟的《西潮·新潮》（2000）⑥、李云泉的《朝贡制度史论——中国古代对外关系体制研究》（2004）⑦、陈永祥的《宋子文与美援外交》（2004）⑧、陈廷湘和周鼎的《天下·世界·国家：近代中国对外观念演变史论》（2008）⑨、雷颐的《李鸿章与晚清四十年》（2008）⑩、李兆祥的《近代中国的外交转型研究》（2008）⑪、臧运祜的《20世纪的中国与世界》（2010）⑫、谢俊美的《东亚世界与近代中国》（2011）⑬、蒋廷黻的《中国近代史》（2015）⑭、李文杰的《中国近代外交官群体的形成（1861—1911）》（2017）⑮等。其次，一些中国国际关系学者的著作也涉

---

① 王立诚著：《中国近代外交制度史》，兰州：甘肃人民出版社1991年版。

② 茅海建著：《天朝的崩溃：鸦片战争再研究》，北京：三联书店1995年版。

③ 戴逸著：《18世纪的中国与世界》（导言卷），沈阳：辽海出版社1999年版。

④ 万明著：《中国融入世界的步履：明与清前期海外政策比较研究》，北京：社会科学文献出版社2000年版。

⑤ 王建朗著：《中国废除不平等条约的历程》，南昌：江西人民出版社2000年版。

⑥ 蒋梦麟著：《西潮·新潮》，长沙：岳麓书社2000年版。

⑦ 李云泉著：《朝贡制度史论——中国古代对外关系体制研究》，北京：新华出版社2004年版。

⑧ 陈永祥著：《宋子文与美援外交》，北京：世界知识出版社2004年版。

⑨ 陈廷湘、周鼎著：《天下·世界·国家：近代中国对外观念演变史论》，上海：上海三联书店2008年版。

⑩ 雷颐著：《李鸿章与晚清四十年》，太原：山西出版集团、山西人民出版社2008年版。

⑪ 李兆祥著：《近代中国的外交转型研究》，北京：中国社会科学出版社2008年版。

⑫ 臧运祜著：《20世纪的中国与世界》，北京：北京大学出版社2010年版。

⑬ 谢俊美著：《东亚世界与近代中国》，上海：上海人民出版社2011年版。

⑭ 蒋廷黻著：《中国近代史》，郑州：中州古籍出版社2015年版。

⑮ 李文杰著：《中国近代外交官群体的形成（1861—1911）》，北京：三联书店2017年版。

及相关主题，其中包括王逸舟主编的《磨合中的建构：中国与国际组织关系的多视角透视》（2003）①、李扬帆的《走出晚清——涉外人物及中国的世界观念之研究》（2005）②、秦亚青等的《国际体系与中国外交》（2009）③、王逸舟和谭秀英主编的《中国外交六十年（1949—2009）》（2009）④、陈琪和刘丰主编的《中国崛起与世界秩序》（2011）⑤、赵可金的《当代中国外交制度的转型与定位》（2012）⑥、李扬帆的《涌动的天下：中国世界观变迁史论（1500—1911）》（2012）⑦、张蕴岭的《寻求中国与世界的良性互动》（2013）⑧、阎学通的《历史的惯性：未来十年的中国与世界》（2013）⑨。最后，是中国外交史或对外关系史教科书，其中有一些是我读大学本科和研究生的时候就看过的。这类的教科书包括韩念龙主编的《当代中国外交》（1988）⑩、王邵坊的《中国外交史：鸦片战争至辛亥革命时期 1840—1911》（1988）⑪、谢益显主编的《中国外交史：中华人民共和国时期 1949—1979》（1988）⑫、

①　王逸舟主编：《磨合中的建构：中国与国际组织关系的多视角透视》，北京：中国发展出版社 2003 年版。

②　李扬帆著：《走出晚清——涉外人物及中国的世界观念之研究》，北京：北京大学出版社 2005 年版。

③　秦亚青等主编：《国际体系与中国外交》，北京：世界知识出版社 2009 年版。

④　王逸舟、谭秀英主编：《中国外交六十年（1949—2009）》，北京：中国社会科学出版 2009 年版。

⑤　陈琪、刘丰主编：《中国崛起与世界秩序》，北京：社会科学文献出版社 2011 年版。

⑥　赵可金著：《当代中国外交制度的转型与定位》，北京：时事出版社 2012 年版。

⑦　李扬帆著：《涌动的天下：中国世界观变迁史论（1500—1911）》，北京：知识产权出版社 2012 年版。

⑧　张蕴岭著：《寻求中国与世界的良性互动》，北京：中国社会科学出版社 2013 年版。

⑨　阎学通著：《历史的惯性：未来十年的中国与世界》，北京：中信出版社 2013 年版。

⑩　韩念龙主编：《当代中国外交》，北京：中国社会科学出版社 1988 年版。

⑪　王邵坊著：《中国外交史：鸦片战争至辛亥革命时期：1840—1911》，郑州：河南人民出版社 1988 年版。

⑫　谢益显主编：《中国外交史：中华人民共和国时期 1949—1979》，郑州：河南人民出版社 1988 年版。

吴东之主编的《中国外交史：中华民国时期 1911—1949》（1990）①、田曾佩主编的《改革开放以来的中国外交》（1993）②、裴坚章主编的《中华人民共和国外交史》（1994）③、谢益显主编的《中国外交史：中华人民共和国时期 1979—1994》（1995）④、曲星的《中国外交 50 年》（2000）⑤、牛军编著的《中华人民共和国对外关系史概论（1949—2000）》（2010）⑥、张忠绂编著的《中华民国外交史（1911—1921）》（2012）⑦ 等。这类著作大多体现了中国的视角，这也正是我自觉或不自觉地采用的分析视角。

第四类文献是近代以来中外关系参与者或亲历者的文集、回忆录、传记等，它们提供了很多有关中国与现代国际社会关系的鲜活史料。如保罗·芮恩施的《一个美国外交官使华记》（1982）⑧、顾维钧的《顾维钧回忆录》（1983）⑨、伍修权的《在外交部八年的经历 1950.1—1958.10》（1983）⑩、王炳南的《中美会谈九年回顾》（1985）⑪、刘晓的《出使苏联八年》（1986）⑫、

①　吴东之主编：《中国外交史：中华民国时期 1911—1949》，郑州：河南人民出版社 1990 年版。

②　田曾佩主编：《改革开放以来的中国外交》，北京：世界知识出版社 1993 年版。

③　裴坚章主编：《中华人民共和国外交史》，北京：世界知识出版社 1994 年版。

④　谢益显主编：《中国外交史：中华人民共和国时期 1979—1994》，郑州：河南人民出版社 1995 年版。

⑤　曲星著：《中国外交 50 年》，南京：江苏人民出版社 2000 年版。

⑥　牛军编著：《中华人民共和国对外关系史概论（1949—2000）》，北京：北京大学出版社 2010 年版。

⑦　张忠绂编著：《中华民国外交史（1911—1921）》，北京：华文出版社 2012 年版。

⑧　［美］保罗·芮恩施著，李抱宏等译：《一个美国外交官使华记：1913—1919 年美国驻华公使回忆录》，北京：商务印书馆 1982 年版。

⑨　顾维钧著：《顾维钧回忆录》（第一分册），北京：中华书局 1983 年版。

⑩　伍修权著：《在外交部八年的经历：1950.1—1958.10》，北京：世界知识出版社 1983 年版。

⑪　王炳南著：《中美会谈九年回顾》，北京：世界知识出版社 1985 年版。

⑫　刘晓著：《出使苏联八年》，北京：中共党史资料出版社 1986 年版。

中华人民共和国外交部和中央文献研究室编的《周恩来外交文选》(1990)^①、师哲的《在历史巨人身边——师哲回忆录》(1991)^②、伍修权的《回忆与怀念》(1991)^③、汪东兴的《汪东兴日记》(1993)^④、中华人民共和国外交部和中央文献研究室编的《毛泽东外交文选》(1994)^⑤、熊向晖的《我的情报与外交生涯》(1999)^⑥、容闳的《容闳自传——我在中国和美国的生活》(2003)^⑦、颜惠庆的《颜惠庆自传：一位民国元老的历史记忆》(2003)^⑧、钱其琛的《外交十记》(2003)^⑨、马戛尔尼的《1793 乾隆英使觐见记》(2006)^⑩、黄华的《亲历与见闻——黄华回忆录》(2007)^⑪、凌青的《从延安到联合国——凌青外交生涯》(2008)^⑫、唐家璇的《劲风煦雨》(2009)^⑬、杨公素的《沧桑百年——杨公素回忆录》(2011)^⑭、乔治·马戛尔尼和约翰·巴

① 中华人民共和国外交部、中央文献研究室编：《周恩来外交文选》，北京：中央文献出版社 1990 年版。

② 师哲回忆，李海文整理：《在历史巨人身边——师哲回忆录》，北京：中央文献出版社 1991 年版。

③ 伍修权著：《回忆与怀念》，北京：中共中央党校出版社 1991 年版。

④ 汪东兴著：《汪东兴日记》，北京：中国社会科学出版社 1993 年版。

⑤ 中华人民共和国外交部、中央文献研究室编：《毛泽东外交文选》，北京：中央文献出版社、世界知识出版社 1994 年版。

⑥ 熊向晖著：《我的情报与外交生涯》，北京：中共党史出版社 1999 年版。

⑦ 容闳著，石霓译注：《容闳自传——我在中国和美国的生活》，上海：百家出版社 2003 年版。

⑧ 颜惠庆著，吴建雍等译：《颜惠庆自传：一位民国元老的历史记忆》，北京：商务印书馆 2003 年版。

⑨ 钱其琛著：《外交十记》，北京：世界知识出版社 2003 年版。

⑩ ［英］马戛尔尼著，刘半农译：《1793 乾隆英使觐见记》，天津：天津人民出版社 2006 年版。

⑪ 黄华著：《亲历与见闻——黄华回忆录》，北京：世界知识出版社 2007 年版。

⑫ 凌青著：《从延安到联合国——凌青外交生涯》，福州：福建人民出版社 2008 年版。

⑬ 唐家璇著：《劲风煦雨》，北京：世界知识出版社 2009 年版。

⑭ 杨公素著：《沧桑百年——杨公素回忆录》，香港：中国文艺出版社 2011 年版。

罗的《马戛尔尼使团使华观感》(2013)[①]、施肇基和金问泗的《施肇基早年回忆录·外交工作的回忆》(2016)[②]、蒋廷黻的《国士无双——蒋廷黻回忆录》(2016)[③]等。这些中外关系参与者或亲历者的著述，给本书的撰写提供了很多研究素材。

当然，除了上述四类文献之外，我也参考了其他一些文献，包括众多的期刊文章，在此就不一一赘述了。

三

如上所述，与本书研究主题相关的研究成果很多，我试图在学习和吸收他人研究成果的基础上，按自己所理解的研究思路与叙事方式来撰写本书。

首先，是选择一个分析框架。本书试图借鉴英国学派有关国际社会缘起、性质、扩展的论述，围绕着中国与国际规范的变迁这个主题，来诠释近代以来中国与西方主导的现代国际社会关系的历史演进过程，以期理解正在崛起的中国与国际社会的关系之现实状况与发展前景。作为西方国际关系理论的一个流派，英国学派最大的理论特色，就是把国际社会置于自己理论思考的中心位置，或者说把国际社会作为国际关系的研究主题，认为主权国家组成国际社会，其行为受共同价值、规范、规则、制度的制约，国际社会是无政府但有秩序的。在我看来，英国学派的国际社会理论能够

[①]　［英］乔治·马戛尔尼、［英］约翰·巴罗著，何高济、何毓宁译：《马戛尔尼使团使华观感》，北京：商务印书馆 2013 年版。

[②]　施肇基、金问泗著：《施肇基早年回忆录·外交工作的回忆》，北京：中华书局 2016 年版。

[③]　蒋廷黻著：《国士无双——蒋廷黻回忆录》，北京：新星出版社 2016 年版。

给我们提供一个有意义的、诠释中国与现代国际社会关系的分析框架。与此同时，我在研究英国学派的时候也深刻地认识到，英国学派有关国际社会的扩展与国际规范的扩散之传统叙事带有明显的欧洲中心主义倾向，把中国与现代国际社会的关系简单描述为：源于欧洲的国际规范向全球范围扩散、包括中国在内的广大非欧洲国家被动接受欧洲（西方）的国际规范并加入国际社会之单向发展和文明进步的一个过程。这一思路有点类似于美国汉学家费正清所说的"冲击—反应"模式。这可能比较符合晚清与民国时期中国与国际社会的关系。但是，如果我们从一个更长的历史视角来看问题，比如把鸦片战争以前的中国对外关系和鸦片战争以后到今天中国的对外关系放在一起进行长时段的历史考察，那么就会发现，中国与外部世界的关系并非简单的、单向的"冲击—反应"模式，其实也具有双向互动的性质，特别是在某些历史时期或阶段，中国也是冲击的一方。此外，我们如果从中国的视角来看问题，那么也会发现，中国并非始终只是被动接受外来的行为规范，也有主动抵制、适应、内化、修正和参与塑造现代国际规范的多种行为。因此，本书试图在借鉴英国学派理论框架的同时，有意识地克服其欧洲中心主义倾向，选择从较长历史时段和从中国的视角，来探寻中国与国际规范变迁的关联性。

其次，是确定研究主题。本书的研究主题是中国与国际规范的变迁。其实，不管是中国，还是国际规范，都是处于不断变动或者演变的过程之中的。中国的历史很漫长，从第一个统一的中央集权国家秦帝国开始至今，就已经历了 2000 多年、多个朝代或政权，其间有很多变化，其中包括对外关系理念的变化。所谓的以中国为中心的东亚地区国际社会也是如此。早在 17 世纪欧洲国际社会形成之前，在东亚地区就存在着一个以中国为中心的地区国际社会，它不是建立在各国主权平等基础之上，而是建立在以中国皇帝或者天子为中心的等级制度基础之上。尽管这个地区国际社会曾经很稳定地存在了很长时间（它比现代国际社会的历史更长），这个地区国际社会的成员、范围等并非一成不变，特别是西方殖民扩张浪潮波及东亚之后，其变化越来越大，乃至最后主要在外来势力的冲击与压力之下走向瓦解，逐渐被纳入西方主导的现代国际社会之中。其原先的主导国家中国以及成员国家（大多为中国的朝贡国），也从此开始了一个近代化或现代化的进程，其在国际社会中的身份与地位一直在发生着变化。迄今为止，有的国家完成了现代化过程，也有的国家（包括中国）还处于现代化进程之中。主权国家所组成的国际社会或者现代国际社会发源于欧洲，一般认为其形成的标志是 1648 年威斯特伐利亚和会及其签订的和约。但是，17 世纪产生的主权国家社会或现代国际社会只具有地区性，它属于欧洲国际社会，与同时期世界其他地区所存在的地区国际社会或国际体系，包括以中国为中心的东亚地区国际社会（通常被称为朝贡体系）实际上是并列的、相互独立的。但是，随着欧洲的工业化和殖民扩张，发源于欧洲的主权国家组成的国际社会逐渐扩展到世界各个角落，并瓦解了其他形式的或前现代的地区国际社会，到第二次世界大战结束以后发展成为全球性的现代国际社会。除了现代国际社会的地理范围在逐步扩大，即从欧洲扩展到全球，源于欧洲的、现代国际社会赖以存在的国际规范与国际制度其实也是处于不断演进、发展的过程之中。本书就是要叙述与分析中国与国际规范变迁及其关联性。

最后，是回答一个核心问题。本书主要想通过研究近代以来中国与国际规范的历史变迁，来回答一个问题，即近代以来至今，中国与西方主导的国际社会是否总是存在着不和谐或紧张的关系？其原因何在？这是一个很难，也很复杂的问题。本书试图回答这个问题，但是我也不敢肯定能给读者一个满意的答案。

这本书只是有关中国与现代国际社会关系的一个阶段性研究性成果，

中国与现代国际社会的关系是一个没有终点的不断演进过程，本书所涉及
的相关主题的学术探索也是一个没有终点的思维过程。因此，本书只是起
抛砖引玉的作用，我相信今后一定会有更多的学人参与这个探索过程，并
贡献自己的真知灼见。

张小明

2017 年 10 月于北京大学国际关系学院

第一章
国际社会、国际规范与"文明标准"

本书的主题是中国与国际规范变迁，它涉及几个重要的概念，即"国际社会""国际规范"以及"文明标准"，这些概念其实是相互关联的，也常常被加以混用。因此，在论述中国与国际规范变迁之前，有必要对上述概念加以阐释与界定。

第一节　国际社会

"国际社会"（international society）或者"国家社会"（society of states, society of nations）和"国际体系"（international system）一样，是国际关系研究中被广为使用的重要概念。国际社会属于社会事实，而非自然事实，它是社会建构的产物，或者说"国际社会是一个历史的（而非理论的）建构"。[①] 国际社会有别于国内社会，前者是由国家所组成的社会，

---

① ［英］詹姆斯·梅奥尔著，王光忠译，石贤泽校:《民族主义与国际社会》，北京：中央编译出版社 2009 年版，第 179 页。

而后者则是由个人所组成的社会。因此，詹姆斯·梅奥尔（James Mayall）明确指出："国际社会是国家间的社会，而非人与人之间的社会。"① 他还说："它（国际社会）是一个由国家（它们彼此承认对方的主权、在各方之间建立外交关系并且共同支持国际法）组成的社会的概念。"②

国家组成国际社会的思想至少可以追溯到 16—17 世纪，欧洲自然法思想家维多利亚（Francisco de Vitoria）、苏亚雷斯（Francisco Suarez）、格劳秀斯（Hugo Grotius）等人。但是"国际社会"这个概念被加以使用，则要晚一些。大约从 20 世纪初开始，国际法学家和政治学家便广泛使用"国际社会"这个概念，其中两次世界大战之间的理想主义者用得最多，他们希望以国际社会取代权力政治。比如，美国总统伍德罗·威尔逊于 1919 年 1 月 25 日在巴黎和会上的发言中指出："美国追求建立一个国际社会（society of nations）的热情——其热情是深厚和真实的——不是源于恐惧和忧虑，而是来自在这场战争中逐渐清晰的理想。"③ 即便是像汉斯·摩根索（Hans Morgenthau）和肯尼思·沃尔兹（Kenneth Waltz）这样的、"二战"以后美国著名的国际关系现实主义者，也使用过该概念。④ 赫德利·布尔（Hedley Bull）在 1977 年出版的《无政府社会：世界政治中的秩序研究》一书中提及，奥托·吉尔克（Otto Gierke）在 1957 年出版的一部被译为英文的著作中，就使用了"国际社会"的概念："有关确立一个世界君主的中世纪理念，同自然法学派思想家们的观点格格不入。他们让那些神圣罗马帝国的政论家们连篇累牍地发表言论，再次祈求那个未经证实的世界主权（imperium

---

① ［英］詹姆斯·梅奥尔著：《民族主义与国际社会》，第 2 页。

② 同上，第 172 页。

③ 王立新著：《踌躇的霸权：美国崛起后的身份困惑与秩序追求（1913—1945）》，北京：中国社会科学出版社 2015 年版，第 53 页。

④ Alex J. Bellamy, ed., *International Society and Its Critics* (New York: Oxford University Press, 2005), p.66.

mundi）的古老幽灵，但是也从那个濒临死亡的思想体系之坚不可摧的胚胎中催生了新鲜的、富有成果的国际社会思想……一方面，一些人继续倾向于强化国际社会，使之变成一个世界国家，并且根据共和主义原则，让它享有一个超国家的权威；另一方面，那些比较坚决地倡导主权理论的人，则完全反对任何一种把国家连为一体的自然共同体的理念。"①

长期以来，在国际关系研究中，"国际社会"和"国际体系"往往被混用。但是，一般说来，美国的国际关系学者倾向于使用"国际体系"概念，而所谓的国际关系"英国学派"学者则把"国际社会"视为自己理论的核心概念。② 英国学派一直把国际社会作为研究国际关系的主题。实际上，国家组成国际社会的思路贯穿于英国学派的一系列经典著述之中。③ 特别需要指出的是，英国学派重要代表人物赫德利·布尔最早把"国际体系"和"国际社会"加以区分，并且对后者的含义进行了清晰的界定，并被广为接受。

从目前已有的文献来看，布尔最早是在 1967 年开始清晰界定"国际社会"这个概念的。他在该年 7 月给英国国际政治理论委员会写了一个备忘录，表达了自己对现代国际体系的理解。布尔在该备忘录中写道，有两

---

① Otto Gierke, *Natural Law and the Theory of Society 1500 to 1800*, trans. Ernest Barker (Boston: Beacon Press, 1957), p.85. 载［英］赫德利·布尔著，张小明译：《无政府社会：世界政治中的秩序研究》（第四版），上海：上海世纪出版集团 2015 年版，第 28 页。

② 张小明著：《国际关系英国学派：历史、理论与中国观》，第 137—147 页。

③ Charles Manning, *The Nature of International Society*, reissue with a new preface (London and Basingstoke: The Macmillan Press Ltd., 1975); Martin Wight, *International Theory: The Three Traditions* (London: Leicester University Press, 1991), pp.7–8, 30–31, 139–144; Martin Wight, "Why Is There No International Theory?" in Martin Wight and Herbert Butterfield, eds., *Diplomatic Investigations: Essays in the Theory of International Politics* (London: George Allen & Unwin, 1966), p.18; Hedley Bull, *Anarchical Society: A Study of Order in World Politics* (London: Macmillan, 1977); Alan James, *Sovereign State-hood: The Basis of International Society* (London: Allen & Unwin, 1986).

种不同的"国际体系"概念。第一种"国际体系"概念，就是美国学派（American School）在分析国际关系的时候通常所说的"国际体系"，某些 18 世纪的欧洲思想家，特别是法国的卢梭，也是这样来使用"国际体系"这一概念的。 在布尔看来，这里所说的"国际体系"是一系列国家相互作用与联系的"一种行为格局"（a pattern of behaviour）。从这个意义上说，两个或两个以上的政治单位，虽然没有共同的目的、法律体系、外交程序或者维持均势的意识，但是可能构成一个体系。尽管政治集团之间只有战争，而没有其他的关系，它们只要是作为一个整体中互动的组成部分，就会构成一个体系。第二种"国际体系"概念，就是"国际社会"，即欧洲近代自然法学家普芬多夫（Samuel von Pufendorf）、安西隆（Friedrich Ancillon）、根茨（Friedrich Gentz）、希尔伦（A. H. L. Heeren）以及 19 世纪初国际体系思想家所说的"国际体系"。这里所说的"国际社会"指的是一个国家的联盟，它建立在国际体系的基础上，国家具有共同的身份或认同感，意识到需要依靠共同的制度来追求共同的目的。[1] 亚当·沃森（Adam Watson）给布尔写了一封信，高度赞赏其对两种国际体系概念及国际体系与国际社会概念的清楚界定与区分。[2] 甚至有新生代的英国学派学者指出，布尔对"国际社会"概念的清晰界定及其和"国际体系"概念的区分，是英国国际政治理论委员会在其第二个历史发展阶段所取得的最重要的思想创新。[3] 布尔在 1977 年出版的《无政府社会：世界政治中的秩序研究》一

[1]　Hedley Bull, "Notes on the Modern International System," British Committee on the Theory of International Politics Cambridge Meeting July 1967, Martin Wight Papers, File 253, LSE Archives.

[2]　"Letter from Adam Watson to Hedley Bull," British Committee on the Theory of International Politics, 6–9 October 1967, Martin Wight Papers, File 253, LSE Archives.

[3]　Tim Dunne, *Inventing International Society* (London: Macmillan, in association with St. Antony's College, Oxford, 1998), pp.126–127.

书中，对"国际社会"概念下了一个更为清晰、全面并被广为引用的经典定义："如果一群国家意识到它们具有共同利益和价值观念，从而组成一个社会，即它们认为在彼此之间的关系中受到一套共同规则的制约，并且一起确保共同制度的运行，那么国家社会（或国际社会）就形成了。如果说今天的国家构成了一个国际社会的话（国家在多大程度上构成一个国际社会，这正是下一章要探讨的问题），那么这是因为它们具有某些共同的利益，或许还具有某些共同的价值观念，它们认为在相互打交道的时候受到一些规则的制约，比如必须尊重对方的独立地位，履行业已达成的协议，并且对相互使用武力的行为加以某些限制。与此同时，它们也互相进行合作以确保国际制度运行，比如国际法、外交机关、普遍的国际组织以及有关战争的习惯和惯例等。"①

1984 年出版的、由布尔与亚当·沃森（Adam Watson）共同主编的《国际社会的扩展》一书，也把"国际社会"与"国际体系"两个概念进行了区分。这本书有关"国际社会"概念的定义，类似布尔在《无政府社会》一书中所下的定义："我们所说的国际社会，指的就是一群国家（或者更笼统地说，一群独立的政治共同体）不仅构成一个体系，即一方的行为乃他人必须考虑的因素，而且还通过对话和共识，为规范相互间的关系而创立起共同的规则和制度，并且承认它们具有维护这些安排的共同利益。"②

同样值得注意的是，被称为英国学派"教父"的马丁·怀特（Martin

---

① ［英］赫德利·布尔著：《无政府社会：世界政治中的秩序研究》（第四版），第 15—16 页。

② Hedley Bull and Adam Watson, eds., *The Expansion of International Society* (Oxford: Oxford University Press, 1984), p.1.

Wight），是把"国际社会"与"国际体系"加以混用的。① 也有其他一些英国学派学者认为，"国际体系"和"国际社会"两个概念之间的区别并没有布尔所说的那么清晰，二者可以混用。因为在他们看来，"国际体系"和"国际社会"无法分得很清楚，因为一个国际体系或多或少总会有某些共同规则和共同价值观。② 亚当·沃森就声称，在国际关系现实中，两者的区分并非那么清楚，任何一种国际体系中，均不同程度地存在着共同的行为规则与制度，而且共同的规则与制度可能导致有关国家意识到共同的价值伦理规范。③ 实际上，不少当代英国学派学者也采取相同的态度，把国际体系概念和国际社会概念加以混用。④

对于大多数英国学派学者（特别是经典英国学派学者）来说，所谓的国际社会基本上指的就是由源于近代欧洲的主权国家所组成的国家社会，或者主权国家社会，即现代国际社会。对于现代国际社会的历史起点这个问题，学界一般认为现代国际社会源于 1648 年的威斯特伐利亚和会，⑤ 尽管也有个别学者声称，1713 年的《乌特勒支和约》才是现代国际社会和国际

① Martin Wight, *Systems of States* (London: Leicester University Press, in association with London School of Economics and Political Sciences, 1977); Martin Wight, *International Theory: The Three Traditions* (London: Leicester University Press, 1991).

② Brunello Vigezzi, *The British Committee on the Theory of International Politics (1954-1985): The Rediscovery of History* (Milan: Edizioni Unicopli, 2005), p.5; Andrew Linklater and Hidemi Suganami, *The English School of International Relations: A Contemporary Reassessment* (Cambridge: Cambridge University Press, 2006), p.53.

③ Adam Watson, *Hegemony & History* (London and New York: Routledge, 2007), pp.32–33.

④ Alex J. Bellamy, ed., *International Society and Its Critics* , pp.47–49.

⑤ 其实，中国学者也普遍接受近代主权国家的出现是国际社会形成的必要社会条件的说法，大部分国际关系史教科书以及国际法教科书都是以 1648 年的威斯特伐利亚和会为叙事和分析起点的。比如王绳祖主编：《国际关系史》（上册），武汉：武汉大学出版社 1983 年版；袁明主编：《国际关系史》，北京：北京大学出版社 1994 年版；白桂梅著：《国际法》（第二版），北京：北京大学出版社 2010 年版。

合法性形成的标志。① 所以，从某种程度上说，英国学派所论述的国际社会概念，属于大卫·阿姆斯特朗（David Armstrong）所说的"威斯特伐利亚国际社会概念"（"Westphalian conception of international society"）。② 在他们看来，正是源于近代欧洲、欧洲人主导的欧洲国际社会逐渐扩展到其他地区，国际社会才成为今天大多数成员为非欧洲国家的全球性国际社会。也就是说，今天全球性国际社会在很大程度上是过去300多年欧洲影响世界其他地区的结果，是欧洲国家把世界统一起来的。然而，英国学派学者在从事有关国际社会的理论与历史研究的时候，也分析各种"前现代国际社会"（pre-modern international society）③，或者前现代世界（pre-modern world）中各种类型的国际体系，并把它们与现代国际社会／国际体系加以比较。有英国学派学者认为，在全球性国际社会／国际体系形成之前，世界上曾经存在过多个不同形式的国际社会／国际体系。④ 但总的说来，英国学派所说的国际社会，实际上指的就是发源于欧洲的主权国家所组成的现代国际社会，各种"前现代国际社会"或者"前现代国际体系"（其中包括以中国为中心的东亚地区国际社会）都是被用来当作现代主权国家社会的参照物。这种对国际社会的认识，无疑具有明显的欧洲中心主义倾向。

冷战后，这种对国际社会认识的欧洲中心主义倾向受到一些当代英国学派学者的批评。亚当·沃森、巴里·布赞（Barry Buzan）、理查德·利特尔（Richard Little）、爱德华·基恩（Edward Keene）、张勇进（Yongjin

---

① Ian Clark, *Legitimacy in International Society* (New York: Oxford University Press, 2005).

② David Armstrong, *Revolution and World Order: The Revolutionary State in International Society* (Oxford: Oxford University Press, 1993), p.14.

③ Geoffrey Stern, *The Structure of International Society: An Introduction to the Study of International Relations*, 2nd ed. (London: Continuum, 2000), p.58.

④ Alex J. Bellamy, ed., *International Society and Its Critics,* p.47.

Zhang）、铃木章悟（Shogo Suzuki）等人，都对马丁·怀特、赫德利·布尔等人所代表的经典英国学派的欧洲中心主义或西方中心主义倾向提出了批评。[①] 布赞批评布尔等人对国家的认识是威斯特伐利亚式的，即关注现代主权国家。他认为这种认识是"狭隘的"。[②] 沃森对布赞、利特尔等人提出的脱去"威斯特伐利亚紧身衣"的提法表示欣赏，并提出自己那一代人必须把火炬交给更年轻的学者和实践者。[③] 值得指出的是，这些学者的分析思路已经影响到一些中国的国际关系学者，他们在写国际关系史教科书的时候，已经不再以 1648 年的威斯特伐利亚和会为叙述起点了。[④]

　　我认同国际社会是由国家构成的社会这一基本观点，但是不赞同国际社会只是由主权国家所构成的社会的说法。主权国家所构成的国际社会，即现代国际社会，其历史并不长。而在现代国际社会产生之前，实际上是存在各种形式的、地区性的、前现代的国际社会的。也正因为如此，本书在论述中国与国际规范变迁的时候，虽然主要关注中国与现代国际社会的关系，但是也分析中国与东亚地区前现代国际社会的关系，中国与东亚地

[①]　Adam Watson, *Hegemony & History*, p.81; Barry Buzan, *From International to World Society? English School Theory and the Social Structure of Globalization* (Cambridge: Cambridge University Press, 2004), p.16; Barry Buzan and Richard Little, *International Systems in World History: Remaking the Study of International Relations* (Oxford: Oxford University Press, 2000); Edward Keene, *Beyond the Anarchical Society: Grotius, Colonialism and Order in World Politics* (Cambridge: Cambridge University Press, 2002); Shogo Suzuki, *Civilization and Empire: China and Japan's Encounter with European International Society* (London and New York: Routledge, 2009); Shogo Suzuki, Yongjin Zhang and Joel Quirk, eds., *International Orders in the Early Modern World: Before the Rise of the West* (New York and London: Routledge, 2014).

[②]　Barry Buzan, *From International to World Society? English School Theory and the Social Structure of Globalization*, p.96.

[③]　Adam Watson, *Hegemony & History*, p.93.

[④]　刘德斌主编：《国际关系史》，北京：高等教育出版社 2004 年版。

区前现代国际社会关系的历史遗产在一定程度上影响了中国与现代国际社会的关系。

第二节　国际规范

"国际规范"（international norms）概念与"国际社会"概念是密不可分的。国际规范也是社会事实，属于社会建构的产物。国际规范的存在，正是国际社会（包括现代国际社会和前现代国际社会）得以存在的基础与表现。

那么如何界定"国际规范"这一概念呢？有关规范和国际规范的学术定义很多，也不尽相同。

国际关系建构主义者用"规范"概念比较多，并对其进行了比较抽象的界定："规范（norms）就是对某个给定认同所应该采取的适当行为的集体期望"，[①] 或者"行为体共同持有的适当行为的共同预期"。[②] 正因为如此，有学者指出，规范一定是共有的，存在于各个主体或者主体间的，因此是社会性的。[③] 美国社会学教科书这样来界定规范这一概念："社会学家把人们在特定环境下被要求如何行动、如何思考、如何体验的期望称为规范。规范既有正式的，又有非正式的。正式规范通常以法律的形式固定下来，对违反者有特定的惩罚。非正式规范是不成文的，但往往能被社会成

① ［美］彼得·卡赞斯坦主编，宋伟、刘铁娃译：《国家安全的文化：世界政治中的规范与认同》，北京：北京大学出版社 2009 年版，第 56 页。

② ［美］玛莎·费丽莫著，袁正清译：《国际社会中的国家利益》，杭州：浙江人民出版社 2001 年版，第 29 页。

③ 林永亮著：《东亚主权观念：生成方式与秩序意涵》，北京：社会科学文献出版社 2015 年版，第 66 页。

员普遍理解。最重要的规范往往是社会中绝大多数人公认的规范，如一般美国人都能遵守严禁谋杀、抢劫、裸体出行的规范。"[1] 林永亮认为："规范指某一特定范围内所有行为者共享的观念和共同遵守的行为准则。"[2] 不管是正式的规范，还是非正式的规范；无论是依法制定的法律，还是道德戒律，都能够由人来强制执行，被人所遵守或者违背，也是能够改变的。另外，它们会被描述为好的或坏的、正确的或错误的、可接受的或不可接受的。[3]

从上述有关"规范"的界定来理解"国际规范"，就相对容易了。国际规范就是国际社会中大多数成员对适当行为的集体期望或集体理解，既包括正式规范，也包括非正式规范。有人认为，"国际规范是国家在国际社会中所遵守的原则、准则和习惯"。[4] 也有人指出，国际规范规定了国家的权利与义务，它提供了一个判断国家行为是否正确的标准。[5] 然而"这并不等于说，规范在一定程度上从外部控制了国家的行为。但是它意味着，规范塑造了权力政治游戏、行为体的性质与身份、使用武力的目的以及行为体使自己的行为具有正当性与合法性的途径"。[6] 于是，"国际规范"概念往往与"国际规则"（international rule）概念相混用。比如国际关系建构主

① ［美］戴维·波普诺著，李强等译：《社会学》，北京：中国人民大学出版社 1999 年版，第 70 页。

② 林永亮著：《东亚主权观念：生成方式与秩序意涵》，第 7 页。

③ ［英］卡尔·波普尔著，陆衡等译：《开放社会及其敌人》（第一卷），北京：中国社会科学出版社 2016 年版，第 124 页。

④ 刘兴华：《国际规范、团体认同与国内制度改革——以中国加入 FATF 为例》，《当代亚太》2012 年第 4 期，第 12 页。

⑤ Cho Young-nam, "South Korea-China Relations and Norm Conflicts," *Korea Focus*, Vol. 18, No.3 (Autumn 2010), p.116.

⑥ Andrew Hurrell, "Foreword to the Fourth Edition," Hedly Bull, *The Anarchical Society: A Study of Order in World Politics*, 4th ed. (Basingstoke：Palgrave Macmillan, 2012), p.xix.

义者克拉托赫维尔（Friedrich Kratochwil）在 1989 年出版的专著《规则、规范与决策》一书中就把"规范"与"规则"两个概念加以混用，并且认为，"所有的规则都是规范"，尽管"并不是所有的规范都展现类似规则的特征"。① 一般认为，国际规则比规范更具体一些，变化更快一些，但是都是规定国际社会成员的权利与义务的。② 布尔在《无政府社会》一书中就使用"国际规则"概念，而非"国际规范"概念，③ 但是当代英国学派学者的著述也往往把国际规则与国际规范相混用。④ 值得指出的是，相对来说，国际关系建构主义者较多使用"国际规范"概念。本书选择使用"国际规范"概念，并且更关注原则性、指导性的规定国家权利与义务的行为规范，而非较为具体的行为规则。其实，布尔在书中所使用的"国际规则"概念，实际上指的就是具有原则性、指导性的国际规范。此外，"国际规范""国际规则"和"国际制度"三个概念也有很大的关联，有时也被混用。基欧汉（Robert Keohane）有关国际制度的定义就是这么表述的，即"国际制度"是指"规定行为角色、限制活动，并塑造预期的持久的和相互联系的（正式的和非正式的）成套规则"。⑤

如前所述，国际社会存在的基础在于国际规范的存在与作用。那么国际规范产生的根源何在呢？被称为"国际法之父"的近代欧洲国际法学家

---

① Friedrich Kratochwil, *Rules, Norms and Decisions: On the Conditions of Practical and Legal Reasoning in International Relations and Domestic Affairs* (Cambridge: Cambridge University Press, 1989), p.10.

② Robert Keohane, *After Hegemony: Cooperation and Discord in the World Political Economy* (Princeton, N.J.: Princeton University Press, 1984), p.58.

③ 参见［英］赫德利·布尔著：《无政府社会：世界政治中的秩序研究》（第四版）。

④ Shogo Suzuki, Yongjin Zhang and Joel Quirk, eds., *International Orders in the Early Modern World: Before the Rise of the West*.

⑤ Robert Keohane, *International Institutions and State Power: Essays on International Relations Theory*（Boulder, CO.: Westview Press, 1989），p.163.

格劳秀斯认为，包括国际法在内的国家之间的行为规则与制度源于人类的理智。他指出，即使没有上帝，法律（包括战争法）、君主间的权利和义务以及国家间社会的各种制度都会照样存在，因为人类的本性就是理智。^①也有人认为，国际规范的产生源于权力政治，是政治的产物，即"国家通过政治权力构建约束国际关系的法律规范与社会规范，使国家得以在此规范体系内互动"。^②于是，能够构建国际规范或者游戏规则的国家就拥有了影响他国行为的权力，即"软权力"。正如"软权力"概念发明者约瑟夫·奈（Joseph Nye, Jr.）所说的："如果能够利用观念与制度拟定行动议程，让其他人的偏好看起来无关紧要或不合理，那就可能永远都不需要向他人施加压力了。换言之，通过影响他人对合法性与可行性的预期来塑造其偏好是可能的。议程构建关注的是将某些议题排除在谈判桌以外的能力，或者，用福尔摩斯的话来说，就是让狗吠不出来。"^③在我看来，国际规范无疑是国家间互动的产物，是社会建构的结果。但是，在这种互动和社会建构过程中，存在着人类的理智以及权力关系等诸多因素的推动。

国际规范具体包含哪些内容呢？实际上，对于不同的人以及不同的历史时期来说，国际规范的具体含义也是不尽相同的。其中，国际关系英国学派的相关看法，或许能有助于我们理解国际规范的具体含义。国际关系英国学派主要代表人物之一的赫德利·布尔对国际社会中的规则与制度有比较深入的理解，而他所说的国际社会中的规则与制度，实际上就是本书所说的国际规范。布尔早在 1961 年提交给英国国际政治理论委员会的一篇文章中就指出，在国家组成的国际社会中存在着规则，主权国家承认指

① ［英］詹姆斯·梅奥尔著：《民族主义与国际社会》，第 13 页。

② 刘志云主编：《国际关系与国际法学刊》（第 1 卷），厦门：厦门大学出版社 2011年版，第 7 页。

③ ［美］约瑟夫·奈著，王吉美译：《权力大未来》，北京：中信出版社 2012 年版，第 17 页。

导其行为的规则。其中，有三个规则存在于包括国际社会在内的所有类型的社会中，但它们并非自然法。这三个原则是：诚信原则（the principle of truth），在国际关系中表现为条约必须遵守的原则；生命规则（the rule about life），即不能随意夺取他人的生命，在国际关系中表现为国家的生存权；财产规则（the rule about property），即私有财产不可侵犯，在国际关系中表现为国家的主权。国际社会中的确存在着这些规则，尽管它们时常会被违背。但是，布尔强调，不要把国内社会和国际社会加以简单类比，国际社会是一种特殊形式的社会，具有自己的特点。他认为，国内社会所没有的、国际社会中的核心制度（central institutions）或者基本制度（fundamental institutions），包括外交、联盟、均势、战争等，使得不需要建立起一个世界政府，也可以减弱（mitigate）无政府状态和确保某种秩序的存在。当然，不同种类的国际社会所具有的秩序程度高低是不一样的。①他在 1977 年出版的《无政府社会：世界政治中的秩序研究》一书中，对此作了更加清晰的论述。布尔认为，国际体系中的国际社会要素，即有关国家共同的利益观念、国家遵循的共同的行为规则以及国家所创立的共同的制度，使得世界政治秩序得以维持。具体来说，首先，国家之间要形成一个"追求社会生活基本目标的共同利益观念"，即限制暴力行为、确保条约得到遵守、维护国家的主权地位。②其次，国家遵守相关的三套行为规则：第一套规则可以称之为当今世界政治中的基本规范性原则，阐明谁是国际社会的成员，"这套原则认同国家社会的思想，否定世界帝国、世界人类共同体、霍布斯的自然状态或者战争状态等理念，它是有关人类政治组织的

---

① Hedley Bull, "International Society and Anarchy (Introductory Talk)", July 22, 1961, Bull Papers, Bodlein Library, Oxford University, and Martin Wight Papers, File 253, LSE Archives; Hedley Bull Papers, No. 8, Bodleian Library, Oxford University.

② ［英］赫德利·布尔著：《无政府社会：世界政治中的秩序研究》（第四版），第 60 页。

最高规范性原则”；第二套规则可以称之为“共处规则”，规定了国际社会成员实现共处的基本条件，包括限制使用暴力的规则、对主权国家合法从事战争的理由和目标加以限制的规则、限制主权国家从事战争方式的规则、规定中立国和交战国相互关系中的权利与义务的规则等；第三套规则被用来规范国家间的合作，其中包括促进政治和战略合作或者社会与经济合作的规则。[①] 最后，国家构建起一系列共同的制度，使得国家通过认定规则、传达规则、解释规则、执行规则、修改规则以及保护规则，来确保规则具有效力，这些制度包括均势、国际法、外交、战争、大国管理体系等。这里所说的制度并不一定指组织或者管理机制，而是指“一整套用于实现共同目标的习惯与惯例”。[②] 和布尔一样，也有现实主义者把均势视为整个国际社会大厦得以支撑的首要制度。[③]

但是，在英国学派内部，对于国际社会中的规则与制度的认识，存在着不同的观点。一些人（被称为多元主义者）强调主权和不干涉原则或规范是国际社会存在的基础。比如，罗伯特·杰克逊（Robert Jackson）在《全球契约》一书中指出，国际社会源于欧洲，并逐渐扩展到全球。在国际社会的历史演变过程中，国际行为规范也在发生变化，并逐渐形成了今天跨越不同文明或文化的、普遍性的“全球契约”（global covenant）。这种“全球契约”属于国际伦理的范畴，包括程序性规范（procedural norms）和谨慎性规范（prudential norms）两个方面。所谓程序性规范，属于“原则伦理”（ethic of principle），指的就是国际法，其中主权平等和不干涉原则是“基石”，地位高于人权等其他基本规范；而谨慎性规范属于“国策伦

---

① 同上，第 61—62 页。

② ［英］赫德利·布尔著：《无政府社会：世界政治中的秩序研究》（第四版），第 63—66、89—192 页。

③ ［英］詹姆斯·梅奥尔著：《民族主义与国际社会》，第 173 页。

理"（ethic of statecraft），指政治家在特定情势中要做出"负责任的"抉择。在他看来，"全球契约"虽然在历史上源于欧洲文明，但它现在已经发展为跨越不同文明或文化的行为规范，因而具有了普遍性，它体现了多样化基础上的一致（unity in diversity），而不是趋同化基础上的一致（unity in conformity），因此文明或文化的差异不会成为"人类政治对话"的障碍。① 另外一些人（被称为连带主义者）认为国际社会中存在着很多普遍性的规范，否认主权、不干涉原则的绝对性，支持"正当的干涉"（justified intervention），特别是人道主义干涉，反对"义务止于边界"，主张捍卫普遍的民主和人权原则。比如，尼古拉斯·惠勒（Nicholas Wheeler）和蒂姆·邓恩（Tim Dunne）认为，《联合国宪章》《世界人权宣言》《公民权利和政治权利国际公约》《经济、社会和文化权利国际公约》以及《维也纳人权宣言》等国际文件所体现的"国际人权规制"（global human rights regime）表明，国际社会的规范发生了演变，在当今国际社会中存在着普遍的或全球的人权标准，尊重和保护人权是一项国际义务，也是国家的国际合法性之重要来源。②

值得注意的是，在冷战结束以后，当代英国学派学者对经典英国学派学者布尔等人有关国际制度的论点进行了修正与拓展。其中，巴里·布赞的观点最值得关注，而且影响也最大。布赞认为，国际制度概念在英国学派思想中占据核心地位，因为国际制度是国际社会的实质内容，也是英国学派所说的国际秩序之基础。同时，英国学派对国际制度的理解，也是该

---

① Robert Jackson, *The Global Covenant: Human Conduct in a World of State* (Oxford: Oxford University Press, 2000), pp.10–25.

② Tim Dunne and Nicholas J. Wheeler, eds., *Human Rights in Global Politics* (Cambridge, Cambridge University Press, 1999), "Introduction," pp.1–28; Tim Dunne, "Fundamental Human Rights Crisis after 9/11," *International Politics*, Vol. 44 (2007), p.273.

学派与占据主流地位的新自由制度主义理论的重要区别之一。① 他指出，
经典英国学派对国际社会制度的论述不同于美国的新自由制度主义者。英
国学派所关注的是可以被称为"首要制度"（primary institutions）的那一
类国际制度，它们是在演进中自然产生而非特意设计的，因而具有很强
的生命力、悠久的历史和深厚的根基，并且在一定意义上还属于构成性
（constitutive）制度，即规定谁是社会中的行为体以及游戏规则是什么。而
新自由制度主义者所关注的，则是人们为了某种目的而专门设计的国际制
度，它们实际上属于"次要制度"（secondary institutions）。布赞认为，有
关国际制度的论述，是英国学派对国际关系研究的一大贡献。但是，经典
英国学派的论著集中于论述那些始于 17 世纪欧洲的威斯特伐利亚国际社会
的首要制度，它们包括布尔等人所关注的 7 种国际社会的首要制度：主权、
领土、战争、均势、大国、外交、国际法。在布赞看来，王朝主义、人与
人间不平等、殖民主义等也应该属于威斯特伐利亚国际社会中的首要制度。
同时，布赞也指出，在英国学派的思想中，国际制度都不是永恒的，它们
经历了一个产生、衰落与消失的过程，但有的国际制度（如主权）变化过
程很缓慢。因此，当今的英国学派学者必须关注一些新近出现的国际制度，
其中民族主义和市场就是两个十分重要的国际制度，它们均属于"首要制
度"的范畴，重新塑造或者限制了威斯特伐利亚国际社会中的制度。布赞
也探讨了国际制度的类型、多寡与国际社会类型之间的关系，并思考了国
际制度是如何被确立和得到遵守的，认同温特所说的强制手段、权衡利弊
以及信念可能导致制度得以确立和获得遵守的思想。这样一来，英国学派
的理论就能够帮助人们思考今天国际社会的制度是如何被构建起来的、国

---

① Barry Buzan, *From International to World Society? English School Theory and the Social Structure of Globalization* (Cambridge, Cambridge University Press, 2004), pp.161–163.

际社会的制度将如何发生演变等。① 这属于对经典英国学派国际制度概念的拓展与深化，具有一定的理论创新意义。

同样值得注意的是，进入 21 世纪，有学者指出，在国际社会中存在着一系列基于西方经验的"好的治理"（good governance）规范，它们包括：市场竞争（market competition）、民主（democracy）、人权（human rights）、透明度（transparency）、担责（accountability）、法治（rule of law）。② 国际规范的存在导致国际关系中存在着"规范性歧视"的事实，一个国家根据彼此在制度上的同质性或异质性来决定与另外一个国家的关系，各国会根据相互间是否拥有共同价值观而把彼此分成敌人或朋友。③

在谈到国际规范的时候，就不得不提到国际法，即"对国家在它们彼此往来中有法律约束力的规则的总和"，④ 或者"主要在国家之间形成并主要靠国家单独或集体的力量来加以实施的，调整以国家为主导的国际关系的原则、规则和制度的总和"。⑤ 这是因为两者的关系是很密切的，国际法是现代国际规范的一个重要组成部分。也可以说，国际法就是正式的、具有法律性质的国际规范，尽管国际法作为法律并不一定都被遵守。正如美国社会学教科书所指出的，"法律就是一种正式的规范"。⑥ 有学者把国际

---

① ［英］巴里·布赞：《英国学派及其当下发展》，《国际政治研究》2007 年第 2 期，第 106—112 页；Barry Buzan, *From International to World Society? English School Theory and the Social Structure of Globalization*, pp.161–204.

② Wang Hongying and James Rosenau, "China and Global Governance," *Asian Perspective*, Vol.33, No.3 (2009), p.6.

③ ［法］达里奥·巴蒂斯特拉著，潘志平译：《国际关系理论》（修订增补本），北京：社会科学文献出版社 2010 年版，第 408 页。

④ ［英］詹宁斯·瓦茨修订，王铁崖等译：《奥本海国际法》（第 1 卷第 1 分册），北京：中国大百科全书出版社 1995 年版，第 3 页。

⑤ 白桂梅著：《国际法》（第二版），第 1 页。

⑥ ［美］戴维·波普诺著：《社会学》（第十版），第 71 页。

法明确界定为一整套"被广泛认可的规范"。①而布尔则把国际法定义为一组特定的规则:"国际法可以被看作是对世界政治中的国家及其他行为体在它们彼此交往中具有约束力和法律地位的一组规则……我提到的这个定义把国际法视为一组特定的规则。"②另外,布尔也把国际法视为国际制度的组成部分。实际上,如前所述,布尔所说的国际制度就包含国际法。杰克逊所说的"全球契约"中的程序性规范指的也是国际法。那么我们能否说,国际法是国际规范的"法律化",具有法律上的约束性,属于国际法律规范(international legal norms)?或者说这只是国际关系学者与国际法学者使用的不同概念而已?一般来说,国际规范这个概念比较国际法更广,它除了包含国际法律规范之外,还包括国际道德规范、国际礼节规范等诸多内容,③因此,国际关系学者常常倾向于使用国际规范概念。罗伯特·基欧汉指出,国际关系学者曾经忽视国际法,尤其是探讨国际规则与规范如何影响国家行为时,回避使用"国际法"一词。④国际法学者一般都把国际条约、国际习惯以及文明国家所承认的一般法律原则视为国际法的渊源。⑤与此同时,和其他国际规范一样,国际法也是在不断发展变化之中的。有学者指出,在第二次世界大战结束以后,"国际法的适用范围发生很大的变化,即从主要以调整国家间政治、战争、外交关系为基本任务的国际法,迅速向经济、社会、人权、通信和环境等领域扩展,产生了数量庞大的调

---

① Laura Valentini and Tiziana Torresi, "Introduction–International law and global justice: a happy marriage," *Review of International Studies*, Vol.37, No.5, (2011), p.2036.

② Hedley Bull, *The Anarchical Society: a Study of Order in World Politics*, 4th ed. (Basingstoke, Hampshire: Palgrave Macmillan, 2012), p.122.

③ 白桂梅著:《国际法》(第二版),第32—64页。

④ Robert O. Keohane, "International Institutions: Can Interdependence Work?" *Foreign Policy* (Issue 10, Spring 1998), p.85.

⑤ 白桂梅著:《国际法》(第二版),第5页。

整国际经济、社会、环境、人权等方面的法律规则与制度，并形成了一些相对独立的新法律部门，如国际贸易法、国际金融法、国际投资法、国际环境法、国际刑法、国际人权法、WTO 法、国际仲裁法等。事实上，国际法发展到今天，已成为一个具有'广泛性'特征的庞大法律体系，强弱程度不一的各种规范约束着国际社会的各个领域"。① 进入 21 世纪以后，越来越多的国际关系学者进行国际法—国际关系跨学科研究，将国际法视为国际规范，探讨规范的建立、执行与遵守。也有国际关系学者研究国际关系的法律化（legalization），探讨国际法在国际关系中的角色与功能。

与此相关的一个问题是，国际组织与国际规范是什么样的关系呢？国际组织是国际规范本身的表现形式，还是国际规范的制定者，或者国际规范的执行者？有学者指出，"国际组织被当作是规则、原则、规范和决策程序的结构，其他行为体——通常是国家——通过此结构采取行动"。② 他们进一步指出，国际组织"使得行为体遵守现有的行为规则和规范。联合国难民事务高级专员公署公开有关国家残酷统治的信息，由此促使各个国家遵守人权规范。国际组织具有一系列的工具来管制国家和非国家行为体的行为"。③ 与此同时，国际组织也有"表述和传播新的规范和规则"的作用。④ 国际组织表述和传播新的规范与规则的作用，是与其创立、执行规范与规则的作用密不可分的。也就是说："国际组织创立了规则和规范之后，就热切地传播其专业知识的好处，并且经常充当传输带，传递良好政治行

---

① 刘志云著：《当代国际法的发展：一种从国际关系理论视角的分析》，北京：法律出版社 2010 年版，第 118 页。

② ［美］迈克尔·巴尼特、［美］玛莎·芬尼莫尔著，薄燕译：《为世界定规则：全球政治中的国际组织》，上海：上海人民出版社 2009 年版，第 2 页。

③ 同上，第 9 页。

④ ［美］迈克尔·巴尼特、［美］玛莎·芬尼莫尔著：《为世界定规则：全球政治中的国际组织》，第 43 页。

为的规范和模式。这种作用并非是偶然的或者是无意识的。国际组织的官员坚持认为他们的部分使命是传播、灌输和执行全球价值观和规范。他们是当代的传教士。许多国际组织的工作人员被进步的观念所武装，比如如何建立美好生活的观念以及对转换过程的某些理解。他们把塑造国家的行为作为既定的目的。为了实现这个目标，他们确定最好的做法，并且明确地表达和传播那些规范，以界定是什么组成了可以接受的以及合法的国家行为。例如，国际货币基金组织努力劝说其成员国重组国内的金融制度和实践，以与国际标准接轨。联合国难民事务高级专员公署职责中很明确的一部分是：推动国家和其他行为体意识到并且遵守国际难民法。"① 也就是说，国际组织既可能体现了国际规范，也可能参与了国际规范的制定、执行与传播。

还有，国际规范是如何传播或者扩散的呢？现代国际规范是随着西方的军事扩张而传播的吗？它们是被非西方国家自愿还是非自愿接受的？主流英国学派学者有关国际规范扩散的叙事是，国际规范源于欧洲，然后向全球扩散或传播，成为具有合法性的全球规范，欧洲国家是规范的建构者，而非欧洲国家则是规范的接受者。非欧洲国家接受源于欧洲的国际规范，也就是一个使自己符合"文明标准"，成为国际社会中的"文明国家"的过程。② 但是，最近有英国学派学者质疑这种欧洲中心主义叙事，认为我们应该注意到，很多非欧洲国家实际上是在枪口之下被迫接受这些规范的。③

---

① 同上，第46—47页。

② Hedley Bull and Adam Watson, eds., *The Expansion of International Society* (Oxford: Oxford University Press, 1984); Gerrit Gong, *The Standard of "Civilization" in International Society* (Oxford: Clarendon Press, 1984); Ian Clark, *Legitimacy in International Society* (New York: Oxford University Press, 2005).

③ Shogo Suzuki, Yongjin Zhang and Joel Quirk, eds., *International Orders in the Early Modern World*, p.8.

建构主义者玛莎·芬尼莫尔和凯瑟琳·斯金克则提出了国际规范生命周期理论，将其分为规范兴起、规范普及和规范内化三个阶段。[①] 杰弗里·切克尔和阿米塔·阿查亚探讨了国际规范的扩散或传播问题。[②] 此外，还有国际规范国内化问题，即国家在国内层面调整并接受（既可能是工具性接受，也可能是内化式接受）来自国际体系层面规范的动力。[③] 国际规范的国内化，包括科赫所说的国际规范的社会性内化、政治性内化与法律性内化问题。当国际规范需要获得非常广泛和普遍的支持以示其具有公共正当性时，发生的是社会内化；当政治精英接受国际规范，并倡议将之采纳为政府政策时，发生的是政治内化；当国际规范通过行政、立法和司法途径被纳入国内法律体系时，发生的是法律性内化。[④] 有学者认为，通过霸权国家主导的国家社会化的过程，其他国家领导人内化霸权国家倡导的规范和价值，使得由霸权国家和其他国家组成的国际社会接受霸权国的领导地位。[⑤] 此外，非国家行为体与国际规范的构建和传播，也是值得注意的一个方面。例如，禁止地雷条约就是一些互联网组织同加拿大这样的中等国家政府、一些政治家以及像已故的戴安娜王妃这样的名人进行合作的结果。又比如，在从 1997 年京都会议开始的气候变化会议上，非政府组织或者作为各国代

[①] ［美］玛莎·芬尼莫尔、［美］凯瑟琳·斯金克：《国际规范的动力与政治变革》，载［美］彼得·卡赞斯坦、［美］罗伯特·基欧汉、［美］斯蒂芬·克拉斯纳主编，秦亚青等译：《世界政治理论的探索与争鸣》，上海：上海世纪出版集团 2006 年版，第 295—552 页。

[②] Jeffrey Checkel, "Norms, Institutions, and National Identity in Contemporary Europe," *International Studies Quarterly*, Vol. 43（1999）pp.83–114; Amitav Acharya, "How Ideas Spread: Whose Norms Matter? Norm Location and Institutional Change in Asian Regionalism," *International Organization*, Vol. 58（Sping 2004）, pp.239–275.

[③] 林民旺、朱立群：《国际规范的国内化：国内结构的影响及传播机制》，《当代亚太》2011 年第 1 期，第 136—160 页。

[④] 刘志云主编：《国际关系与国际法学刊》（第 1 卷），第 45 页。

[⑤] John G. Ikenberry and Charles A. Kupchan, "Socialization and Hegemonic Power," *International Organization*, Vol. 44, No.3 (1990), p.289.

表团之间的交流渠道，或者作为议题的设置者，或者作为公众压力的动员者，都扮演了重要角色。① 正如有学者所指出的："全球化社会的一个突出特点就是国家权力的相对收缩，国际组织、跨国公司、NGO 等非国家行为体变得愈加活跃，它们的行动构成'全球治理'的重要组成部分，扮演着弥补国家权力空间之外空白的重要角色。全球金融治理也是如此，尤其是银行业践行社会责任的领域，越来越多的由国际组织、跨国银行、NGO 等制定或推动的国际标准或规范，构成一个交叉互动的制度网络，约束着银行业对社会责任的践行与发展。"② 还有学者分析制度化与国际规范的普及问题："制度化可以清楚地告诉人们某一规范是什么，什么行为被视为违反规范的行为（这往往是行为体之间出现分歧的地方）。制度化还可以明确具体的程序，使规范领导者得以协调不同意见，并对违反规范的行为进行制裁。这样一来，制度化就可以大力促进规范的普及。比如，生化武器规范的制度化对于海湾战争之后协调各方力量、就制裁伊拉克达成几近一致的意见起到了至关重要的作用，并使各国形成了一个在伊拉克境内开展核查的机制，以保证对这一规范的遵守。"③ 有学者注意到，源于西方的国际规范向非西方国家进行传播或者扩散时，总是会不同程度地遇到当地文化这道"防火墙"的阻碍，因此只能是"部分"传播或者扩散。④

　　国际规范并非一成不变，而是始终处于变迁之中，它们"会随着社会

---

　　① Joseph S. Nye, Jr., David A. Welch, *Understanding Global Conflict and Cooperation: An Introduction to Theory and History*, 10th edition (New York: Pearson Education, Inc., 2017), p.351.

　　② 刘志云主编：《国际关系与国际法学刊》（第 1 卷），第 166 页。

　　③ ［美］彼得·卡赞斯坦等主编：《世界政治理论的探索与争鸣》，第 309 页。

　　④ Richard Rosecrance, "The Partial Diffusion of Power," *International Studies Review*, Vol.16, Issue（2014），pp.199–205; David Zweig, and Feng Yang, "Overseas Students, Returnees, and the Diffusion of International Norms into Post-Mao China," *International Studies Review*, Vol.16, Issue 2（2014），pp.252–263.

互动的变化而演进"。^① 或者说，"规范和规则是随着时间和空间或快或慢地发生变化的"。^② 所以，研究人权规范或人权标准变迁的学者 Makau Mutua 就明确指出，标准的设定、规范的创立是一个持续不断的、有机的过程，规范是移动的靶标。^③ 但是，在这个变迁过程中，主要是哪些行为体参与规范的创建与修订呢？研究国际规范变迁的一些理论家认为，不同的国家在规范创建和变迁过程中所扮演的角色是不一样的，实际上是世界上的主导国家左右了国际规范的变迁。他们认为，新的国际规范的形成有三个阶段，即世界主导国提出，多数国家效仿，然后内化并成为普遍的国际行为准则。^④ 巴里·布赞就指出，"把全球层次的国际社会理解为一种核心—边缘结构，这样比较准确一些。在这一结构中，西方把自己的价值推广到全球，它导致在世界上的不同地方产生不同程度的接受和抵制态度"。^⑤ 约翰·伊肯伯里（John Ikenberry）和查尔斯·库普乾（Charles Kupchan）总结了霸权国促使新国际规范被普遍接受的三个途径，即霸权国家通过规范说服（normative persuasion）、外部诱惑（external inducement）、内部重构（internal reconstruction），来使他国接受新的国际规范。^⑥ 也就是说，国际

---

① ［美］彼得·卡赞斯坦主编：《国家安全的文化：世界政治中的规范与认同》，第 30 页。

② Gerald Chan, *China's Compliance in Global Affairs: Trade, Arms Control, Environmental Protection, Human Rights* (Singapore: World Scientific Publishing Co. Pte. Ltd., 2006), p.43.

③ Makau Mutua, *Human Rights Standards: Hegemony, Law, and Politics* (Albany, NY: State University of New York Press, 2016), p.1–2.

④ Martha Finnemore and Kathryn Sikkinnk, "International Norms Dynamics and Political Change," *International Organization*, Vol. 52, No.4 (Autumn 1998), pp.887–917.

⑤ Barry Buzan, "Approaches to Studying Regional International Society," working paper for International Academic Workshop: Beyond History: Reconciliation, Cooperation and Social Integration in Northeast Asia, 3 December 2011, Hangzhou, China.

⑥ G. John Ikenberry and Charles A. Kupchan, "Socialization and Hegemonic Power," *International Organization*, Vol. 44, No. 3 (Summer 1990), p.290.

规范的变迁与强权国家之间的关系十分密切，强权国家根据自身的利益塑造国际规范。正如罗伯特·吉尔平所说的，"历史性变革源于强权国家的自我利益"，"社会结构的创立为最强大的成员提高利益而服务"。[①] 但是，霸权并非持久不变的，"经过一段时间后，能力分配发生变化，新兴权力必将寻求以有利于自身的方式改变游戏规则，而且只要变革的收益超过成本，那么就会一直持续下去。"[②] 史蒂芬·克拉斯纳（Stephen D. Krasner）也指出："规则是根据强国的价值观念制定的，并以歧视的方式应用于弱国的身上。"[③] 瑞典学者彼得·瓦伦斯腾强调大国群体在制定普遍标准与行为准则中所扮演的重要角色："一项普遍标准只有适用于很多行为体，才能称为普遍。大国的存在，对于制定和执行这些标准而言相当重要。所以，不论默示还是明示，大国的群体能够设计特定的行为准则，并持续加以执行，其效果能够超越该集体自身。"[④]

值得指出的是，中国学者阎学通对有关国际规范产生和演化的基本假设是：主导国的领导性质决定了该国的国际行为，而该国的行为（通过样板、支持和惩罚）促使他国在国际互动中采取相同的行为原则；随着多数大国采取该种行为原则，该行为原则就社会化为国际规范了。[⑤] 正因为如此，很多学者都提到一个事实，即美国崛起为世界大国之后，在促使国际规范和国际秩序"美国化"上扮演了重要的角色。正如历史学家王立新所

① ［美］本杰明·科恩著，杨毅、钟飞腾译：《国际政治经济学：学科思想史》，上海：上海世纪出版集团 2010 年版，第 81 页。

② ［美］本杰明·科恩著：《国际政治经济学：学科思想史》，第 81 页。

③ Stephen D. Krasner, "International Political Economy: Abiding Discord," *Review of International Political Economy*, Vol. 1, No.1 (Spring 1999), p.16.

④ （瑞典）彼得·瓦伦斯腾主编，刘毅译：《和平研究：理论与实践》，北京：北京大学出版社 2014 年版，第 77 页。

⑤ 阎学通：《国际领导与国际规范的演化》，《国际政治科学》2011 年第 1 期，第 1—28 页。

说的："已经成长为大国的美国如何处理与现存国际秩序的关系，是接受国际社会既有的规范和准则，完成在国际社会内部的'社会化'，还是运用自己的力量重塑现存的国际规范，实现国际秩序的'美国化'？实际上，从1898年起，美国的国际角色以及美国与国际（欧洲）秩序的关系就成为美国处理对外关系时面临的难题。当第一次世界大战导致欧洲'旧秩序'倾覆之后，如何处理这一问题成为摆到美国人面前的迫切任务。两次世界大战期间的美国历届政府都追求在国际关系中贯彻美国的原则，试图通过国际秩序的'美国化'来维护美国的安全和利益。这一目标在第二次世界大战结束时，伴随着自由国际主义秩序的建立基本得以实现。"① 事实上，第二次世界大战结束以后至今，美国的确一直是最主要的国际规范创建者，也是最主要的国际规范变迁的塑造者。

与此同时，也有国际关系学者认为，不应该过于强调权力对于规范的塑造作用，因为在国际体系中，规范既是权力的产物，也是权力的来源和对权力的约束。② 其实，一些国际规范的形成，并非大国塑造的结果，而是某些中小国家、国际组织或者非政府组织、个人努力的结果。

第三节 "文明标准"

把国家分为文明国家与野蛮国家（或者未开化国家）的思想古已有之，但是"文明标准"（standard of civilization）则是产生于近代欧洲的概念。

---

① 王立新著：《踌躇的霸权：美国崛起后的身份困惑与秩序追求（1913—1945）》，北京：中国社会科学出版社 2015 年版，第 10 页。

② Ward Thomas, *The Ethics of Destruction: Norms and Force in International Relations* (Ithaca, NY: Cornell University Press, 2001), p.3、p.9.

"文明标准"概念与"国际社会""国际规范"概念也是密不可分的。实际上，规范就是行为准则和标准。正如美国社会学家戴维·波普诺所指出的："规范是一种确定人们在特定情境下应如何行动、思想和感受的准则和标准。"① 美国国际关系学者克拉斯纳也是这样给规范下定义的：规范是"界定为权利与义务的行为标准"。② 所以，"文明标准"就是用来判断国家是否为国际社会中的合法或者合格成员的国际规范。③ 更严格地说，"文明标准"是近代以来西方国家用来判断非西方国家是否为国际社会的合法或者合格成员的准则。

　　近代主权国家产生于欧洲，西方国家成为主权国家社会的主导者，以及标准的制定者和解释者。④ 根据欧洲的文明国家标准，世界被想象成由文明国家和野蛮国家两大类国家组成。欧洲（西方国家）为文明国家，非欧洲（西方）国家为野蛮国家。野蛮国家只有在经历一段启蒙教育和自治准备的时间之后，才可以演化为"文明"国际社会的成员。⑤ 随着西方的殖民扩展，在世界上就按照西方的标准，产生了"文明"国家与"非文明"国家的分野，中国等非西方国家自然属于非文明国家或者半文明国家。正如日本近代思想家福泽谕吉所指出的："现代世界的文明情况，要以欧洲各

① ［美］戴维·波普诺著：《社会学》（第十版），第 90 页。

② S. Krasner, "Structural Causes and Regime Consequences: Regime and Intervening Variables," *International Organization*, Vol. 36, No.2（1982）, pp.185–205.

③ 值得注意的是，有学者把"规范""原则""规则""标准"这几个概念并列使用，由此可以看出它们之间的关联性。Rosemary Foot and Andrew Walter, *China, the United States, and Global Order* (Cambridge: Cambridge University Press, 2010), p.2,6.

④ 主权概念源于欧洲已经成为一种共识，但是，也有学者质疑主权概念首先发源于欧洲国家之间的冲突、后来扩展到非欧洲国家的那种观点。参见刘禾著，杨立华等译：《帝国的话语政治：从近代中西冲突看现代世界秩序的形成》（修订译本），北京：三联书店 2014 年版，第 33—34 页。

⑤ ［英］詹姆斯·梅奥尔著：《民族主义与国际社会》，第 55 页。

国和美国为最文明的国家，土耳其、中国、日本等亚洲国家为半开化的国家，而非洲和澳洲的国家算是野蛮的国家。这种说法已经成为世界的通论，不仅西洋各国人民自诩为文明，就是那些半开化和野蛮的人民也不以这种说法为侮辱，并且也没有不接受这个说法而强要夸耀本国的情况为胜于西洋的。不但不这样想，而且稍识事理的人，对事理懂得越透彻，越能洞悉本国的情况，越明了本国情况，也就越觉得自己国家远不如西洋，而感到忧虑不安。于是有的就想效仿西洋，有的就想发奋图强以与西洋并驾齐驱。亚洲各国有识之士的终身事业似乎只在于此。（连守旧的中国人，近年来也派遣了西洋留学生，其忧国之情由此可见。）所以，文明、半开化、野蛮这些说法是世界的通论，且为世界人民所公认。"① 他进而提出："现在世界各国，即使处于野蛮状态或是还处于半开化地位，如果想使本国文明进步，就必须以欧洲文明为目标，确定它为一切议论的标准，而以这个标准来衡量事物的利害得失。"②

值得注意的是，国际关系英国学派的学者最早把"文明标准"概念用于国际关系分析中，以此阐述发源于欧洲的主权国家社会向非欧洲地区扩展的问题。"文明标准"这一概念因此在国际关系研究中流行开来。

赫德利·布尔在 1978 年给英国国际政治理论委员会拟订的有关国际社会扩展的研究计划中，首先提出了"文明标准"与国际社会的扩展这一研究题目。③ 布尔在 1984 年出版的《国际社会的扩展》一书中，分析了非欧洲国家如何符合欧洲的"文明标准"而加入国际社会的过程。布尔在该书

---

① ［日］福泽谕吉著，北京编译社译：《文明论概略》，北京：九州出版社 2008 年版，第 17 页。

② ［日］福泽谕吉著：《文明论概略》，第 21 页。

③ Hedley Bull, "A Proposal for a Study," October 1978, reprinted in Brunello Vigezzi, *The British Committee on the Theory of International Politics (1954-1985): The Rediscovery of History* (Milan: Edizioni Unicopli, 2005), pp.425–428.

的《全球国际社会的形成》一章中指出，15—19 世纪欧洲的扩张，把不同的地区国际体系连为一体，到 19 世纪中叶的时候，一个全球性的国际体系基本形成。但在当时，尚未产生一个全球性的国际社会。这是因为，尽管欧洲国家与其亚洲、非洲、美洲殖民地之间的经济、军事以及政治互动得以发展，但是它们之间的关系尚未建立在共同的利益观念、规则结构以及国际制度的基础之上。在这个时期，欧洲国际社会的价值、规则、制度，或者欧洲"文明标准"被认为不适用于非欧洲国家，非欧洲国家和地区沦为殖民地，奴隶制度和殖民主义具有合法性。只有当这些殖民地获得完全独立的地位，成为像欧洲国家那样的政治行为体，即被承认为主权国家的时候，它们才可以成为国际社会的成员，从而导致国际社会具有全球性质。但欧洲国际社会的扩展以及全球性国际社会的形成有一个逐步发展的历史过程。美国于 18 世纪末、原西班牙在美洲的殖民地于 19 世纪初率先成为国际社会的成员，但这些国家在宗教、种族、文化等很多方面仍属于欧洲的衍生，它们虽然导致国际社会在地理范围上的扩展，但是没有改变国际社会的欧洲性质，从一定意义上说，还属于欧洲国际社会自身的扩大。但是，从 19 世纪下半叶开始，国际社会的欧洲性质开始有所变化，因为一些在宗教、种族以及文化上和欧洲没有关系的非欧洲国家，开始加入国际社会成员国的行列。其重要标志是奥斯曼帝国[①]派代表参加了 1856 年的巴黎和会。中国、日本、波斯、暹罗和美国、墨西哥以及奥斯曼帝国一道，派代表参加了 1899 年的海牙和平会议。到第一次世界大战爆发的时候，全球性国际社会已经形成，因为其成员遍及全球，包括欧洲、美洲、亚洲以及非洲国家。也就是说，到了这个时候，不仅存在着一个全球性国际体系，

---

① 有学者指出，实际上奥斯曼帝国在文化和族群上是"半个欧洲的"。Robert Jackson, *The Global Covenant: Human Conduct in a World of States* (Oxford: Oxford University Press, 2000), p.12.

也存在着一个全球性国际社会。布尔还特别指出，欧洲人对全球国际社会形成的通常解释是，非欧洲国家加入原先为欧洲人参加的国家俱乐部，其前提是符合该俱乐部创立者所规定的"标准"。布尔认为，这种解释虽然受到质疑，被指责忽视了非欧洲国家的作用，但是我们的确不可否认欧洲在促使全球性国际社会的产生上所发挥的"特殊作用"。即便是在全球性国际社会形成之后，欧洲国家和美国（属于欧洲的衍生物）依然在其中占据主导地位，但面临着来自非欧洲国家的挑战。①

布尔的学生江文汉（Gerrit Gong）也参加了这项课题的研究工作，并主要以中国、日本、暹罗为个案撰写和发表了影响深远的《国际社会中的"文明"标准》一书。因此，江文汉的这部书就成为英国学派论述"文明标准"与非西方国家加入国际社会的主要代表作。但值得指出的是，江文汉的相关研究工作受布尔的影响很大，其著述因而也体现了布尔的思想，布尔还专门为该书写了序言。正如江文汉教授在给我的电子邮件中所说的，自己有关国际社会"文明标准"的著述"受布尔教授相关研究思路的影响极大"。②

江文汉认为，在欧洲列强向世界其他地区扩展的过程中，逐渐形成了把自己视为"文明"（civilized）世界成员、把他者视为"未开化"（savage）或者"蛮夷"（barbarous）世界成员的观念，并且制定和推广"文明标准"，以便在与非欧洲国家的交往中保护欧洲人的"基本"权利（包括生命、自由与财产），并确定非欧洲国家是否享有成为西方主导的国际社会成员之权利。③ 在江文汉看来，"文明标准"虽然根植于欧洲基督教国际社会或基督

① Hedley Bull, "The Emergence of A Universal International Society," in Hedley Bull and Adam Watson, eds., *The Expansion of International Society*, pp.117–126.

② "Gerrit Gong to Zhang Xiaoming," email message, Feb.25, 2008.

③ Gerrit Gong, *The Standard of "Civilization" in International Society* (Oxford: Clarendon Press, 1984), "Foreword" by Hedley Bull, pp.vii–x, and p.24.

教世界的历史经验，但是它作为一个法律概念产生于 19 世纪末，当时欧洲与非欧洲国家之间的互动要求对此加以明确表述。有关"文明标准"的表述或者历史记录，反映在 19 世纪欧洲与非欧洲国家签署的条约以及著名国际法学家的著述中。第一次世界大战后缔结的《国际常设法院规约》与第二次世界大战后缔结的《国际法院规约》，在阐述国际法渊源的时候，都提到"一般法律原则为文明国家所承认者"。[①] 最开始的时候，所谓的文明国家主要指欧洲国家。非欧洲国家要想被承认为国际大家庭（the Family of Nations）中的合法成员，必须符合一些条件，比如要成为一个"文明"国家以及遵守国际法等。[②] 与此同时，他也指出，20 世纪前后的国际社会的实际情况是，欧洲国家或者"文明国家"把欧洲自己的行为标准变成了普遍性的行为标准，并且它们享有裁决和判定非欧洲国家是否符合"文明标准"之权利。换句话说，"欧洲在军事上的优势地位导致非欧洲社会别无选择，只能应付或理解欧洲的'文明'标准"。[③] 他以中国、日本、暹罗为个案，论述了非欧洲国家如何放弃自己的"文明标准"，接受欧洲的"文明标准"，从而加入国际社会的历史过程。从某种程度上说，江文汉这一著述的出版，使得"文明标准"成为西方国际关系研究中的一个重要概念。

　　然而，"文明标准"具体指的是什么？"文明"和"标准"是单数，还是复数？至今仍没有确切的答案。实际上，现代国际社会中的"文明标准"并非一成不变的，其内涵一直处于变化之中。西方国家对国际社会核心价值和规则的认识也一直在变化与发展，并努力把自己的认识变成普遍性的东西，让别的国家也按自己理解的更高"文明标准"行事。从这个意义上

---

① 白桂梅著:《国际法》（第二版），第 32、47 页。

② Gerrit Gong, *The Standard of "Civilization" in International Society*, pp.24–35.

③ Ibid., p.98.

说，"文明标准"一直是一个移动的靶标。①

如前所述，"文明标准"是用来判断国家是否为国际社会中的合法或者合格成员的重要准则。其中，主权是现代国际社会一个具有核心性质的国际规范与"文明标准"，它源于近代欧洲，至今只有不足 400 年的历史。②大约从 1648 年威斯特伐利亚和会之后，作为国际法的基本原则的主权原则或规范，就成为"文明标准"的核心要素。它也可以追溯到近代欧洲政治思想家让·博丹（Jean Bodin）有关主权的论述，并为威斯特伐利亚和约（Peace of Westphalia）所确认，成为近代以来至今国际关系的基础。③ 博丹认为，主权是"共同体所有的绝对且永久的权力"。④ 威斯特伐利亚和约确立了国家主权概念，肯定了各签署国不受外来干涉，选择本国制度和宗教信仰的权利。⑤ 国家主权的含义，对内体现为最高权威，对外体现为国家间相互独立和平等。现代国际社会中的很多其他的规范基本上都是从主权规范派生而来的。有西方学者认为，"在国际关系中，主权是最典型的规范。它将全球政治空间归属于民族国家，从而赋予了某些行为体观念（国家身份）以合法性，而其他某些观念（例如超国家运动）则没有"。⑥ 值

---

① Barry Buzan, "The 'Standard of Civilization' as an English School Concept," *Millennium*, Vol.42, No.3（2014）, pp.576–594.

② 王沪宁著：《国家主权》，北京：人民出版社 1987 年版；唐士其：《主权原则的确立及其在当代世界的意义》，《国际政治研究》2002 年第 2 期，第 15—27 页；赵可金、倪世雄：《主权制度的历史考察及其未来重构》，《教学与研究》2005 年第 10 期，第 41—49 页。

③ Barry Buzan and Lene Hansen, *The Evolution of International Security Studies* (Cambridge, UK: Cambridge University Press, 2009), p.24.

④ ［法］让·博丹著，［美］朱利安·H.富兰克林编，李卫海等译：《主权论》，北京：北京大学出版社 2008 年版，第 25 页。

⑤ ［美］亨利·基辛格著，胡利平等译：《世界秩序》，北京：中信出版集团 2015 年版，第 23 页。

⑥ ［美］彼得·卡赞斯坦主编：《国家安全的文化：世界政治中的规范与认同》，第 442 页。

得指出的是，主权只是适用于文明国家之间的行为规范。也就是说，被承认为国际社会一员的重要前提是，国家被认为享有完整的主权。在殖民主义时代，广大的殖民地和半殖民地显然不享有主权国家的地位，因为未能被承认为国际社会的成员或者文明国家。那些非文明的国家和地区需要西方"文明国家"的监护，这是殖民主义的理论依据之一。在当时的国际社会中，种族属性与国家的"文明"程度有很大的关联性，甚至可以说，种族主义本身就是"文明标准"或国际规范之一。于是，殖民国家与殖民地、半殖民地之间实行的规范其实是"非文明标准"，而"非文明标准"包括殖民主义、种族主义、治外法权等国际规范。甚至已经"脱亚入欧"的日本在1919年巴黎和会上提出"种族平等"诉求的努力最后也以失败告终，说明日本作为非西方国家尚处于国际社会的边缘地位。只有在非西方国家彻底摆脱殖民地和半殖民地地位，取得完全独立的地位，成为主权国家之后，才满足"文明标准"，成为文明国家。第二次世界大战结束以后，随着殖民主义的瓦解，新主权国家的诞生，帝国不再是一种合法的政治形式，"文明标准"适用范围扩大，全球性国际社会也随之形成。主权概念为非西方国家所接受，成为普遍性的价值，尽管非西方国家并不接受国际社会中的其他某些价值。正如梅奥尔所说的："或许亚非社会已经发现有些西方理念难以消化，但是主权国家这一概念并不在其中。相反，它是西方向世界其余国家所输出的最为成功的一种理念。"[①]

然而，主权概念本身不是一成不变的，而是一直处于变化之中的，它经历了从君主主权到国家主权、人民主权的变化。总的来看，近代以来至今，主权规范一直在国际体系变迁中得以生存。但是，它也不断受到挑战。首先是在第一次世界大战之后，民族主义（nationalism），即威尔逊所倡导的

---

① ［英］詹姆斯·梅奥尔著：《民族主义与国际社会》，第131—132页。

民族自决原则（the principle of self-determination），对主权规范产生了很大冲击。这和民族主义的兴起、反殖民主义运动的产生密不可分，实际上主要是殖民地、半殖民地国家企求成为主权国家或完全主权国家。有西方学者认为，民族自决在 1918 年之后成为一种新的国际合法性原则。[①] 或者说，民族主义与民族自决成为新的国际规范。比如，《联合国宪章》中有关民族自决的条款。紧接着是在第二次世界大战结束后初期，人们通过对纳粹德国暴政的反思，反对国家主权的绝对性。20 世纪 70 年代，一些学者认为经济相互依存和政治一体化正在侵蚀主权规范。此外，人权、环境保护等规范，也对传统的主权概念构成重大挑战。冷战结束以后，出现了有关"新主权"（new sovereignty）概念之争论，有学者质疑主权是一成不变或不可变更的国际规范，[②] 甚至有某些极端的学者提出了"主权终结"或"超越主权"等观点。[③] 但更多的人同意主权规范及其在国际社会中的作用处于变迁之中的观点。[④] 具体来说，美国学者艾伦·卡尔森（Allen Carlson）认为，主权概念包含四个层面，即确保边界安全的领土主权（territorial sovereignty to secure a state's borders），对一国边界之内的人口之管辖主权（jurisdictional sovereignty over a population within a state's borders），管理或统治一个国家的主权权威（sovereignty authority to govern or rule a state），管理一国经济行为的经济主权（economic sovereignty to regulate a state's economic activities），四个层面均处于变迁之中。[⑤] 尽管有各种质疑主权的声音，主权原则事实上依然是国际社会的一个根本原则和"文明标

---

① ［英］詹姆斯·梅奥尔著：《民族主义与国际社会》，第 60—61 页。

② Allen Carlson, *Unifying China, Integrating with the World: Securing Chinese Sovereignty in the Reform Era* (Stanford, CA: Stanford University Press, 2005), pp.6–7.

③ Ibid., p.8.

④ Ibid., p.10.

⑤ Ibid., pp.11–20.

准"的核心要素，这是因为迄今为止，"民族国家（或者是准民族国家）仍然是国际社会最基本的政治单元"。①

值得注意的是，也有西方学者批评具有西方中心主义倾向的"文明标准"说。把"文明标准"概念纳入国际关系分析中的英国学派学者赫德利·布尔和江文汉就曾经指出"文明标准"所包含的西方中心主义倾向。江文汉提出，"文明标准"是由西方国家所制定的，散发着文化帝国主义、种族傲慢以及西方中心主义的气味。② 赫德利·布尔也认为，在第二次世界大战结束以后，随着一大批过去的殖民地或半殖民地成为主权国家或者国际社会成员，"文明标准"变成了一个名声不好的概念。③ 当代英国学派学者爱德华·基恩对此的批评更为激烈。他指出，欧洲"文明标准"的根基是种族、民族纽带以及宗教信仰。只有白种人的欧洲基督信徒才是文明的，其他种族都是不文明的，不配受到法律保护，所以，他们遭受欧洲帝国主义在全球范围内实施的集体暴力是理所当然的事情。④ 美国著名国际关系学者彼得·卡赞斯坦在《世界政治中的文明》一书中，则强调文明的多元多维。他认为，文明不是单数的，而是复数的、多元多维的，"文明是多元的，即多种文明共存于现代文明这个宏大的文明系统之中，也就是我们今天所说的全球性世界。文明又是多维的，即每种文明内部也存在多种文明形式，分别来自于不同的传统，各存歧见、相互竞争"。⑤ 他进一步指出："多元

---

① ［英］詹姆斯·梅奥尔著：《民族主义与国际社会》，第 179 页。

② Gerrit Gong, *The Standard of "Civilization" in International Society*, p.66.

③ Hedley Bull, "Foreword," Gerrit Gong, *The Standard of "Civilization" in International Society*, pp.vii–viii.

④ Edward Keene, *Beyond the Anarchical Society: Grotius, Colonialism and Order in World Politics* (Cambridge: Cambridge University Press, 2002).

⑤ ［美］彼得·卡赞斯坦主编，秦亚青等译：《世界政治中的文明：多元多维的视角》，上海：上海世纪出版集团 2012 年版，第 1 页。

文明的世界深嵌于一个更大的环境之中，这个环境已经不再被一个单一的标准所界定，因为一个单一的、不容置疑的、界定道德优劣的标准是无法用来界定这个大环境的。而这个大环境的特征就是现代文明（civilization of modernity），它强调的是个体主义、多样化、泛宗教主义以及一种对共同道德价值的总体认同。"[①] 同样值得注意的是，也有一些西方学者，包括某些英国学派学者，依然主张继续使用"文明标准"这个概念，并把它当作英国学派的一个重要概念来对待。[②]

第四节　"新文明标准"

在冷战结束以后，特别是在 21 世纪初，有一些国际关系学者开始使用"新文明标准"的概念，它实际上是"文明标准"概念的发展或者在新时代的表述。"新文明标准"概念的出现和流行，正好说明了国际规范一直处于变迁过程之中的现实。

实际上，江文汉在 1984 年出版的《国际社会中的"文明"标准》一书中就已经提到过，虽然在第二次世界大战期间以及第二次世界大战结束以后，"文明标准"作为一个法律概念已经被抛弃，而且"文明标准"本身的含义也有所变化，但是"文明标准"或者文化优越感依然以其他（或隐藏的）形式存在于国际社会中。他认为，在第二次世界大战以后，人权标准（the standard of human rights）和现代性标准（the standard of modernity）

---

① 同上，第 2 页。

② Barry Buzan, "The 'Standard of Civilization' as an English School Concept," *Millennium*, Vol.42, No.3, 2014, pp.576–594.

已经成为旧的"文明标准"之继承者。[①] 当代英国学派学者约翰·文森特（John Vincent）在其冷战后所发表的著述中也强调个人和国家一样都是国际法的主体，存在着普遍性的人权，主权不是国际社会中衡量一个国家国际合法性的唯一标准，对人权的态度也是国家国际合法性的重要来源之一。[②] 虽然文森特没有使用"新文明标准"一词，但却暗示普遍人权是衡量国家国际合法性的"文明标准"之一。中国学者时殷弘指出，"第二次世界大战为人类留下的最大世界历史性遗产是民族自决、人民自决、基本人权、人民民主"。[③]

在 20 世纪末、21 世纪初，一些当代英国学派学者开始明确提出"新文明标准"（new standard of civilization）概念，而民主和人权往往被视为其中的关键要素。[④] 一部由两位当代英国学派学者撰写的国际关系教科书指出，西方国家对国际社会核心价值和规则的认识一直在变化与发展中，并努力把自己的认识变成普遍性的东西，让别的国家也按自己理解的更高"文明标准"行事。[⑤] 在冷战时期，经典英国学派学者在论及国际社会中的核心价值和行为规则的时候，比较强调主权原则及其对国际秩序维持的重要作用。[⑥] 而在冷战以后，特别是进入 21 世纪以后，不少当代英国学派学者在解释国际社会中的核心价值与行为规则或者"文明标准"的时候，则有

---

① Gerrit Gong, *The Standard of "Civilization" in International Society*, pp.90–93.

② John Vincent, *Human Rights and International Relations*, p.130.

③ 牛军主编:《历史的回声：二战与现代东亚秩序》，北京：人民出版社 2015 年版，第 42 页。

④ Jack Donnely, "Human Rights: A new standard of civilization?" *International Affairs*, Vol.74, No.1 (1998), pp.1–24; 本书作者 2008 年 3 月 4 日在伦敦经济学院对巴里·布赞教授的采访。

⑤ Robert Jackson and George Sorenson, *Introduction to International Relations: Theories and Approaches*, 3rd edition (Oxford: Oxford University Press, 2007), p.7.

⑥ 参见［英］赫德利·布尔著:《无政府社会——世界政治中的秩序研究》(第四版)。

淡化主权原则，强调民主、人权等原则的思想倾向。① 比如，前面所提到的两位当代英国学派学者所撰写的国际关系教科书，把国际关系中的核心价值或者基本价值归纳为安全（security）、自由（freedom）、秩序（order）、正义（justice）以及福利（welfare）。"文明标准"的内涵显然已经有所扩展。② 更有当代英国学派学者明确指出，国际社会的规范已经发生了演变，主权不再是绝对的，个人的权利也得到了国际法的承认，人权已经成为国家国际合法性的一个"新标准"，或者人权是一个衡量国家"正确行为"的新标准。③ 也有学者认为，冷战结束以后，人权和民主已经上升为全球共同价值。④ 当代英国学派学者尼古拉斯·惠勒（Nicholas Wheeler）明确提出，"人道主义干涉已经成为国际社会合法的实践"。⑤ 值得指出的是，一些非西方国家的知识精英和官员，包括中国的邻国日本、印度、韩国等国的知识精英和官员，在欢呼非西方国家崛起的同时，也认为民主、人权、市场经济已经成为当今国际社会的普遍价值，实际上认同西方学者所说的"新文明标准"。⑥ 也有英国学派学者把人权、民主、资本主义、环境和发

---

① Robert Jackson and George Sorenson, *Introduction to International Relations: Theories and Approaches*, 3rd edition, pp.157–159.

② Ibid., p.3.

③ Tim Dunne, "Fundamental Human Rights Crisis after 9/11," *International Politics*, Vol. 44 (2007), pp.269–286.

④ I. Carlson and R. Ramphal, *Our Global Neighbourhood* (Oxford: Oxford University Press, 1995), pp.46–57.

⑤ Nicholas Wheeler, *Saving Strangers: Humanitarian Intervention in International Society* (Oxford: Oxford University Press, 2000), p.1.

⑥ Brahma Chellaney, "Bridgebuilder on the Ganges: India's ascent in a rapidly changing global order," Hitoshi Tanaka, "Renewal or Irrelevance: Asia's ascendance and the case for systemic reform of global governance," *International Politik*, Fall 2008, pp.34–41; *International Politik*, Fall 2008, pp.82–87; "Korea Institute at Australian National University: Focal Point of Korean Students in Australia," *Korea Foundation Newsletter*, Vol. 17, No. 10 (2008), pp.2–3.

展等一起视为"新文明标准"的内涵。①

具体来说，所谓的"新文明标准"包含以下几个重要内容：

第一，主权的重新界定。如前所述，主权是威斯特伐利亚和会以来，现代国际社会最为重要的国际规范，但是主权规范本身是在发生变化的，比如从君主主权到人民主权的变化。在冷战结束以后，主权规范变迁的一个重要表现，就是从绝对主权到相对主权的演变。有学者提出，应该对主权加以重新界定。在冷战结束以后，有一些自由主义者声称："以大国竞争、均势政治为特征的旧世界，以及强调国家主权和严格的不干涉规则的旧式国际法，正在因为全球化而变得过时了。尽管道路可能很崎岖，超越威斯特伐利亚的进程似乎已经开始了。"②虽然主权依然是重要的国际规范，③但是在全球化时代，主权原则面临来自内部与外部的压力，主权概念被重新加以定义，产生了"有限主权""负责任主权"等概念。冷战结束后，有不少西方学者否认主权、不干涉原则的绝对性，支持"正当的干涉"（justified intervention），特别是人道主义干涉（humanitarian intervention），反对"义

---

① Barry Buzan, "The 'Standard of Civilization' as an English School Concept," *Millennium*, Vol.42, No.3(2014), pp.576–594.

② Andrew Hurrell, "Foreword to the Fourth Edition," Hedly Bull, *The Anarchical Society: A Study of Order in World Politics*, 4th ed. (Basingstoke, Hampshire: Palgrave Macmillan, 2012), p.viii.

③ 对于"主权"在国际关系中的重要地位，刘禾认为："一般说来，国家的概念撇开主权是无法想象的。不过，这一老生常谈究竟揭示了一些什么道理？它向我们秘而不宣的思想又是什么？在我们这个时代，国家的疆域和族群身份仍然在不断地聚散分合，当代帝国也经常以民族国家的面目出现在世人面前，为此，即使是负载普世价值的个人，如今企图要完全摆脱主权想象的阴影，恐怕也是困难重重。这一切，使得我们不能不进一步思考有关人的尊严的种种现代论述，这些论述本身有没有罩着一层主权想象的神秘面纱？我们还要问：人的尊严究竟是相对什么而言？尤其在今天的世界，为什么丧失主权往往意味着尊严的泯灭？为什么尊严的复得往往意味着主权的重申？"参见刘禾著：《帝国的话语政治：从近代中西冲突看现代世界秩序的形成》（修订译本），第1页。

务止于边界"以及"最低限度的'文明标准'"。[①] "有限主权""负责任主权""保护的责任"等概念的出现，是对近代以来国际关系中的主权至上、不干涉原则的重大挑战。[②] 其中，"负责任主权""保护的责任"是冷战结束以后十分流行的概念，它们对传统的主权概念进行了重大修正，为国际干涉行为提供了合法依据与理论依据，被认为是新的国际规范和"新文明标准"中的重要内容。有人认为，"在冷战结束以后的国际社会中，事实上已经形成了有关人道主义干涉或保护的责任这类连带主义规范之共识"。[③]

"负责任主权"或者"作为责任的主权"（sovereignty as responsibility）是由弗朗西斯·邓（Francis Deng）在 1996 年最早提出来的，它与国际社会对 1994 年卢旺达大屠杀事件的反思有一定关系。负责任主权意味着"国家政府有义务保障国民最低水准的安全和社会福祉，对本国国民和国际社会均负有责任"。[④] 也就是说，负责任主权意味着对本国国民和其他国家的国民均负有义务的责任，并且允许对其他国家的种族灭绝和种族清洗行为进行人道主义干涉。这和传统意义上的主权观念不同，后者认为主权就是不干涉他国内政。有一些美国研究者认为，负责任主权应该是国际秩序的

---

① Scott Burchill, Andrew Linklater, Richard Devetak, Jack Donnelly, Matthew Paterson, Christian Reus-Smit and Jacqui True, *Theories of International Relations*, 3ʳᵈ ed. (Basingstoke, Hampshire: Palgrave Macmillan, 2005), p 109.

② Joern-Carsten Gottwald, Niall Duggan, "Diversity, Pragmatism, and Convergence: China, the European Union and the Issue of Sovereignty," draft paper for International Symposium "Conceptual Gaps in China-EU Relations", Fudan University, Shanghai, January 19–20, 2011.

③ Andrew Hurrell, "Foreword to the Fourth Edition," Hedly Bull, *The Anarchical Society: A Study of Order in World Politics*, 4ᵗʰ ed., p.xi.

④ Francis M. Deng, et al, *Sovereignty as Responsibility: Conflict Management in Africa* (Washington, DC: Brookings Institution, 1996), p.211.

一种基本原则，是国际秩序的核心。[①] 在他们看来："负责任主权理念将人的尊严作为需要促进的一个核心价值，这样就可以创建一个人人能够实现自我价值的世界，用《联合国宪章》的话来说，也就是人人可以'在较大的自由'中生活。"[②] 有学者认为，负责任主权的思想正得到国际社会越来越多的承认，并逐步向习惯国际法方向发展。[③]

　　另一个与"负责任主权"或"作为责任的主权"类似的概念就是"保护的责任"（responsibility to protect, R2P）。或者说，后者源于前者。它和人道主义干涉思想也有关系。1999 年，联合国秘书长科菲·安南（Kofi Annan）在联合国大会讲话中提出，需要接受人道主义干涉，以便应对种族灭绝和种族清洗问题。2001 年 12 月，应联合国秘书长安南呼吁而成立的"干涉与国家主权国际委员会"（The International Commission on Intervention and State Sovereignty, ICISS，成立于 2000 年）在其提交的题为《保护的责任》之报告中提出了"保护的责任"的原则。其含义是：国家负有保护国民免受种族灭绝、种族清洗、大规模屠杀等责任，但是当国家不能或是不愿意这样做的时候，国际社会有责任进行干涉。[④] 2004 年，由知名人士组成的、联合国秘书长所属的"威胁、挑战和变革高级小组"（High Level Panel on Threats, Challenges and Change）在其提交的《一个更安全

---

① ［美］布鲁斯·琼斯、［美］卡洛斯·帕斯夸尔、［美］斯蒂芬·约翰·斯特德曼著，秦亚青等译：《权力与责任：构建跨国威胁时代的国际秩序》，北京：世界知识出版社 2009 年版，第 8—13 页。

② 同上，第 14 页。

③ 杨泽伟著：《国际法析论》（第三版），北京：中国人民大学出版社 2012 年版，第 78 页。

④ *Report of the International Commission on Intervention and State Sovereignty, The Responsibility to Protect* (Ottawa, Canada: International Development Research Center, 2001); Gareth Evans, The Responsibility to Protect: Ending Mass Atrocity Once and for All (Washington, DC: Brookings Institution, 2008).

的世界：我们的共同责任》中支持了这一理念，明确表示："我们赞同新的规则，即发生灭绝种族和其他大规模杀戮时，国际社会集体负有提供保护的责任，由安理会在万不得已情况下批准进行军事干涉，以防止主权国家政府没有力量或不愿意防止的族裔清洗或严重违反国际人道法的行为。"①2005 年 9 月，在联合国首脑峰会上，150 多个国家的领导人认可了这一概念。在由 150 多个国家签署的《联合国世界首脑会议成果》（2005 World Summit Outcome）中承认，"每一个国家都有责任保护其国民不受种族屠杀、战争罪行、种族清洗和反人类罪行的伤害。该项责任要求各国使用适当和必要手段，预防上述罪行并防止引发上述罪行。成员国承认此项责任并以此作为行为准则"。② 与此同时，该文件也提出主权国家必须对超出本国国界并威胁到全球安全的行为承担责任，即帮助各国履行其责任；发展国家执政能力；通过外交、人道主义和其他和平努力保护人民免受种族屠杀、战争罪行、种族清洗和反人类罪行的伤害。最令人瞩目的是，联合国大会申明，当一国当权者"显然无法保护"其国民时，"我们准备通过安理会，依据包括第七章在内的《联合国宪章》，采取及时果断的集体行动"。③有分析者认为："'保护责任'的理念得到联合国的认可，从某种意义上讲，这是一个清晰的信号，表示对主权的理解发生了重大的变化。这一变化发生的时间是如此之短。"④ 还有学者指出，这是一个新的国际原则（a new

---

① *Report of the Secretary-General*'s *High-Level Panel on Threats, Challenges, and Change, A More Secure World: Our Shared Responsibility* (New York: United Nations, 2004); http://www.un.org/chinese/secureworld/ch9.htm.

② http://www.un.org/summit2005/documents.html.

③ Ibid.

④ ［美］布鲁斯·琼斯、［美］卡洛斯·帕斯夸尔、［美］斯蒂芬·约翰·斯特德曼著：《权力与责任：构建跨国威胁时代的国际秩序》，第 11 页。

international principle)。① 也有学者认为，从某种意义上说，"保护的责任"（R2P）正在逐步发展成为一种新的国际规范，而这一规范明显挑战了传统意义上以主权平等原则为基础的国际规范体系。② 保护的责任的诞生说明了现代国际规范产生的过程。③

保护的责任原则在苏丹达尔富尔地区得到首次检验。2007 年 8 月初，联合国安理会经过反复讨论，授权向达尔富尔地区派遣两万多名维和人员以制止正在发生的暴行。这是安理会作出的重要回应，但这已经比最初的呼吁晚了至少两年时间。而且从 2007 年到 2008 年，这些士兵的派遣工作进展极其缓慢。④ 有学者认为，2011 年的利比亚事件、2012 年的叙利亚事件，西方的立场体现了"保护的责任"原则。R2P 理念的倡导者认为，2011 年，北约依据安理会的授权对利比亚的武装干涉是这一理念的第一次完美实践。⑤ 问题在于，谁来界定"负责任主权"和"保护责任"中"负责任"和"责任"的含义？是由唯一超级大国美国吗？是西方国家吗？普遍概念或原则的产生背后往往是权力政治。有研究者认为，它应该是由各方协商之后加以确定的，即"负责任"和"责任"的含义不由某个国家或国家集团来界定，而是来自广泛的共识："对这些关切的最关键回答是，这一秩序中的规则必须是各方协商之后加以确定，而不是单方面强加于世界

---

① Alex J. Bellamy, *Responsibility to Protect: The Global Efforts to End Mass Atrocities* (Cambridge, UK: Polity Press, 2009), "Introduction," p.2.

② 刘铁娃主编：《保护的责任：国际规范建构中的中国视角》，北京：北京大学出版社 2015 年版，第 2 页。

③ Alex J. Bellamy, *Responsibility to Protect: The Global Efforts to End Mass Atrocities*, p.3.

④ ［美］布鲁斯·琼斯、［美］卡洛斯·帕斯夸尔、［美］斯蒂芬·约翰·斯特德曼著：《权力与责任：构建跨国威胁时代的国际秩序》，第 175 页。

⑤ Ivo H. Daalder and James G. Stavridis, "NATO's Victory in Libya: The Right Way to Run an Intervention," *Foreign Affairs*, Vol. 91, No. 2 (March/April 2012), pp.2–7.

的。最强大的国家单方面确定国际关系规则的时代已经一去不复返了，国际组织可以将规则强加于国家的观点也只不过是一种幻觉而非事实。"① 实际上，美国等西方国家实施"保护的责任"原则，推翻利比亚卡扎菲政权的后果是使该国成为一个"失败国家"，这是事先没有被料想到的。可能由于这个原因，后来美国等西方国家虽然主张促使叙利亚总统巴沙尔·阿萨德下台，但行动则比较小心谨慎，没有采取类似针对卡扎菲政权的军事干涉行为。值得注意的是，美国对外关系委员会主席理查德·哈斯（Richard N. Haass）在 2014 年底发表的一篇文章中认为，在联合国通过有关文件的十年之后，"保护的责任"这一概念已经不再获得广泛的支持。②

第二，人权规范。人权也是一个源于西方国家、历史悠久并且处于演进之中的概念。它开始属于一种国内政治规范，但后来逐渐成为一种国际政治规范或者国际规范，对主权规范加以一定的限制，实际上和前面所提到的正在形成的新规范"负责任主权"以及"保护的责任"密不可分。在冷战结束之后，人权在国际政治中的作用日益明显，被认为已经成为一种新的"文明标准"。冷战以后，人权被认为是国家合法性的重要来源，尽管学术界对于什么是人权存在很大的分歧。人权国际保护的发展，已经使得个人在国际法上的地位得到很大的提高，人权的国际保护已经成为现代国际法的一项重要内容，因而国家主权实际上受到了人权国际保护的限制。③

一般认为，人权是指每个人都享有或应该享有的基本权利。④ 有关人权的思想历史很长，较早体现在 1776 年美国《独立宣言》和 1789 年法国《人

---

① ［美］布鲁斯·琼斯、［美］卡洛斯·帕斯夸尔、［美］斯蒂芬·约翰·斯特德曼著：《权力与责任：构建跨国威胁时代的国际秩序》，第 13 页。

② Richard N. Haass, "Unraveling: How to Respond to a Disordered World," *Foreign Affairs*, Vol.93, No.6 (November/December 2014), pp.70–79.

③ 杨泽伟著：《国际法析论》（第三版），第 218—220 页。

④ 同上，第 211 页。

权宣言》之中。其中法国的《人权宣言》被称为"第一部人权法典",它宣布人们生来而且始终是自由平等的,人的自然权利就是自由、财产、安全和反抗压迫。[①] 第一次世界大战结束以后,人权问题开始从国内法领域进入国际法的调整范围。在国际联盟的主持下,产生了几项有关人权的国际公约,其中包括 1926 年的《禁奴公约》和 1930 年的《禁止强迫劳动公约》等。第二次世界大战期间,法西斯国家大规模践踏人权的事实,让世界更加关注捍卫生命、自由、独立和宗教信仰等人权的重要性。第二次世界大战结束以后,人权的重要性得到极大的提高。正如有学者所指出的,第二次世界大战结束以来,"各国在人权意识和道德感悟程度上的提高,是至关重要的新的体系价值兴起的一个明显的标志"。[②] 于是,人权正式在"二战"后,逐渐成为"新文明标准"中的重要内容和国际合法性的重要渊源,一系列有关保护人权的法律规范应运而生,成为现代国际法的重要组成部分。1945 年,旧金山制宪会议通过的《联合国宪章》,共有六处提及人权问题,把尊重全体人类之人权和基本自由列为联合国的宗旨之一,它是第一个对人权问题作出原则性规定的国际法文件。[③] 联合国人权委员会于 1946 年在联合国经济及社会理事会第一次会议上宣告成立,1948 年《世界人权宣言》在联合国大会得到通过。联合国大会通过的《世界人权宣言》对《联合国宪章》关于"人权与基本自由"概念进行了具体解释,1966 年的《公民权利和政治权利国际公约》《经济、社会和文化权利国际公约》对《世界人权宣言》的内容进一步完善和法律化,它们被统称为"国际人权宪章",标志着国际人权法的初步形成。[④] 有西方学者认为,到了 20 世纪 90 年代,"没

---

① 杨泽伟著:《国际法析论》(第三版),第 212 页。

② [美] 熊玠著,余逊达、张铁军译:《无政府状态与世界秩序》,杭州:浙江人民出版社 2001 年版,第 155 页。

③ 杨泽伟著:《国际法析论》(第三版),第 216 页。

④ 同上,第 212 页。

有人权保护，国际社会就没有安全可言"。① 2005 年的联合国世界首脑会议更把和平与安全、发展、人权视为"联合国系统的支柱，也是集体安全和福祉的基石"。②

需要特别指出的是，联合国在人权规范创建、实施过程中扮演着重要角色。除了前面提到的联合国通过的有关人权的宣言、公约，使其成为国际人权规范或标准的最重要创建者③之外，第二次世界大战结束后成立的联合国还设有维护人权的专门机构，也是国际人权规范的重要实施者。1946年，联合国经济及社会理事会通过决议设立人权委员会，它是经济及社会理事会附属机构之一。2006 年，联合国大会通过决议设立人权理事会，作为联合国大会的下属机构并取代人权委员会。联合国人权理事会负责对联合国所有成员作出阶段性人权状况回顾报告，理事会成员在任期内必须接受定期普遍审查机制的审查。此外，在冷战结束以后，在联合国系统内也设立了多个审判侵犯人权罪犯的国际刑事法庭、法院。发生在前南斯拉夫和卢旺达的暴行，促使联合国安理会分别在 1993 年和 1994 年根据《联合国宪章》颁布了《前南斯拉夫国际刑事法庭规约》和《卢旺达国际刑事法庭规约》，成立了前南斯拉夫国际刑事法庭和卢旺达国际刑事法庭。这两个国际刑事法庭曾经审判了卢旺达大屠杀的领导人、军人，审判了前南领导人米洛舍维奇。此外，根据联合国 1998 年通过的《国际刑事法院规约》（又称《罗马规约》），国际刑事法院于 2002 年 7 月 1 日在荷兰海牙正式成立。在一国国内法院不能自主审理的情况下，国际刑事法院将对该国犯有种族灭绝罪、战争罪和反人类罪等严重国际罪行的个人进行刑事追责。根

---

① ［美］玛莎·芬尼莫尔著，袁正清等译：《干涉的目的：武力使用信念的变化》，上海：上海世纪出版集团 2009 年版，第 123 页。

② 杨泽伟著：《国际法析论》（第三版），第 47 页。

③ Makau Mutua, *Human Rights Standards: Hegemony, Law, and Politics* (Albany, NY: State University of New York Press, 2016), p.73.

据《罗马规约》，国际刑事法院的检察官可以根据某人或者一些组织机构的
建议来主动提起犯罪调查。2009 年 3 月 4 日，国际刑事法院向苏丹总统巴
希尔发出逮捕令，这是国际刑事法院成立以来，首次对一个国家的现任元
首发出逮捕令。国际刑事法院检察人员于 2011 年 5 月 16 日请求法官针对
卡扎菲和他的次子赛义夫·伊斯兰、利比亚情报机构负责人阿卜杜拉·塞
努西发布逮捕令，指控三人在镇压反对派过程中故意把平民当作打击目标，
命令、计划并参与非法攻击。起诉罪行包括战争罪和反人类罪。此外，还
有一些区域性的人权国际保护的实施机构，比如根据《欧洲人权公约》设
立的欧洲人权法院、根据《美洲人权公约》设立的美洲人权法院等。

　　虽然在人权规范创建和实施的过程中，国家和政府间国际组织（首先
是西方国家以及政府间国际组织中的西方成员）扮演了主要角色，但是同
样值得注意的是，一些（主要是西方的）非政府组织在传播和捍卫人权规
范上也发挥了十分重要的作用。正如徐以骅所指出的："以宗教或信仰为基
础的非政府组织在国际政治舞台上扮演着日益重要的角色，尤其是那些以
人权和宗教为议题的宗教或世俗非政府组织往往充当西方外交政策的非正
式执行者，成为在西方国家具有广泛群众基础的国际宗教自由运动即新人
权运动的主要领导者和组织者，并推动了跨国宗教倡议网络和宗教国际人
权机制的形成。"①

　　实际上，在很多西方学者眼中，人权已经成为判断国家在国际社会中
的合法性之十分重要的标准，它属于"新文明标准"中的重要内容。比如，
英国学者约翰·文森特（John Vincent）早在 20 世纪 80 年代就指出，决定
国家在国际社会中的合法性的因素不仅仅是主权地位，还包括人权问题，

---

　　①　徐以骅：《〈宗教与当代国际关系论丛〉序》，载涂怡超著：《美国基督教福音派及
其对国际关系的影响》，上海：上海人民出版社 2010 年版，《序言》第 5 页。

今天的对外政策与人权问题已经分不开了。[①] 还有一些学者明确指出，《联合国宪章》《世界人权宣言》《公民权利和政治权利国际公约》《经济、社会和文化权利国际公约》以及《维也纳人权宣言》等国际文件所体现的"国际人权规制"（global human rights regime）表明，国际社会的规范发生了演变，在当今国际社会中存在着普遍的或全球的人权标准，尊重和保护人权是一项国际义务，也是国家的国际合法性之重要来源，或者说人权已经成为"新的合法性标准"，人权与主权相互关联。[②] 甚至有人提出了"人权高于主权"的主张。[③]

第三，民主规范。同人权一样，民主开始的时候也是属于一种国内政治规范或制度，后来逐渐成为一些国家所主张与支持的国际社会中国家合法性的重要标准，尽管它尚未成为具有普遍性以及约束力的国际规范。[④] 冷战结束以后，"民主国家"被一些学者视为"新文明标准"中的重要内容。甚至有西方学者认为，"民主治理规范"或者"民主治理的权利"正在国际法上出现。[⑤] 在 2000 年《联合国千年宣言》中，每个联合国成员都承诺要提高履行民主原则与实践的能力。同年，有一百多个国家签署了民主共同体《华沙宣言》。2005 年的联合国世界首脑会议也明确提出："民主是一种普遍价值观，基于人民决定自己的政治、经济、社会和文化制度的自由表达意志，基于人民对其生活所有方面的全面参与……民主、发展与尊重所

---

① John Vincent, *Human Rights and International Relations* (Cambridge: Cambridge University Press, 1986), p.130.

② Tim Dunne and Nicholas J. Wheeler, eds., *Human Rights in Global Politics*, "Introduction," pp.1–28; Tim Dunne, "Fundamental Human Rights Crisis after 9/11," *International Politics*, Vol. 44 (2007), p.273.

③ 杨泽伟著：《国际法析论》（第三版），第 216—217 页。

④ Linda Wittor, *Democracy as an International Organization of States and Right of the People* (New York: Peter Lang, 2016).

⑤ 杨泽伟著：《国际法析论》（第三版），第 48—49 页。

有人权和基本自由是相互依存、相互加强的。"①

　　民主是一个被广为使用的概念，它同主权、人权一样，均属于西方文明的产物。正如美国著名政治学家亨廷顿（Samuel P. Huntington）所指出的："现代民主是西方文明的产物，它扎根于社会多元主义、阶级制度、市民社会、对法治的信念、亲历代议制度的经验、精神权威与世俗权威的分离以及对个人主义的坚持，所有这些都是在一千多年以前的西欧开始出现的。在 17 和 18 世纪，这些传统激发了贵族和正在兴起的中产阶级要求政治参与的斗争，并造就了 19 世纪的民主发展。这些要素也许可以在其他的文明中找到其中的一二个，但是，作为总体，它们仅存于西方文明之中。也正是这些要素说明了为什么现代民主是西方文明的产物。"② 人们对"民主"的一般理解，可以回溯到古希腊哲学家亚里士多德对政治制度的定义，指的是与一个人的统治（君主制）和少数人的统治（贵族制）相对应的多数人的统治。美国学者查尔斯·蒂利指出："当一个国家和它的公民之间的关系呈现出广泛的、平等的、有保护的和相互制约的协商这些特点，我们就说其政权在这个程度上是民主的。民主化意味着朝着更广泛、更平等、更多保护和更多制约的协商的方向的净运动（net movement）。显然，去民主化意味着朝着范围更小、更不平等、更少保护和更少制约的协商的方向的净运动。"③

　　民主作为一种政治实践，其历史实际上并不太长。"在长期的人类历史中，绝大多数的政体是不民主的；民主政体是稀少的、偶然的、最近的产

---

① 同上，第 49—50 页。

② ［美］塞缪尔·亨廷顿著，刘军宁译：《第三波：20 世纪后期的民主化浪潮》，上海：上海人民出版社 1998 年版，《作者序言》第 5 页。

③ ［美］查尔斯·蒂利著，魏洪钟译：《民主》，上海：上海世纪出版集团 2009 年版，第 12 页。

物"。① 钱乘旦指出，从"民主"的历史来看，西方历史上迄今出现过两种"民主"：一种是古典民主，即希腊城邦的公民民主；一种是现代民主，即民族国家的代议制度，加起来不到三百年的历史。② 民主一直处于历史发展进程之中，虽然民主源于西方，但是古典民主或古代民主与现代民主存在着极大的不同，正如罗伯特·达尔所指出的："差别如此之大，以至于如果我们假想的雅典式公民以某种方式出现在我们中间，他必定会认为，现代民主根本就不是民主。"③ 希腊雅典算是最早的一个民主国家，即公民民主的城邦国家，但是雅典一半人口是奴隶，他们和外来居民、公民的妻子和孩子都没有公民权，只有自由的成年男子能够拥有公民权，因此雅典的民主只是自由的成年男子的民主。随着雅典在伯罗奔尼撒战争中败给斯巴达，这种公民民主的历史也就结束了。现代代议制民主发源于近代欧洲民族国家，它有一个逐步形成和发展的历史。18 世纪前，某些民主的因素小范围地存在于世界上，欧洲国家在 18 世纪在民主建设上才有重大进步，直到 19 世纪才在欧洲和它的殖民地建立了部分民主，直到 20 世纪，充分的公民权才扩展到欧洲妇女身上。也就是说，我们今天所熟悉的代议制民主只是起源于近代欧洲，其中英国、美国和法国为现代民主制度的建设做出了重要的贡献。17 世纪英国的资产阶级革命创设并奠定了现代民主制度的典型模式；18 世纪美国的独立战争催生出的民主共和制和具有成文宪法的民主宪政制度，使得民主的制度设计日趋完善；美国独立战争之后不久发生的法国大革命提出了"人民主权""天赋人权"等现代民主制度的核心价

---

① 同上，第 17 页。

② 钱乘旦：《关于"民主"：历史与现实》。http://www.pku.org.cn/?p=12448.

③ ［美］罗伯特·A. 达尔著，曹海军、佟德志译：《民主及其批评者》，长春：吉林人民出版社 2006 年版，第 13 页。

值理念。①

　　因此，民主的确是西方文明的产物，是进入现代（近代）以后才出现并不断得到传播和发展的现象。正如有学者所指出的，"大量的相关经验最早来自西方国家及其在 19 世纪的殖民地，在 20 和 21 世纪传播到全世界。民主是一个现代的现象"。②"18 世纪以来，一个接一个政权实质性的民主化从少见多怪发展到老生常谈。在那么漫长的时期，民主化的出现加速了，特别是第二次世界大战以来。而且，不是持续向上的曲线，大部分民主化都是突然涌现的。20 世纪 60 年代的大规模的非殖民化，以及大约一半前苏联的后继国家在苏联解体后的国内转变，提供了最有说服力的战后的例子……自由之家在 1973 年把世界上的 151 个国家中的 44 个（29%）称为自由的民主国家（即不仅仅是形式上选举的民主国家），但是到 2003 年把这个数字上升到 192 个国家中的 88 个（46%）"。③值得指出的是，美国在崛起之后，特别是在它成为超级大国之后，在推动民主的传播方面作出了不遗余力的努力。美国坚信民主的原则具有普遍性，暗示不实行民主原则的政府就不是完全合法的政府，希望各国的国内制度都效仿美国，这种彼此相似的国内制度将成为世界秩序的基础。简言之，民主不仅是最好的国内治理形式，也是世界永久和平的唯一保障。④当今世界，很多国家处于政治转型之中，实际上没有什么选择，"只有在民主形式的号角声中开始它们的政权。否则它们就会面临国内推翻或者国际拒绝的危险"。⑤进入 21 世纪，有人提出"民主价值观同盟"的主张，日本政治家也提出了建立美

---

　　①　闾小波著：《近代中国民主观念之生成与流变：一项观念史的考察》，南京：江苏人民出版社 2012 年版，第 12—13 页。

　　②　［美］查尔斯·蒂利著：《民主》，第 27 页。

　　③　同上，第 186 页。

　　④　［美］亨利·基辛格著：《世界秩序》，第 335—338 页。

　　⑤　［美］查尔斯·蒂利著：《民主》，第 186 页。

澳印日"民主与繁荣之弧"的设想，即以"民主"和"不民主"来分割世界。

　　有人认为，强调民主为合法的统治形式或者新的"文明标准"，实际上是把世界分裂为两大阵营国家，可能导致新的意识形态对抗。正如有分析家在批评"民主和平论"的时候所指出的："使民主国家和非民主国家一争高下的企图，在短期内会带来冲突、不信任和敌对，甚至存在引发第二次冷战的风险。"① 有澳大利亚官员表示，目前正处在一个将中国带入国际秩序的关键时期，建立一个民主国家协调或者民主国家联盟的制度安排"只能导致第二次冷战"。② 所以，有研究者否认国际秩序的基石应该是民主，强调单凭民主国家无法形成解决跨国威胁必不可少的那种国际合作。在他们看来，"从更根本的意义上说，将民主和集权看作不可避免地要发生冲突的看法，忽视了20世纪国际社会所发生的根本变化。今天的跨国威胁，已经改变了国家为其公民提供安全使其免受伤害的方法。现在，国家的安全与全球安全是相互依存的。在可预见的未来，国家的生存和国家体系的生存，取决于政府能否保护其公民免受非国家行为体、全球变暖和流行疾病的现实威胁"。③ 也有分析家强调，民主权利并非"进口概念"，"民主按照其定义不能被强加，而必须来自一个国家内部"。④

　　当然，也有西方观察家对于民主可以适用于全世界的看法表示质疑。正如美国著名东亚问题专家斯卡拉皮诺教授所指出的："我们的许多领导人和民间组织都声称，最大限度地运用各种积极和消极的方法，在全世界推

---

① ［美］布鲁斯·琼斯、［美］卡洛斯·帕斯夸尔、［美］斯蒂芬·约翰·斯特德曼著：《权力与责任：构建跨国威胁时代的国际秩序》，第272页。

② 同上，第274页。

③ 同上，第14、18、269页。

④ ［美］布鲁斯·琼斯、［美］卡洛斯·帕斯夸尔、［美］斯蒂芬·约翰·斯特德曼著：《权力与责任：构建跨国威胁时代的国际秩序》，第235页。

进民主，是美国的责任。本人在支持民主方面决不含糊，我坚决相信，如果民主能够成功地运行，它将为个人和国家的发展提供最佳机遇。但我不相信，目前每个社会都有能力实现民主的成功运作。"① 他进一步指出："总之，我们是否应该接受这样一个事实，说得婉转些，那就是，世界各国的统治方式将是多样化的，要求别国与我们的制度保持一致，或者任意地从外部将民主植入一个处于完全不同的文化和经济发展阶段的社会是危险的。"② 一些西方学者也对"民主治理规范"理论提出了质疑。③

　　第四，环境主义规范。与主权、民主、人权规范相比，环境主义规范属于新近出现的国际规范。今天，保护人类赖以生存的地球环境，已经成为普遍性的国际规范，它也被认为已经是或者将会变成"新文明标准"中的重要内容之一。早在 20 世纪 70 年代，科学家已经把气候变暖作为一个全球性环境问题提出来。1972 年，联合国人类环境会议在瑞典首都斯德哥尔摩召开，会议通过了《人类环境宣言》，明确提出了环境保护这一概念，并制定了全球环境保护战略。迄今为止，已经形成了一系列有关环境保护的国际规则与制度，其中包括《联合国气候变化框架公约》（1992 年）、《京都议定书》（1997 年）等，其核心是碳排放权的分配问题，并遵循共同但有区别的责任之原则。1992 年的《联合国气候变化框架公约》规定，发达国家应该率先对付气候变化及其不利影响，发达国家应在 20 世纪末将其温室气体排放降到 1990 年的水平。而 1997 年的《京都议定书》则要求发达国家应在 2008—2012 年间，将温室气体的排放量在 1990 年的基础上平均减少 5%，其中欧盟将削减 8%，美国将削减 7%，日本和加拿大将削减 6%。

---

　　① ［美］罗伯特·斯卡拉皮诺著，刘春梅、胡菁菁译：《从莱文沃思到拉萨：经历大变革年代》，北京：北京大学出版社 2010 年版，第 233—234 页。

　　② 同上，第 234 页。

　　③ 杨泽伟著：《国际法析论》（第三版），第 50 页。

由于《京都议定书》的目标承诺期只到 2012 年（2011 年的南非德班联合国气候变化大会决定，《京都议定书》的目标承诺期再延长 5 年），因此 2012 年以后的碳排放权如何分配成为国际社会争论的焦点。[①] 迄今为止，已经召开了多次气候变化峰会。许多国际组织都把环境保护视为重大议题，环境保护法规不断增多，环境保护的标准也越来越高。一些非政府组织也积极参与制定国际环境保护标准，推动全球范围的环境保护。值得注意的是，也有人把环境保护纳入"负责任主权"原则的范畴："如果主权行为产生了跨越国界、超越时间的影响，那么主权国家需要对此负责。"[②]

总之，"新文明标准"和"文明标准"概念一样，都处于变化过程之中，在不同的时代会被赋予不同的内容。旧的国际规范或者得以继续存在，或者被新的国际规范所取代。迄今为止，这种变迁的过程主要是由国际社会中的主导国家或西方国家所决定的，当然其他国家以及国际组织、个人也在不同程度上参与了这个过程，而且后者的影响在日趋增大。

---

① 杨泽伟著：《国际法析论》（第三版），第 108 页。
② ［美］布鲁斯·琼斯、［美］卡洛斯·帕斯夸尔、［美］斯蒂芬·约翰·斯特德曼著：《权力与责任：构建跨国威胁时代的国际秩序》，第 86 页。

第二章
古代中国的"文明标准"与东亚地区国际社会

如前所述，按照西方的主流话语，主权国家组成的现代国际社会及其相应的国际规范和"文明标准"，是近代欧洲的产物，后来扩展到全世界。然而，在欧洲主权国家产生之前，或者说在西方崛起之前，作为一种政治实体的国家其实早已出现并存在了很长时间，在世界上存在过多种形式的地区性国际社会或国际体系，而且在这些地区国际社会中也存在约束和指导国家间关系的规范与制度，或者拥有自己的"文明标准"。[①] 古代以中国为中心的东亚地区国际社会，就是这样一个所谓的"前现代"地区国际社会。中国是一个具有悠久文明历史的国家，而且古代中国长期处于东亚地区国际舞台的中心，曾经凭借优越的物质与精神文明，与一系列周边国家通过"册封"和"朝贡"等形式，形成了比较独特的双边互动关系，并构建了一种比较独特的地区性国际社会，它被学者们冠以"朝贡体系""华夷体系""华夷秩序""天朝礼治体系""宗藩体系"等称号。由于中国在东亚

---

① ［英］巴里·布赞、［英］理查德·利特尔著，刘德斌主译：《世界历史中的国际体系——国际关系研究的再构建》，北京：高等教育出版社 2004 年版，第 163—212 页；Shogo Suzuki, Yongjin Zhang and Joel Quirk, eds., *International Orders in the Early Modern World*, pp.1–8.

地区的优越地位,中国统治者长期以来把中国视为唯一的文明国家、天下(想象的世界)的中心,其四周都是文化与制度远不如自己的蛮、夷、戎、狄,在处理对外关系的过程中实际上遵循自己的、建立在儒家文化基础上的行为规范或"文明标准"。也就是说,中国在加入西方主导的现代国际社会、接受西方"文明标准"之前,实际上是有自己的"文明标准"的。或者说,古代中国有区别自我(华)与他者(夷)的"文明标准"。在现代主权国家社会扩展到东亚之前,中国的"文明标准"也就是以中国为中心的东亚地区国际社会的"文明标准"。

第一节 历史上的国际社会／国际体系

国家以及由国家组成的国际社会／国际体系的历史,比现代国际社会／国际体系的历史无疑要长得多。马丁·怀特就认为,历史上存在三种比较典型的国际体系。① 第一种是现代(modern,又译"近代")或者西方国际体系,它产生于15世纪末的欧洲,后来逐渐扩展到世界其他地区,现在已经具有全球性质,它是由主权国家所组成的。这也就是我们今天通常所理解的国际体系。第二种是希腊—希腊化国家体系或希腊—罗马国家体系(Hellenic-Hellenistic or Greco-Roman system),它不仅包括马其顿征服之前的希腊或希腊—波斯国家体系,也包括从亚历山大去世到罗马征服之前的希腊化王国体系。怀特认为,古典的希腊城邦国家体系不同于现代西方国家体系,前者建立在共同语言,而非政治团结的基础之上,并且不存在诸如国际法、常设

---

① 马丁·怀特把"国际体系"和"国际社会"两个概念相混用,他所说的"国际体系"实际上就是"国际社会"。参见张小明著:《国际关系英国学派:历史、理论与中国观》,第37—56页。

使馆等对现代国家体系至关重要的那些制度。第三种就是中国战国时期的国家体系。怀特进一步把历史上存在的国家体系抽象为几种类型：主权国家体系、宗主国国家体系、由国家体系或帝国组成的国际体系。[①]怀特强调在这些国际体系中，存在国家间交往的一系列制度。正如他自己所归纳的，国家体系中的成员相互之间保持着某种程度上的持久关系，它们总是通过四种制度进行沟通和交往。怀特所说的这四种制度就是：信使（messengers），包括外交与军事信使，其在历史上的表现形式有传令官、常驻使节、间谍等；会议和国际组织（conferences and international institutions）；一种外交语言（a diplomatic language），现代国际体系中的共同外交语言先后为拉丁语、法语以及英语，希腊和希腊化国际体系中的共同语言为希腊语；贸易（trade）。[②]而斯塔夫里阿诺斯则认为，在1500年以前，人类基本上生活在彼此隔绝的地区中，形成了欧洲基督教世界、中东和南亚的穆斯林世界和东亚的儒家世界并存和基本上相互隔绝的状况。他所说的东亚儒家世界，实际上就是以中国为中心的东亚地区国际社会或国际体系。[③]尚会鹏指出，古代南亚地区也曾存在一个与西方罗马体系、东亚朝贡体系和近代国际体系并列的国际体系，即孔雀王朝时代的阿育王建立的并对后世产生极大影响的"大法体系"，这个体系以印度宗教中的"法"（Dharma）为合法性基础，具有"强文明体、弱组织体"的特点。[④]

　　古代以中国为中心的东亚世界或东亚国际社会一直被视为主权国家社

---

　　① 　Martin Wight, *Systems of States* (London: Leicester University Press in association with London School of Economics and Political Science, 1977), pp.22–29.

　　② 　Martin Wight, *Systems of States*, p.29–33.

　　③ 　［美］L.S.斯塔夫里阿诺斯，吴象婴、梁赤民译：《全球通史：1500年以后的世界》，上海：上海社会科学院出版社1992年版，第1—112页。

　　④ 　尚会鹏：《论古代南亚国际体系——"大法体系"的特点及原理》，《国际政治研究》2015年第5期，第9—27页。

会产生之前的国际社会 / 国际体系的重要个案，并得到学界的高度关注，也产生了不少研究成果。其中，中国春秋战国时期的国家体系似乎被研究得最多，这是因为它被认为是由独立和平等的国家所组成的比较接近于现代主权国家社会 / 体系。① 赫德利·布尔就明确认为，中国战国时期的国家体系既是国际体系，也是国际社会，它建立在一种共同文化或文明的基础之上。② 而不同于主权国家体系 / 社会，以中国为中心的东亚朝贡体系长期以来主要是历史学家的研究对象，但最近一些年来也开始受到国际关系学者越来越大的关注，甚至有当代英国学派学者把东亚朝贡体系当作一种"地区国际社会"来加以研究。③ 比如，张勇进、巴里·布赞等人就认为，朝贡体系是"东亚国际社会存在的表现形式"，是"一个有自身社会结构的国际社会，它根植于参与国与建立国之间的复杂社会关系，并且拥有一套有助于界定可以接受的、合法的国家行为的规范的特殊制度"。④ 我认同张勇进、布赞等人的观点，并使用"东亚国际社会"或"东亚地区国际社会"的概念。

---

① Martin Wight, *Systems of States*, pp.21–45; Hedley Bull and Adam Watson, eds., *The Expansion of International Society* (Oxford: Clarendon Press, 1984), pp.1–7; Kenneth N. Waltz, "Reflections on Theory of International Politics: A Response to My Critics," in Robert O. Keohane, ed., *Neorealism and Its Critics* (New York: Columbia University Press, 1986), pp.329–330; Barry Buzan and Richard Little, *International Systems in World History: Remaking the Study of International Relations* (Oxford: Oxford University Press, 2000), pp.20–21;［美］许田波著，徐进译：《战争与国家形成：春秋战国与近代早期欧洲之比较》，上海：上海世纪出版集团 2009 年版，第 1—40 页。

② ［英］赫德利·布尔著：《无政府社会：世界政治中的秩序研究》（第四版），第 17 页。

③ Yongjin Zhang, "System, Empire and State in Chinese International Relations," *Review of International Studies*, Vol. 27 (2001), pp.43–63; Shogo Suzuki, *Civilization and Empire: China and Japan's Encounter with European International Society* (London and New York: Routledge, 2009), pp.34–55.

④ 张勇进、巴里·布赞：《作为国际社会的朝贡体系》，《国际政治科学》2012 年第 3 期，第 30 页。

古代以中国为中心的东亚地区国际社会存在的时间很长，其行为规范或"文明标准"与现代国际社会的行为规范或"文明标准"有很大区别，相关历史遗产对中国与现代国际社会的关系有一定影响。于是，研究古代以中国为中心的东亚地区国际社会及其赖以存在的行为规范或"文明标准"，对于我们理解与分析近代以来至今，中国如何应对西方主导的现代国际社会的扩展以及国际规范的变迁，有很大的必要性。

第二节 古代中国的天下观念

中华文明具有数千年绵延不断的历史，在其历史发展的进程中形成了独具特色的有关中国与外部世界关系的观念或者世界秩序观，并塑造了东亚地区国际社会及其行为规范或"文明标准"。

中国有无一种持久不变的世界秩序观？这一直是学者们所关心与探讨的问题。美国汉学家费正清（John King Fairbank）认为，"中国的世界秩序，是一整套的思想和做法。千百年来，中国的统治者们不断地将这套东西加以发展，使之永久地保存下来"。[①] 而另外一位美国汉学家史华慈（Benjamin Schwartz）则认为，一方面，中国古老的世界秩序观的确存在并一直坚持到了 19 世纪 90 年代，而且今天还不能说中国古老的世界秩序观已经彻底消失了，另一方面，不管中国的世界秩序观在历史上有多么真实，它在 20 世纪都受到了根本性的破坏，中国人已经接受了西方的国际秩序观。[②] 虽然费正清和史华慈两人对中国是否有持久不变的世界秩序观这一问题的回答有些差别，但是两人都赞同一个判断，即至少在西方国际秩序

---

① ［美］费正清编：《中国的世界秩序：传统中国的对外关系》，第 1 页。

② 同上，第 294—304 页。

观念冲击中国人的世界秩序观之前的很长的历史时期，中国一直保持着独特的有关中国与外部世界关系的观念。

那么，中国的世界秩序观是什么呢？有不少学者认为，中国的世界秩序观就是天下观（又称"天下体系""天下主义"或"天下秩序"等）。赵汀阳就认为，"以天下观天下"或从世界看世界的中国的世界观，就必须被称为天下观，它从根本上不同于西方的从国家看世界的国际观。[①] 李扬帆也指出，"如果非得用一个概念表达传统中国历史上存在过的一种'世界秩序'（事实上是东亚秩序，但存在一种超越东亚的世界性的想象），传统中国的世界秩序确实可以被称为'天下秩序'"。[②] 正因为如此，长期以来，中国传统世界秩序观或天下观念成为中外学者的一个重要研究课题，以理解中国传统对外关系理念的特点。[③]

有关天下观念的起源，通常认为它产生于周朝。[④] 但是也有学者认为，天下秩序观形成于从春秋战国时代到秦汉统一时代。[⑤] 赵汀阳明确指出："比较确实的天下体系是从周朝开始的，或者说，世界成为一个政治存在，天下成为一种政治制度，这是周政治的创造。"[⑥] 他认为，周朝天下体系，可能是以周公为首的政治家集团的集体创作，它主要包括分封制度、礼乐

---

① 赵汀阳著：《天下体系：世界制度哲学导论》，南京：江苏教育出版社 2005 年版，第 110—160 页。

② 李扬帆：《"中华帝国"的概念及其世界秩序：被误读的天下秩序》，《国际政治研究》2015 年第 5 期，第 29 页。

③ Richard J. Smith, *Chinese Maps: Images of "All Under Heaven"* (New York: Oxford University Press, 1996).

④ 许纪霖著：《家国天下——现代中国的个人、国家与世界认同》，上海：上海人民出版社 2017 年版，第 10—37 页。

⑤ ［韩］金容九著：《世界观冲突的国际政治学——东洋之礼与西洋公法》，第 35 页。

⑥ 赵汀阳：《从世界问题开始的天下政治》，载周方银、高程主编：《东亚秩序：观念、制度与战略》，北京：社会科学文献出版社 2012 年版，第 45 页。

制度和德治原则。① 在他看来，天下体系是周朝的一种不靠强力（相当于硬实力），而靠信誉（相当于软实力），让众国万民都愿意给予稳定的政治承认和信任的统治方式与世界政治制度，它不同于西方以国家为单位思考政治问题的国际秩序观念。② 在周朝的天下体系中（主要表现在分封制度上），天子直辖的宗主国与诸侯国保持着亲疏远近的政治关系，宗主国提供秩序这一公共产品，而诸侯国则向宗主国提供贡赋。但是周朝后期，诸侯与周王室越来越疏远，以至于独行其是，从而导致天下体系不断衰落，乃至名存实亡。因此，有研究者指出，到周朝后期至少有了一些模糊的"国"的观念，即在周朝末期（公元前 221 年为止），"天下"和"中国"之间有了区别，后者把边远的诸侯国如秦、楚、吴、越排除在外。③ 秦汉以后，天下观念和分封制发展或表现为中国与周边国家构成的华夷秩序或朝贡体系，中国（华）与周边国家（夷）保持着远近亲疏的政治关系，周边国家向中国称臣纳贡。

一般认为，中国传统的世界秩序观或天下观，来源于中国社会秩序观，即源于中国文化的伦理精神或行为规范，即儒家所阐述的"礼"（大致等同英文里的 norms，或汉译中的"规范"）。它指的是按照"礼"的仪式来规范行为。冯友兰认为："古时所谓礼之义极广，除现在礼字所有之意义外，古时所谓礼，兼指一切风俗习惯，政治制度……盖凡关于人之行为规范，皆所谓礼也。"④ 中国的"礼"属于外部行为规范，除此之外还有内部的行为标准，"吾人行为之标准，至少一部分是内在的而非外在的，是活的而非死的，是可变的而非固定的。故吾人之行为，可因时因地，随吾人性情之所

---

① 赵汀阳著：《天下的当代性：世界秩序的实践与想象》，北京：中信出版集团 2016 年版，第 49—74 页。

② 周方银、高程主编：《东亚秩序：观念、制度与战略》，第 46—49 页。

③ ［美］费正清编：《中国的世界秩序：传统中国的对外关系》，第 19 页。

④ 冯友兰著：《中国哲学史》（上），重庆：重庆出版社 2009 年版，第 63 页。

之，而有相当的不同"。① 对于"礼"的作用，钱穆指出："它是整个中国人世界里一切习俗的准则，标志着中国的特殊性……如果你要了解中国各地的风俗，你就会发现各地的风俗差异很大……然而，无论在哪儿，'礼'都是一样的。'礼'是一个家庭的准则，管理着生死婚嫁等一切家务和外事。同样，'礼'也是一个政府的准则，统辖着一切内务和外交。要理解中国文化非如此不可，因为中国文化不同于风俗习惯。"② 楼宇烈认为："礼是用来规范人的社会身份和社会地位的，即'别异，明分'，确定每个人在社会上的责任、权利和义务。换句话说，就是建立社会秩序……社会是一个群体，用礼来把这个群分成不同的身份、地位、等级，明确各自不同的责任、权利、义务。"③ 王庆新指出："周礼制度是西周时期周天子维护整个华夏天下秩序的制度安排。它规范了周天子与诸侯国和人民的关系，也规范了诸侯国之间的关系，还规范了普通百姓在社会和家庭内的基本道德伦理。周礼类似于欧洲中世纪规范普通民众道德行为的基督教教规，加上由基督教规推衍出来的规范着政府与民间社会的法律关系和国家之间关系的自然法的总和。"④ 其实，在中国传统思想中，各个流派均论及行为规范问题，比如儒家的"礼"、法家的"法"等。冯友兰在论及礼与法的关系时认为："不过礼所规定，多为积极的。法所规定，多为消极的。又法有国家之赏罚为后盾，而礼则不必有也。"⑤ 中国社会价值观或者"礼"的核心就是君臣、父子、夫妇、兄弟、朋友的五伦精神或伦理关系。在儒家思想中，人类作为一个整体，所有政治行为都必须符合家国内外的这些规范。用今天的话来

---

① 同上，第 66、68 页。

② ［美］邓尔麟著，蓝桦译：《钱穆与七房桥世界》，北京：社会科学文献出版社1995 年版，第 7 页。

③ 楼宇烈著：《中国的品格》，海口：南海出版公司 2009 年版，第 177 页。

④ 王庆新：《春秋华夏天下秩序的启示》，《国际政治科学》2011 年第 1 期，第 61 页。

⑤ 冯友兰著：《中国哲学史》（上），第 279 页。

说，"礼"就是中国古代的国际规范，也是当时的"文明标准"。张启雄认为，"以中国为中心的天下＝中华帝国，将家族性的伦理关系扩展到国际性的邦交关系"。① 韩国学者金容九指出，在古代东亚存在着不同于"西洋公法"的"东洋之礼"，礼分为大礼与小礼，大礼是国与国之间所应遵循的法度，小礼则是人与人之间所应遵循的礼仪，大礼的根本就是所谓的事大字小，将礼适用于国与国之间的关系，就成为周室与诸侯、诸侯与诸侯以及中国与夷狄之间的一种规范。②

中国古代的天下观念属于等级制的世界秩序观，它同源于欧洲的非等级制的、主权国家相互平等的国际秩序观确实有着根本性的区别。也就是说，中国的天下观念被广泛认为明显具有以中国为中心以及等级制的思想倾向，它同近代以来主权国家之间法理平等的非等级制思想倾向有根本性区别。费正清就指出，中国的世界（天下）从一开始就是等级制的和反和平主义的，它是一种标准，一种理想模式。③ 基辛格也声称，"在亚洲所有关于世界秩序的观念中，中国所持的观念最为长久、最为清晰、离威斯特伐利亚的主张最远"。④ 在他看来，中国的世界秩序是等级制的，不存在西方的各国主权平等和法律平等的观念，因此"中国眼中的世界秩序与在西方生根的制度大相径庭"。⑤ 在张启雄的眼中："中国并非西方式的近代民族国家（nation state），而是东方型的传统天下国家。"⑥ 对于当时以中国为中心的东亚国际社会的行为规范，他则认为："根据春秋时代的国际规范，小

---

① 吴志攀、李玉主编:《东亚的价值》，北京：北京大学出版社 2010 年版，第 114 页。
② ［韩］金容九著:《世界观冲突的国际政治学——东洋之礼与西洋公法》，第 3、38 页。
③ ［美］费正清编:《中国的世界秩序：传统中国的对外关系》，第 1—11 页。
④ ［美］亨利·基辛格著:《世界秩序》，第 276 页。
⑤ ［美］亨利·基辛格著，胡利平等译:《论中国》，北京：中信出版社 2012 年版，第 12 页。
⑥ 吴志攀、李玉主编:《东亚的价值》，第 105 页。

国必须事奉大国，它的道德规范，是'信'；相对地，大国也必须保护小国，它的道德规范，是'仁'。'信'与'仁'的德行，是国家必须共同遵行的规范。是故，《国语》乃称：'处大教小，处小事大，所以御乱也。'否则，天下将沦为'大不字小，小不事大'的弱肉强食社会。"① 韩国学者金容九也表达了类似的看法，即认为中国天下秩序观的基本原理就是"事大字小"。② 一些中国历史学家也同样强调了天下观念中所存在的以中国为中心的、等级制的思想倾向。他们指出，当时中国人所能看到的世界（其实仅仅限于东亚地区）就是天下，华夏居于天下之中，天下只有一个皇帝，中国皇帝为"天子"，代表"天"来统治"天下"的一切，皇帝直接统治的区域，相对于周边的"蛮荒"之地，为"天朝上国"，而中国与其周边国家形成一个以中国为中心的、亲疏有别的政治共同体。③

也就是说，在近代之前，中国没有主权国家平等的国际秩序观念，只有以中国为中心的、等级制的世界秩序观念。这种天朝上国的思想实际上成为古代中国一种根深蒂固的对外理念，长期影响着中国的对外关系行为。正如何芳川所指出的："中华帝国及其统治者，始终居于'华夷'秩序中居高临下、凌驾一切的地位。因此，在处理自己的对外关系时，一有机会，中华帝国那种傲然自大的大国主义的意识，就会在它的各种运作上打下深深的烙印。"④ 基辛格暗示，中国传统的世界秩序观甚至仍在影响着当今中国的对外关系。正如他在《论中国》中所说："中国和美国都认为自己代表独特的价值观。美国的例外主义是传经布道式的，认为美国有义务向

① 同上，第 137—138 页。

② ［韩］金容九著：《世界观冲突的国际政治学——东洋之礼与西洋公法》，第 37—39 页。

③ 茅海建著：《天朝的崩溃：鸦片战争再研究》（第二版），第 5 页；闾小波著：《近代中国民主观念之生成与流变：一项观念史的考察》，第 58—59 页。

④ 何芳川：《"华夷秩序"论》，《北京大学学报》1998 年第 6 期，第 30—45 页。

全世界的每个角落传播其价值观。中国的例外主义是文化性的，中国不试图改变他国的信仰，不对外推行本国的现行体制。但它是中央帝国的传承者，根据其他国家与中国文化和政治形态的亲疏程度将它们正式划分为不同层次的'进贡国'。换言之，这是一种文化上的普遍观。"① 基辛格在其新著《世界秩序》中也表达了类似的观点："中国认为没有必要走出国门去发现世界，认为通过在内部弘扬道德，已经在世界上建立了秩序，而且是最合理的秩序。"②

然而，也有学者认为，以中国为中心的、等级制的世界秩序观或天下观可能是中国自我构建的一种神话。比如，美国哈佛大学杨联陞教授就指出："中国的世界秩序常被描述为一个以中国为中心的等级体系。从理论上说，这个体系至少有三方面的层级：中国是内部的、宏大的、高高在上的，而蛮夷是外部的、渺小的和低下的。然而，对整个中国历史加以考察，即可发现这个多面相的、以中国为中心的世界秩序，是在不同的时间，由许多真假程度不同，有时甚至子虚乌有的'事实'构建的一个神话。"③ 庄国土也表达了类似的观点："将到中国者统称为朝贡者，基本上是中国统治者及历代史官、文人的一厢情愿。中国朝廷通常没有，也不打算利用这种表面上的、自我安慰式的'朝贡宗藩'关系来干涉东南亚地区事务。"④

也有学者批评道，中国古代的天下体系是属于一种中心—边缘、华夷之辨的不平等意识或制度，因而具有种族主义倾向。正如杨联陞教授所指出的："我们必须承认中国人在远古的时候就喜欢将外族和各种动物相比。外族的名称，常加上表示动物的偏旁。例如，北方外族——狄，有个犬字

① ［美］亨利·基辛格著：《论中国》，《序》第 Ⅵ 页。
② ［美］亨利·基辛格著：《世界秩序》，第 476 页。
③ ［美］费正清编：《中国的世界秩序：传统中国的对外关系》，第 18 页。
④ 庄国土：《略论朝贡制度的虚幻：以古代中国与东南亚的朝贡关系为例》，《南洋问题研究》2005 年第 3 期，第 1 页。

边；南方外族——蛮，有个虫字。在古代的天下观里，荒远地区被认为是蛮夷、猛兽、魑魅所居之区。《左传》所云'非我族类，其心必异'，乃一古老的通论。当然，许多外族在身体的特征上与中国人不同。再者，多数中国人相信外夷更贪婪，更好战，因此在性格上与野兽更相近。还有一点需要指明，即种族歧视并非某一文化或某一社会独有的习惯。假如这个习惯形成于一个人的孩童时期或一个社会的早期，就特别难以改变。"① 茅海建也表达了类似的观点："清王朝的强盛，使周边地区的各国君主，出于种种动机，纷纷臣属于中国，向清王朝纳贡，受清王朝册封。至于藩属国以外的国家，包括西方各国，清王朝一般皆视之为'化外蛮夷之邦'，在官方文书中蔑称为'夷'，并在其国名上加'口'字旁。"② 1793 年，率领英国使团出使中国的马戛尔尼（George Macartney）在日志中提到了当时中国朝廷蔑视西方人的态度："当威尼斯人马可·波罗在 13 世纪访问中国时，正值西部蒙古鞑靼人征服中国，以成吉思汗之孙忽必烈为他们的首领。那个时期前不久，中国人已达到他们文明的顶峰，与鞑靼征服者以及和他们同时代的欧洲人相比，他们当时肯定是非常开化的民族，但自北方满洲鞑靼人最后征服以来，至少在这过去的 150 年，没有发展和进步，甚至在后退，而在我们科技日益前进时，他们和今天的欧洲民族相比较，实际变成了半野蛮人。正是因此他们保持了半罐子水通常有的自大、自负和自傲，而且，尽管在他们和使团交际期间感觉到我们在许多方面比他们强，他们仍显得惊奇而不自愧，有时假装对所见无动于衷。在跟外国人交谈中他们毫无羞愧和自卑，反显得满不在乎，好像他们自己是优胜者，言行中找不到缺点和

---

① ［美］费正清编：《中国的世界秩序：传统中国的对外关系》，第 23—24 页。

② 茅海建著：《天朝的崩溃：鸦片战争再研究》（第二版），第 6 页。

失误。"① 该使团成员约翰·巴罗（John Barrow）虽然看到清政府把英国使节视为贡使，但承认英国使团受到礼待："我们一直被告知，中国人视我们为蛮夷，但我们至今没有理由说他们以蛮夷接待我们。总之，明显的是，北京朝廷对英使的到来印象深刻。"② 所以，1858 年中英《天津条约》规定，在中国的中央机关以及地方官署有关英国官民的公文中禁止使用"夷"字。

但是，也有学者否认这一点。比如，赵汀阳指出："（天下体系）远近关系有时候被错误地发展为一种中心与边缘的意识，比如后来某些思想狭隘者所歪曲发展的所谓'华夷之辨'。华夷之类本来指文化和地域差异，后来才发展出中心对边缘的歧视之意，这是对天下观念的破坏。按照'无外'原则，既然它拒绝了不可兼容的'他者'假设，亲疏远近关系就只是存在论上的关系，蛮夷戎狄仍在五服之中，即使四海番邦也在天下之中，有的由于遥远而没有来往，有的在近旁而或有摩擦，但远近亲疏并不蕴含任何不可化解的敌人概念，至于不同文化的长短得失也是可以争议和借鉴的。如果蛮夷的文化有优势，绝不会被中原明主所拒绝。"③ 在他看来，在早期中国，华夷之辨原本指的是地域自然差异所导致的生产方式、生活方式和文化风格的差异，是描述性的中性概念，并无种族或民族歧视之意。④ 美国哥伦比亚大学刘禾教授则认为，鸦片战争以后，英国人似乎故意在中英外交文本中（如《天津条约》中把"夷"译为"barbarian"），切断了"夷"字与汉语中其他相关概念（如"西洋""西人"或"西洋人"）的联系，把它作为一个"衍指符号"来界定文明的"自我"与不文明的"他者"之间

① ［英］乔治·马戛尔尼、［英］约翰·巴罗著，何高济、何毓宁译：《马戛尔尼使团使华观感》，北京：商务印书馆 2013 年版，第 6 页。

② 同上，第 151 页。

③ 周方银、高程主编：《东亚秩序：观念、制度与战略》，第 57—58 页。

④ 赵汀阳著：《天下的当代性：世界秩序的实践与想象》，第 77 页。

的关系。[①]

　　虽然学者们对天下观有不同的解读，但是天下观为中国的传统世界秩序观念，而且天下观在根本上有别于近代以来西方的国际秩序观，已成为一个基本共识。

第三节　以中国为中心的朝贡体系

　　与天下观有着千丝万缕关系的，就是古代以中国为中心的朝贡体系。

　　"朝贡体系"（tributary system 或 tribute system，又译"朝贡体制""朝贡制度"等）这个概念，最早是由西方学者使用的。1941 年，费正清和邓嗣禹在《哈佛亚洲研究杂志》发表了《论清代的朝贡体系》一文。此后，"朝贡体系"一词便被广为使用，被用来指中国古代对外关系体制，特别是指中国与其周边国家之间的关系。铃木章悟就把朝贡体系视为东亚国际秩序赖以存在的外交制度（diplomatic institution）。[②] 也有学者使用与朝贡体系含义相近或相关的一些提法，如"册封体制""封贡体制""华夷秩序""天朝礼治体系""中国的世界秩序"等。[③] 因此，很多学者认为，朝贡体系与天下观有着密不可分的关系。

　　有的学者干脆把天下观与朝贡体系视为一回事儿。张启雄就明确指出，天下渊源于华夷，朝贡体系与天下体系是一致的，属于"中华世界秩序原理"，天下 = 华 + 夷，中国与其周边四夷所形成的华夷世界属于华夷所共

---

　　① 刘禾著：《帝国的话语政治：从近代中西冲突看现代世界秩序的形成》（修订译本），第 38—97 页。

　　② Shogo Suzuki, *Civilization and Empire: China and Japan's Encounter with European International Society* (London and New York: Routledge, 2009), pp.9–10.

　　③ 李云泉著：《朝贡制度史论——中国古代对外关系体制研究》，《绪论》第 3 页。

同构成的"东亚共同体",也是一个世界帝国,即"中华世界帝国",天下就是"中华世界帝国",天子就是"中华世界帝国"的皇帝。① 韩国学者白永瑞也同样认为:"'天下'是由华和夷构成的,'华'原则上否认'夷'在政治上的独立性和在文化上的独特性,但是在现实中又不得不受到贯彻这一原则的能力的限制,因此需要能够说明这种关系的理论,结果就形成了华夷思想。换句话说,面对来自其他种族的挑战,华夷思想可能成为掩饰这种挑战或妥协的一种理论工具。自认为在文化上比夷(族)优越的华夏(族),在现实世界里往往要败在异民族的武力之下,甚至臣服于异民族的统治。尽管如此,汉族仍然依靠文化上的优越感来维持着自己的认同性,甚至认为(如满族建立的清朝,在清初与汉族知识分子间的妥协所表现出来的),华和夷的区别主要不在地理的、种族的标准,而更重视文化的标准,处于儒教教化之外者(化外之民)为夷族,而接受了儒教文化就能进入华夏。"② 于是,他写道:"这么看来,华夷思想不但与天下观没有矛盾,而且还是一种相辅相成的关系。"③

也有学者强调朝贡体系是从天下观发展而来的制度形式或制度表现。比如,王赓武指出,在以中华文明为特征的东亚地区,其秩序观念之最初理念是抽象的整体观,被称为"天下观",后来发展出一种制度和领土模式,这就是人们所说的朝贡体系。④ 在王赓武看来,朝贡体系是从天下观发展而来的制度形式。李扬帆则认为:"中国的天下秩序与朝贡制度的关系是一种

---

① 张启雄:《中华世界秩序原理的缘起:近代中国外交纷争中的古典文化价值》,载吴志攀、李玉主编:《东亚的价值》,第105—146页。

② [韩]白永瑞著:《思想东亚:朝鲜半岛视角的历史与实践》,北京:三联书店2011年版,第140页。

③ 同上,第140页。

④ 王赓武:《国际秩序的构建:历史、现在和未来——当今世界秩序是好的秩序吗?》,《外交评论》2015年第6期,第11—14页。

文化与制度的关系，朝贡可以变化，有强有弱，甚至可以主从颠倒，也可以从政治关系退化为经贸关系，而作为共识的文化层面的天下秩序难以取代。"①所以，他把朝贡体系视为天下观念的制度表现，②甚至认为朝贡体系是"一种东亚共同遵守的国际规范"。③

至于朝贡体系或华夷秩序的起源，学者们通常认为，古代中国与周边蛮夷和其他国家所建立的朝贡关系及其相关制度，是先秦时代中央与地方之间、天子与诸侯之间朝聘制度的延伸和发展。有人认为，夏王朝与被征服部落之间就已经出现朝贡关系。更多的学者认为，最能反映先秦朝贡制度原貌且对后世产生重要影响的是西周初年分封列国时实行的五服制。④从这个意义上说，朝贡体系和天下观的起源是相同的。何芳川认为，华夷之说缘起于我国上古华夏族体的形成时期。秦始皇统一中国，为华夷秩序建立了一个前提框架。至汉代，中华与"蛮夷"之间逐渐发展起一种古代类型的国际关系体系。但此时的华夷秩序尚处于雏形阶段。盛唐时，华夷秩序在比较正规的意义上形成了。宋代，华夷秩序得到进一步充实。明清两代，终于具备了清晰的外缘和日臻完善的内涵。⑤李云泉也指出，朝贡制度从先秦至清末，一直具有多重性特征，如同心圆般层层向外延伸而又紧密相连。其核心层是中央与地方的朝贡关系，主要是通过地方向中央交纳土贡来体现；中间层是中央王朝与周边少数民族的朝贡关系；最外层是中外朝贡关系（明清时期又分中国与属国的朝贡关系以及中国与其他国家的朝贡关系）。五服制不仅描述了周天子与诸侯之间的朝贡制度，更重要的

①　李扬帆：《"中华帝国"的概念及其世界秩序：被误读的天下秩序》。
②　李扬帆著：《涌动的天下：中国世界观变迁史论（1500—1911）》，第106页。
③　李扬帆：《"中华帝国"的概念及其世界秩序：被误读的天下秩序》。
④　李云泉著：《朝贡制度史论——中国古代对外关系体制研究》，第1—13页。
⑤　何芳川：《"华夷秩序"论》。

是它揭示了朝贡体系由内向外延伸发展的史实。[①]

　　但是，也有部分学者强调，朝贡体系或华夷体系只存在于明清两个朝代。日本学者信夫清三郎在《日本外交史》中认为，华夷秩序存在的时间，只限于明代（1369—1644）。而使"朝贡体系"成为重要学术概念或术语的费正清，认为明清的朝贡体系最为典型，而且他本人也是在研究清朝历史的过程中提出和使用朝贡体系这个概念的。正是费正清把清代（1644—1912）中国与异邦的关系称为"朝贡关系"或"朝贡体系"，并认为它是千百年来保存下来的、以中国为中心的世界秩序。他指出："中国人与其周围地区，以及与一般'非中国人'的关系，都带有中国中心主义和中国优越的色彩。中国人往往认为，外交关系就是向外示范中国国内体现于政治秩序和社会秩序的相同原则。因此，中国的对外关系就像中国社会一样，是等级制的和不平等的。久而久之，便在东亚形成一个大致相当于欧洲国际秩序的中外关系网络。不过，正如我们所看到的，'国际'甚或'邦际'这些名词对于这种关系似乎都不恰当。我们更愿意称它为中国的世界秩序。"[②]他还进一步指出，中国的这种世界秩序是由三个"圈"所组成的："以中国为中心的、等级制的中国外交关系，所包括的其他民族和国家可以分为三个大圈：第一个是汉字圈，由几个最邻近且文化相同的属国组成，即朝鲜、越南（它们的一部分在古代曾受中华帝国的统治），还有琉球群岛，日本在某些短暂时期也属于此圈。第二个是内亚圈，由亚洲内陆游牧或半游牧民族等属国和从属部落构成，它们不仅在种族和文化上异于中国，而且处于中国文化区以外或边缘，有时甚至进逼长城。第三个是外圈，一般由关山阻绝、远隔重洋的'外夷'组成，包括在贸易时应该进贡的国家和地区，

　　①　李云泉著：《朝贡制度史论——中国古代对外关系体制研究》，第6页。
　　②　［美］费正清编：《中国的世界秩序：传统中国的对外关系》，第2页。

如日本、东南亚和南亚其他国家,以及欧洲。"① 同时他也指出,这三个圈的范围并非固定不变的,"外藩"(内亚圈)可以变为"内藩"(汉字圈),"客臣"(外圈)也可以变为"外藩","藩"既可以指"诸侯",也可以指"外国的""野蛮的"(番)。② 这既是朝贡制度的灵活性,也可称为"华夷可变论",既可以"用夏变夷",也可以"用夷变夏",华夷之辨并不固定,而是动态的。有学者把费正清所说的朝贡关系称为"宗藩关系",作为宗主国的中国与其属国之间保持一种从属的关系,是一种以大字小、以小事大的封建政治关系。与此同时,朝贡既是一种外交礼仪制度,也是一种通商制度。另外,所有中国与属国之间的公文往来,一律应用中国的礼节格式和中国的历法。③

我认为,从研究中国对外关系的角度出发,大致可以把朝贡体系的起点确定在秦统一中国之后,但朝贡体系本身是一直处于变化发展之中的,明清的朝贡体系的确最为典型。自秦汉以来,中国的疆界在不断发生变迁,其基本趋势是范围越来越广大。同时,中国周边地区朝贡国的数量也不是固定不变的。在中国最后一个封建王朝清朝的时候,朝鲜、琉球、安南(1805 年改名为越南)、缅甸、暹罗、苏禄、老挝、廓尔喀、巴达克山、爱乌罕、浩罕王国等均为中国的属国或朝贡国,④ 它们同清王朝保持着藩属—宗主国关系。当然,正如张锋所指出的,在东亚国际关系的历史长河中,中国并非始终处于中心地位,朝贡关系并非古代东亚国际关系的唯一

---

① 同上。

② 同上,第 7—8 页。

③ 谢俊美著:《东亚世界与近代中国》,第 140—146 页。

④ 崔丕著:《东北亚国际关系史研究》,长春:东北师范大学出版社 1992 年版,第 28—29 页。

内容。①

　　在以中国为中心的东亚地区朝贡体系之中，中国实际上是个地区主导国家或者领导国家，在大部分时间里占据主导地位。正是由于这一点，马丁·怀特把中华帝国和它的朝贡国所构成的地区国际体系称为"宗主国—国家体系"，以区别于现代意义上的主权国家所组成的国家体系或国际体系。②这个体系有点像西方国际关系学者所说的地区"霸权体系"（hegemonic system），而中国则类似于"霸权国"（hegemon），它在这个体系中占据"统治或者主导地位"。③因为在朝贡体系内，只有一个中心，这就是中华帝国和它的皇帝，周围国家同它保持一种"以臣事君"和"以小事大"的关系。④实际上，其周边邻国最主要的对外关系就是定期向中国王朝皇帝称臣纳贡。如清朝曾规定，朝鲜每年、琉球每隔一年、安南每三年、暹罗每四年、苏禄每五年、老挝和缅甸每十年朝贡一次。⑤实际朝贡次数和规定的朝贡期并不完全一致。⑥在特定情况下，朝贡国或藩属国也可以延期朝贡或者"补贡"。⑦朝贡国家立新王则要经中国皇帝册封。此外，有学者指出，中外朝贡关系大体上可划分为"礼仪性的朝贡关系"和"典型而实质的朝贡关系"两大类，前者指日本、缅甸、东南亚诸国乃至清人所视英、法

　　①　张锋：《解构朝贡体系》，载周方银、高程主编：《东亚秩序：观念、制度与战略》，第 85—113 页；万明：《重新思考朝贡体系》，第 114—129 页。

　　②　Hedley Bull, *Anarchical Society: A Study of Order in World Politics*, 2nd edition (London: Macmillan, 1995), p.11.

　　③　秦亚青著：《霸权体系与国际冲突》，上海：上海人民出版社 1999 年版，第 103—105 页。

　　④　何芳川：《"华夷秩序"论》。

　　⑤　崔丕著：《东北亚国际关系史研究》，第 29 页。

　　⑥　［日］信夫清三郎编，天津社会科学院日本问题研究所译：《日本外交史》（上），北京：商务印书馆 1980 年版，第 29—30 页。

　　⑦　余定邦：《中缅关系史》，北京：光明日报出版社 2000 年版，第 192 页。

等西欧诸国，其根本特征是不具有政治上的臣属性；后者则如朝鲜、安南、琉球等国，其基本特征是以政治臣属为前提。①

但是，当时的中国同近代以后的西方霸权国家以及殖民帝国有所不同。中国对其朝贡国没有实施直接的统治，也较少使用强制性力量（如军事威胁）。朝贡制度是"夷狄"表示承认中原王朝优越性的方式，中国对邻国的影响主要是文化和政治上的，而不是直接控制（包括军事占领）。朝贡制度给中国朝廷带来的主要是政治威望，中国一般不干涉藩属国的内部事务，也不要求获取经济利益。而且朝贡国往往很看重朝贡的通商价值，以此追求自身的物质利益，因为贡使所带来的本国产品可以在贡路上以及中国国都特设的市场上与中国商人交易，中国皇帝对朝贡国的"回赐"，其价值通常高于朝贡使奉献的贡品，即"厚往薄来"，宁愿付出经济代价，也不索取物质利益。② 所以，有的中国学者认为，朝贡关系是一种"平等的双边关系"，这在中国与东南亚国家的关系中表现得尤其明显。③

甚至也有国外研究者指出，朝贡体系并非以等级原则为基础，它也包含着平等观念，即"示无外"观念。正如王赓武所指出的："传统中国对待异民族的态度常常被描述为是以等级原则为基础的。我认为，这样理解朝贡体系是不合适的。更为重要的是优越性原则与安全性原则或不可侵犯性原则的结合。由此观之，即可看清楚，体现中国优越论的制度并不像19世纪的学者们所说的那样缺乏灵活性。虽然这些制度反映了中国优越论，但

---

① 李云泉著：《朝贡制度史论——中国古代对外关系体制研究》，第70—71页。

② 戴逸著：《18世纪的中国与世界》导言卷，沈阳：辽海出版社1999年版，第101页。也有韩国学者承认，中国同其藩属国之间的贸易常常以朝贡和赏赐的形式进行，虽然是朝贡，其实对受赐方十分有利。参见具千书：《参鸡汤——滋补的源泉》，《高丽亚那》2000年夏季号，第68—71页。

③ 梁志明等著：《古代东南亚历史与文化研究》，北京：昆仑出版社2006年版，第98、102—110页。

它们同时也反映了数百年来形成的观点，即所有外国在中国人眼里都是平等的，应该一视同仁。这个观点对于今天的我们来说，显然是个神话，但同样明显的是，现实从来没有对这个神话提出持续性挑战。在 19 世纪，中国被迫'进入国际社会'。中国加入了所有成员都平等（至少理论上如此）的一个国际体系。事实上，中国很难不认为自己在这个体系中是一个不平等的成员。中国屈服于强权是一种理性的决定，西方列强对此表示赞赏，但是，人们经常怀疑，这是否仅仅是一个策略性的决定；中国人是否真的相信在国际关系中确实存在平等。这种怀疑部分解释了人们今天的担忧：一旦得到机会，中国人可能希望回到他们长期珍视的传统，即对所有外国一视同仁，但它们一律置于不平等和低于中国的地位。"① 康灿雄也认为，朝贡体系作为中国主导的东亚国际秩序，"在形式上看似不平等，但是在实质上则是平等的：次级国家自然不能宣称自己和中国平等，但是在实际行动中享有实质性的自主权"。②

此外，值得注意的是，在朝贡体系中，中国并非完全主导朝贡国家的对外关系。实际上，周边国家之间存在着相互关系，甚至是朝贡关系。日本学者川岛真指出："华夷秩序绝非中国独具，它是东亚所共有的世界观。朝鲜和日本等国也自称（小）中华或中国等，把自己当作中华，把周边当作夷。"越南被认为具有"南中华"意识，暹罗对周边各国也具有中心与周边意识。③ 越南在政治制度上效仿中国实行中央集权制，在对外关系方面除了与中国保持朝贡关系之外，还与周边小国，如占城、真腊（柬埔寨）、哀牢（老挝）等建立了类似的宗藩关系，有学者称之为"亚宗藩关系"。④

① ［美］费正清编：《中国的世界秩序：传统中国的对外关系》，第 56 页。
② ［美］彼得·卡赞斯坦主编：《世界政治中的文明：多元多维的视角》，第 103 页。
③ ［日］川岛真著：《中国近代外交的形成》，第 23—24 页。
④ 戴可来：《略论古代中国和越南之间的宗藩关系》，《中国边疆史地研究》2004 年第 2 期，第 115—120 页。

1845 年以后，柬埔寨曾经一度分别向越南和暹罗进贡。根据越、暹、柬三方协议，柬埔寨每年向暹罗进贡一次，每三年向越南进贡一次。① 甚至有不少历史研究表明，越南人、朝鲜人和日本人，同样将自己置于儒家秩序的中心（华），而把清朝当作中心的边缘（夷）。② 再比如琉球与日本之间的朝贡关系。琉球历史悠久，12 世纪（中国元朝末年），在琉球出现了北山、中山和南山三个独立王国。从 14 世纪末开始，中国明朝政府派使出使琉球三国，分别册封了三国国王，三国向明朝称臣纳贡，此后不久中山国统一琉球，其国王则被明朝册封为琉球王。明朝灭亡之后，琉球国继续与清朝保持朝贡关系。因此，作为中国的周边国家之一，琉球国在明清两代都与中国保持着制度化的朝贡关系，与中国的朝贡关系先后共持续了大约五百年（1372—1879），并深受中华文化的影响。但是，从 1609 年开始，琉球国在经受日本萨摩藩的军事入侵之后，实际上处于萨摩藩的控制之下，并向萨摩藩进贡。与此同时，在萨摩藩主的允许之下，琉球国保持名义上的独立地位，并继续向中国朝贡、接受中国皇帝的册封，充当萨摩藩与中国之间贸易的媒介，但是琉球国政府对中国册封使及其随员隐瞒萨摩藩与琉球的关系。③ 此外，琉球国王也向日本幕府派遣使节，琉球使节分为庆祝将军更换的庆贺使和琉球国王向新任的将军表示谢意的谢恩使。也就是说，琉球与中日曾经同时保持"双宗"关系，或者说琉球王国处于既属明朝又属萨摩藩的特殊地位。④ 这种形式的关系一直持续到 1870 年。另外，琉球不仅与中国保持贸易关系（以朝贡贸易为主），也同日本、朝鲜、东

---

① 文庄著：《中越关系两千年》，北京：社会科学文献出版社 2013 年版，第 51 页。

② 刘禾：《帝国的话语政治：从近代中西冲突看现代世界秩序的形成》，第 123—124 页。

③ ［美］费正清编：《中国的世界秩序：传统中国的对外关系》，第 105—153 页。

④ 中日韩三国共同历史编纂委员会著：《超越国境的东亚近现代史》（上），北京：社会科学文献出版社 2013 年版，第 6 页。

南亚国家进行贸易。[①] 最近也有一些学者提出，在日本与朝鲜半岛关系中，类似中国朝贡制度的规则与规范也被接受和使用。[②] 比如，1443 年，朝鲜与对马岛正式签署条约，明确规定对马向朝鲜朝贡的次数、时间和船舶的数量。[③] 在东南亚国家中，这种情况也很普遍。另外，中国对藩属国家基本采取不干涉的态度，即"中国对藩属国的基本原则是消极的，是'放任不管的'，而且整个朝贡体系的目标是防御性的，旨在维持现状以确保中国的安全。中国朝廷一般不关注藩属国的内政与外交事务"。[④] 也有研究者认为："对中国而言，朝贡制度是对待一个邻国——中国统治者既不想直接控制它，又想把它置于中国的影响范围之内——的聪明且实惠的办法。"[⑤]

因此，从一定意义上说，中国和其周边国家所形成的朝贡关系，既不同于现代主权国家之间（法律上）的平等关系，也不同于帝国范围之内的宗主国与殖民地之间的从属关系。换句话说，我们实在是无法用现有的西方国际关系概念来概括东亚朝贡体系时期的中国与其周边国家关系之性质。所以，有研究者认为，不能够用西方的话语来解释朝贡体系。正如马克·曼考尔所指出的："任何人要想描述朝贡体系，会立即遇到一些思想观念问题。首先，不能根据西方的习俗和实践解释朝贡体系。如果想在传统中国的制度或观念中发现与现代西方相同的东西，就会造成误解：它们也许在结构或功能方面比较相似，但是，如果放在传统的儒家社会和现代西方社会的

①　谢必震、胡新著:《中琉关系史料与研究》，北京：海洋出版社 2010 年版，第 5、26 页。

②　David C. Kang, "Authority and Legitimacy in International Relations: Evidence from Korean and Japanese Relations in Pre-Modern East Asia," *The Chinese Journal of International Politics*, Vol. 5, No.1 (Spring 2012), pp.55–71.

③　中日韩三国共同历史编纂委员会著:《超越国境的东亚近现代史》（上），第 17 页。

④　［美］费正清编:《中国的世界秩序：传统中国的对外关系》，第 152 页。

⑤　同上，第 154 页。

语境中加以考察，就会看到它们可能有着迥然不同的意义。朝贡体系更适合从传统中国的语汇和制度出发从整体上加以理解。"①

古代中国维持朝贡体系的方式是多样的，也是制度化的。王赓武认为，以中国为中心的朝贡体系之建立与维持既靠"德"，也靠"威"，保持两者之间的适当平衡至关重要。② 而在张启雄看来，在"以华治夷"思想中，"以德服人"（王道）源于"以力服人"（霸道）的潜在能力。③ 中国王朝设立专门机构和制定相关规则来处理朝贡关系。在明代，朝贡关系一直由礼部掌管。而在清代，朝贡关系则由礼部与理藩院两个机构或衙门共同管理。其中，同东北亚和东南亚等农业地区国家的关系由前者管辖，而与蒙古、新疆、西藏等西北游牧地区的关系则由后者管辖。④ 但后者管辖的地区从严格意义上说并不属于朝贡国家，而是中国的一部分。中国对各国的朝贡皆有规则，包括朝贡的入境港、年份与贡品等，这些规则在整个清代发生过多次变化。如前所述，一般来说，在中国与周边国家的朝贡关系中，遵循"厚往薄来"的原则，即中国皇帝的赐品价值大大高于贡品的价值，朝贡国家在经济上有利可图。但韩国学者全海宗经过考证认为，在清朝时期的中国与朝鲜之间的朝贡关系中，事实并非如此。他计算的结果是，朝鲜每年进献的贡品和朝鲜赠送给中国使团的礼品之价值，远远超过中国赠予朝鲜的价值；朝贡制度给朝鲜政府造成了极大的财政损失，是完全没有益处的；如果把旅费也考虑在内，甚至中国政府在朝贡关系中也难以得到经济利益。⑤ 研究清代中国与琉球朝贡关系的学者则指出："从经济的观点来看，虽然册封典礼给琉球政府造成了财政负担，但这些支出被定期派往中

---

① ［美］费正清编：《中国的世界秩序：传统中国的对外关系》，第 58 页。

② 同上，第 29—57 页。

③ 吴志攀、李玉主编：《东亚的价值》，第 111 页。

④ ［美］费正清编：《中国的世界秩序：传统中国的对外关系》，第 58—80 页。

⑤ 同上，第 81—104 页。

国的朝贡使团获得的利润所弥补。琉球每两年朝贡一次，每次派出两百人
的使团，分乘两艘船。第二年另派一百人乘一艘船去中国迎接贡使。与其
他附属国一样，琉球也获得免税载货到福州的特权，而且使团在中国的一
切费用由中国政府承担。每次册封后，会有两名琉球留学生前往北京的国
子监留学，另有一大批人到福州接受教育，或学习技能。他们所需费用也
由中国政府支付。如果把琉球每年获得的利益与接待偶尔来访的中国官方
使团所需费用作比较的话，无论怎么比较，结果肯定是琉球获利更大。"①
可能由于这个原因，琉球实际朝贡的次数远大于两年一贡："琉球作为藩属
国，需要向中国朝贡，不同时期有不同的贡期，有两年一贡、五年一贡和
十年一贡，琉球国不管这些，常常是一岁数贡，凡来贡就要有进贡表。"②

　　和天下观念一样，朝贡体系体现了古代中国的"文明标准"或者"礼"。
此种"文明标准"的核心是等级制和不平等原则，它体现了儒家的世界秩
序观。用史华兹的话来说："各类百科全书和其他文献中关于蛮夷的种种论
述，一再体现出中国人是何等重视'三纲五常'和一整套的'礼'，这些东
西为把蛮夷和'中央王国'的人区分开来提供了绝对的标准。"③也有英国
学派学者明确指出："一套精心设计的仪式（礼）发展成为一种那些想要加
入或被接纳进中华世界的其他人必须遵守和履行的传统'文明标准'。"④康
灿雄则认为："东亚的儒家国际秩序包含了一套地区共有的正式和非正式的
规范及预期，这些规范和预期指导着国家间关系，并为本地区带来高度的
稳定。儒家秩序的主要制度是朝贡体系，强调国家间在形式上的等级制，
但在很大程度上允许非正式的平等。只要等级秩序得以遵守，中国的主导

---

① ［美］费正清编：《中国的世界秩序：传统中国的对外关系》，第148—149页。
② 谢必震、胡新著：《中琉关系史料与研究》，第31页。
③ 同上，第295页。
④ 张勇进、巴里·布赞：《作为国际社会的朝贡体系》。

地位得到承认，国家间就几乎不需要战争。"① 在他看来，中国是该体系中占主导地位的军事、科技和经济强国，也是国际"游戏规则"的制定者，但是中国的目标并不包括把自己的领土扩张到已经建立的邻国。②

那么朝贡体系具体包括哪些规则与制度呢？一般来说，朝贡制度包括朝贡与册封两个方面，"册封和朝贡是朝贡制度的两个阶段，二者都是宫廷礼仪。唯一的区别是，后者在皇帝面前举行，前者由皇帝的特使主持"。③但是，中国朝廷对于所有朝贡国的册封方式并不一致。清廷只向朝鲜、琉球和安南派遣专使举行册封典礼，至于其他藩属国，皇帝的诏令都是由中国省级官员转交该国贡使带给新国王的。④

参与中国的世界秩序的异族统治者在与天子接触时，都要遵守适当的礼仪。所有这些礼仪合在一起，便形成了朝贡体系。清朝规定如下：

授予异族统治者委任状和在公文上使用的官印；

按照清朝的等级制，授予异族统治者衔位；

他们在公文中使用清朝历法，即冠以大清皇朝年号；

在相关法定时节，进献各类纪念性贡品；

他们还要进献土产作为象征性贡品；

他们或他们的使节，由御差护送进京；

他们在清宫要行礼如仪，最有名的是磕头；

皇帝回赐他们礼物；

他们获得在边境和京城进行贸易的特许权。⑤

---

① ［美］彼得·卡赞斯坦主编：《世界政治中的文明：多元多维的视角》，第 119 页。

② ［美］彼得·卡赞斯坦主编：《世界政治中的文明：多元多维的视角》，第 120—121 页。

③ ［美］费正清编：《中国的世界秩序：传统中国的对外关系》，第 136 页。

④ 同上，第 150 页。

⑤ 同上，第 9 页。

　　需要指出的是，西方学者在解读古代中国的朝贡制度和"文明标准"的时候，往往特别关注磕头礼仪，认为它体现了等级制和不平等原则，因而对其极为反感。比如，在江文汉看来，中国的"文明标准"便具体体现在叩头礼仪上面，它与西方的"文明标准"必然发生碰撞。[①] 基辛格也把磕头礼视为对中国皇帝至高无上权威的承认，认为它是一种耻辱，是阻碍近代中国与西方国家之间关系的绊脚石。[②] 他认为这是导致鸦片战争的根本原因。[③]

　　总之，古代以中国为中心的东亚地区朝贡体系或者华夷秩序，是一个存在时间远远超过主权国家社会/体系、有一套管理中国与其周边国家关系的规则、规范与制度的地区国际社会。[④] 当然，它也体现了古代中国的"文明标准"。这个比较独特的东亚地区国际社会，也就是学者们通常所说的以中国为中心的"朝贡体系"。[⑤] 有的学者甚至把朝贡体系看作只在亚洲才存在的历史体系："以中国为核心的……朝贡关系即朝贡贸易关系，是亚洲而且只有亚洲才具有的唯一的历史体系，必须从这一视角出发，在反复思考中才能够推导出亚洲史的内在联系。"[⑥] 从国际关系研究的角度来看，古代东亚朝贡体

---

① Gerrit Gong, *The Standard of "Civilization" in International Society*, pp.130–136.

② ［美］亨利·基辛格著：《世界秩序》，第 279 页。

③ ［美］亨利·基辛格著：《论中国》，第 27—49 页。

④ 张勇进、巴里·布赞：《作为国际社会的朝贡体系》；Barry Buzan, "Approaches to Studying Regional International Society," working paper for International Academic Workshop: Beyond History: Reconciliation, Cooperation and Social Integration in Northeast Asia, 3 December 2011, Zhejiang University, Hangzhou, China；David C. Kang, "Authority and Legitimacy in International Relations: Evidence from Korean and Japanese Relations in Pre–Modern East Asia," *The Chinese Journal of International Politics*, Vol. 5, No.1 (Spring 2012), p.56。

⑤ ［美］费正清著：《美国与中国》，第 156—147 页。

⑥ ［日］滨下武志著：《近代中国的国际契机——朝贡贸易体系与近代亚洲贸易圈》，第 30 页。

系作为一种独具特色的地区国际社会，在单位、结构以及行为规范和制度等诸多方面，同源于欧洲的现代国际社会都有极大区别。比如，后者有主权观念，国家之间是平等的关系，而前者只有册封和朝贡观念，国家之间是不平等的、等级制关系，但是这种不平等关系与后来西方主导下的不平等关系又是两码事儿。① 正如茅海建所指出的："今天人们所谈论的平等或不平等，都是以 18 世纪欧美产生至 20 世纪在世界确立的国际关系准则为尺度；而生活在'天朝'中的人们，自有一套迥然相别的价值标准，另有一种平等观念。他们对今天看来为'平等'的条款往往愤愤不平，而对今天看来为'不平等'的待遇却浑然不觉，因而在外交上举措大谬。"② 又如，欧洲地区国际社会是由众多分散的、相互独立的单位所组成的，而东亚地区国际社会在一定程度上说是一个统一的单位或者说是一个相对独立的"文化单元"，其中的主导国家中国几乎等同于东亚，汉字在一定程度上为东亚文化统一奠定了基础。正如一位英国学者所指出的，"东亚只有中国这个单一的核心和恒久的边缘地带，因此比较简单"。③ 也就是说，古代东亚国际社会是具有自身特色的前现代地区国际社会（等级制结构），和发源于欧洲的现代国际社会（非等级制的无政府结构）很不一样，难以用一个统一的标准来进行衡量和比较。但值得注意的是，有西方学者指出，国际等级制是普遍存在的国家间关系，无论在过去还是当下，都有国家自己完全或部分地服从于其他主导国的权威；中国有着悠久的国际等级制历史，在当今主权国家间关系中也存在着等级制的规

---

① 梁志明就认为，古代中国与绝大多数周边国家之间的"宗藩关系"，并不是一种国际监护，而是平等的双边关系，因为中国对周边国家采取了政治上不干涉的政策。参见梁志明等著：《古代东南亚历史与文化研究》，第 98 页。

② 茅海建著：《天朝的崩溃：鸦片战争再研究》（第二版），第 482 页。

③ ［英］S.A.M. 艾兹赫德著，姜智芹译：《世界历史中的中国》，上海：上海人民出版社 2009 年版，第 5 页。

范，尽管它处于隐蔽状态，等级制依然是现代国际关系的现实与核心特征。①

第四节　天下观、朝贡体系与中国的对外行为

如前所述，古代中国有自己独具特色的世界秩序观（天下观）以及处理自己与外部世界（主要是其他东亚国家）关系的规范和制度（朝贡体系或朝贡制度）。不管是天下观，还是朝贡体系，都体现了中国古代国内社会秩序观，即源于中国文化的伦理精神或行为规范，也就是儒家所阐述的"礼"。这是古代中国以及以中国为中心的东亚地区国际社会的"文明标准"，其核心是等级制与不平等原则。

这种传统的、根深蒂固的对外关系理念极大地影响了古代中国的对外关系行为，并且在近代以后面临着以主权平等为核心原则的西方国际关系理念的巨大冲击，中国从此开始逐渐改变自己的世界秩序观念，接受了源于西方的国际秩序观念。这已成为学界的基本共识。

问题在于，近代以后，中国是否已经完全放弃了传统的世界秩序观念？迄今为止，学者们对此问题的回答是很不一样的。美国学者约瑟夫·R.列文森认为："中国近代思想史的大部分时期，是一个使'天下'成为'国家'的过程。"② 杨倩如则指出："古代中国向来将中央王朝与周边民族、地区的关系视为国内地区间关系的延伸，用解决国内问题的思路和方式处理与其他民族和地区之间的关系，由此形成了数千年贯穿、维系古代东亚国际关

---

① ［美］戴维·莱克著，高婉妮译：《国际关系中的等级制》，上海：上海世纪出版集团 2012 年版，《中文版序言》《英文版序言》《导论》。

② ［美］约瑟夫·R.列文森著，郑大华译：《儒教中国及其现代命运》，北京：中国社会科学出版社 2000 年版，第 87 页。

系的规范、法则和模式，其思想、经验和历史遗产（包括正反两方面）至今仍不同程度地影响着中国的对外战略和东亚区域的格局与秩序。"[①] 李扬帆明确指出："仅仅从晚清和 20 世纪初中国身份构建的历史实践，已经可以看出后世民族主义革命的端倪：民族主义是中国政治（无论是国内还是国际）的一种动员力量，并不是中国世界观的核心或终极关怀。存于中国之心的，仍然是对天下的关怀。在 20 世纪以来的历史迷雾中，民族主义只是那条龙的爪子。中国并没有真正实现从'天下'到（基于民族主义的）'世界'的观念转变。"[②] 在赵汀阳看来，我们可以使古代中国的天下观现代化，即"以'天下'作为关于政治／经济利益的优先分析单位，从天下去理解世界，也就是要以'世界'作为思考单位去分析问题，超越西方的民族／国家思维方式，就是要以世界责任为己任，创造世界新理念和世界制度"。[③] 他还提出了"新天下体系"的设想，即"天下体系就是意在化天道为人道之大业。周公设计的分封制度，即天下一体分治体系，是政治史上一项开创性的制度实验。尽管尚未充分表达天下理念，却是天下体系的唯一实验，其制度设计之得失，对于未来可能的新天下体系是不可替代的思想资源"。[④] 张启雄认为，在当今，对中西国际秩序及原理的探寻有着强烈的现实意义。中国实力的增强将带来更大的影响力与更艰巨的责任，而整合国际秩序的问题也将接踵而至。因此，他提出，今天应该寻找儒家文化价值体系中的国际秩序原理，即"中华世界秩序原理"或"天下秩序原理"，融合西方历史文化价值所形成的国际法秩序原理，弥补国际法之不足，从而形

---

① 　杨倩如：《双重视野下的古代东亚国际体系研究——在中外关系史与国际政治学之间》，《当代亚太》2013 年第 2 期，第 48 页。

② 　李扬帆著：《涌动的天下：中国世界观变迁史论（1500—1911）》，第 797 页。

③ 　赵汀阳著：《天下体系：世界制度哲学导论》，第 3 页。

④ 　赵汀阳著：《天下的当代性：世界秩序的实践与想象》，第 69 页。

成更适合于规范"东西国际体系"之国际秩序的"全球国际秩序原理"。①
持类似观点的学者还有不少。② 比如许纪霖认为，传统的天下主义可以在
现代性的脉络中予以扬弃和更新，发展成为新天下主义，或者天下主义2.0
版。用他的话来说就是："新天下主义的所谓'新'，乃是加入了民族国家主
权平等的原则。在新天下秩序之中，没有中心，只有相互尊重独立和平等
的民族与国家，也不再有支配与奴役、保护与臣服的等级性权力安排，而
是去权力、去宰制的平等相处的和平秩序。更重要的乃是新天下秩序的主
体发生了变化，没有华夏与蛮夷之分，不再有主体与客体之分，诚如古人
所云'天下乃天下人之天下'。"③ 值得指出的是，许纪霖的新天下主义和赵
汀阳的新天下主义有不同之处，前者加入主权国家平等原则，而后者则视
等级制为社会运作之所需。用赵汀阳的话来说就是："周朝的天下分封制度
建构了一个网住世界大地之'地网'，一个有等级结构的网络体系。即使以
今日眼光视之，天下体系的网络性仍然具有当代性甚至未来性，但其等级
结构却不符合今日世界之价值观，很容易被视为一个支配结构。然而，取
消等级的社会至今仍然是个缺乏实践条件的理想。不仅古代社会都是等级
制的，今天的世界在实质上也是等级制的。这说明，尽管等级制有悖平等
之价值，却仍然是社会运作之所需。价值观有价值观的道理，现实有现实
的道理。"④ 与此同时，也有学者认为天下秩序不具有普遍性意义，它与当今
以国家平等为基本原则的国际秩序存在根本性矛盾和冲突，因此不可能重

---

① 常宇鑫：《迎接挑战，回归中华秩序原理——访近代史研究学者张启雄》，《北京大
学校报》2014年11月17日。

② 参见干春松：《重回王道：儒家与世界秩序》，武汉：华中师范大学出版社2012年版。

③ 许纪霖著：《家国天下——现代中国的个人、国家与世界认同》，第441页。

④ 赵汀阳著：《天下的当代性：世界秩序的实践与想象》，第69—70页。

新恢复儒家天下秩序。[①]

　　上述有争议的问题，实际上也就是费正清和史华慈曾经论及的中国是否有持续不变的世界秩序观念的问题。我以为，近代以来，中国虽然在很大程度上已经接受了西方的国际秩序观，但是传统的世界秩序观没有也不可能从中国的对外关系理念中完全消失，依然还在影响中国的对外行为。这种影响可能是近代以后至今，中国与现代国际社会存在着不同程度紧张关系的原因之一，当然此种影响在不同的历史时期有程度高低以及表现形式的不同。本书后面各章的叙述都是同这个问题相关的。

---

　　① 王庆新：《儒家王道理想、天下主义与现代国际秩序的未来》，《外交评论》2016年第 3 期，第 73—99 页。

第三章
中国加入现代国际社会

　　按照以英国学派为代表的西方学者有关现代国际社会形成与扩展的历史叙述，由主权国家组成的现代国际社会产生于欧洲，后来逐渐扩展到全世界，即从一个地区性国际社会（欧洲国际社会）发展成为一个全球性国际社会。而现代国际社会的扩展，实际上也就是美洲、大洋洲、亚洲、非洲等非欧洲国家与地区接受（也修正或者抵制）欧洲国际社会的国际规范之过程。这也可以说是西方文明对外扩张、非西方国家（自愿或不自愿）接受西方"文明标准"的过程。当然，发源于欧洲的国际规范和"文明标准"本身也处于变化、发展之中。这是一种从西方的视角而得出的叙事，国际社会的扩展基本上被视为一种积极的、进步的过程。但是从非西方国家的视角来说，还可以有另外一种叙事，即很多国家实际上是在西方国家的压力（包括炮舰政策）之下被迫改变自己，加入现代国际社会的，其过程实际上也有消极的、反动的一面。对于很多非欧洲国家来说，特别是对那些具有悠久历史传统的国家来说，加入西方主导的国际社会无疑是一个十分艰难和痛苦的历程，意味着要被迫放弃自己的"文明标准"，接受他者的"文明标准"。中国就是这样一个国家。大致从 1840 年鸦片战争开始，以中国为中心的东亚朝贡体系就在西方殖民扩张的冲击下逐步走向瓦解，中国及其周边大多数国家沦为西方列强的殖民地或半殖民地，被排挤在现代国际社会之外或者处于现代国际社会的边缘，然后再经过艰苦的努力才最终获得完全独立主权国家的地位，达到西方所制定的"文明标准"，被承认和接受为现代国际社会的成员之一。东亚国家加入现代国际社会的过程不尽相同，特别是与日本等一些周边国家相比，中国加入现代国际社会的时间要漫长得多、痛苦得多，经过大约一百年。主要原因是，中国历史悠久，在东亚曾经长期存在着一个以中国为中心的地区国际社会，中国有一套处理与外部世界关系的行为规范或"文明标准"。对于中国来说，放弃自己原有的"文明标准"，接受外来的"文明标准"，无疑是很不情愿、很痛苦的事情。近代以来中国对源于欧洲的国际规范和"文明标准"，大体上经历了一个从强烈抵制到被迫遵从，再到自愿接受的过程，但是始终没有全盘接受。

第一节　东亚朝贡体系遭遇冲击和逐步走向瓦解

　　进入近代，随着欧洲殖民主义扩张以及主权国家组成的现代国际体系或国际社会 ① 之扩展，东亚以中国为中心的朝贡体系遭遇巨大冲击和走向瓦解，中国于是从天下的中心成为世界中的一国，面对着一个崭新的外部环境，或者前所未有之变局。正如冯友兰所说的："周末至秦汉，由列国而统一，为一新环境。近世各国交通，昔之视为统一者，今不过为列国之一国，亦一新环境也。" ② 或如美国前国务卿亨利·基辛格所言："19 世纪中叶，中

---

　　①　有学者把当时的国际体系称为"西方殖民化国际社会"。参见［英］巴里·布赞：《全球性变革与国际秩序的演进》，《外交评论》2015 年第 6 期，第 16 页。

　　②　冯友兰著：《中国哲学史》（下），第 353 页。

国士大夫集团里只有少数人开始意识到，中国在世界体系中已经不再处于至尊地位，中国必须去了解一个由相互竞争的列强集团主导的体系。"①

　　在明朝末年以前，以中国为中心的东亚地区国际社会是在相对独立的环境中生存与发展的。但是，大致从 15 世纪末开始，随着新航线的开辟和地理大发现，开始了世界各地区被联系为一体的"全球化"过程，西方殖民主义者把触角伸至全球各个角落，包括东亚地区，发源于欧洲的现代国际社会也随之扩展到全世界。于是，包括中国在内的东亚地区开始面对外部势力的强大冲击。在中国明朝末年的时候，葡萄牙、西班牙、荷兰以及英国等欧洲国家就已经从海上把殖民扩张的触角先后伸展到东南亚的马六甲、菲律宾，以及中国的澳门、澎湖列岛、台湾等地方。

　　不仅如此，从 17 世纪中叶开始，沙皇俄国领土扩展的触角也开始伸展到中国东北边境地区，并与中国当地军民多次发生冲突。1689 年，中俄两国在尼布楚进行谈判并签署了《尼布楚条约》，划定了两国的边界，并允许双边居民过界来往、贸易互市。这是中国与西方国家缔约之始。② 有中国学者称之为"中国最早与外国订立的具有近代国际法意义的条约"。③ 但是，也有韩国学者指出，《尼布楚条约》只是一个例外："对于中国而言，这个条约是第一次将野蛮人之外国人当作平等交涉对象的国际协议，因此从中国的世界观以及对外观的角度来看，就是一个极端的例外。"④ 1727 年，中俄又先后签署了《布连斯奇界约》和《恰克图界约》，解决了中俄之间边界勘定、逃犯引渡、两地通商、教士传教等问题。从此，欧洲国家沙皇俄国开始成为中国北方的一个邻国。值得注意的是，清王朝并没有把沙俄视为朝

①　［美］亨利·基辛格著：《论中国》，第 54 页。

②　张忠绂编著：《中华民国外交史（1911—1921）》，第 1 页。

③　刘利民著：《不平等条约与中国近代领水主权问题研究》，长沙：湖南人民出版社 2010 年版，载李育民著：《中外条约与近代中国研究丛书》，《总序》第 1 页。

④　［韩］金容九著：《世界观冲突的国际政治学——东洋之礼与西洋公法》，第 55 页。

贡国家，中俄签订的是平等条约，符合现代主权国家之间关系的原则，尽管当时中国尚无主权观念。中国通过与俄国订立相关条约，达到了划界、规范贸易的目的，俄国除了划定同中国的边界、成为中国的邻国之外，也获得了在中国建东正教教堂以及教士在华居住和传教的权利。清政府的理藩院负责处理与俄国有关的事务。清政府分别于 1730 年和 1731 年派遣使团出使俄国，向俄皇行中俄双方都认可的礼仪，接近近代外交礼仪。① 此后很长一段时间，中俄边界稳定、双方贸易开展顺利。

与此同时，在清朝年间，进入资本主义蓬勃发展时代的、以英国为代表的欧洲国家努力扩大对华贸易。但是，清朝为了抵制抗清势力，采取了限制中外往来的闭关政策，1757 年清帝甚至下令，只允许外国人到广州一地进行贸易，由粤海关和十三行（又称洋货行）来管理同这些欧洲国家的贸易，规定外商不能久居广州且只能在广州商馆附近活动，"夷妇"不得入广州，停泊在广州的欧洲船只要交维持秩序特别税，禁止外国军舰进入广州水域，根据中国的法律惩处外国罪犯等。欧洲国家对广州一口通商及其严苛管理日益不满，希望清政府进一步开放贸易。1793 年和 1816 年，英国两次派使团（即马戛尔尼使团和阿美士德使团）到中国，希望清廷开辟新的通商口岸、减少税收等，以打开中国市场，但是都没有获得成功。中英之间的矛盾也因此逐渐升级，后来发展为两国之间的一场战争，即第一次鸦片战争。值得指出的是，美国在 18 世纪末获得独立地位、加入主权国家社会之后不久，也开始同中国进行贸易，美国商船"中国皇后号"于 1784 年抵达广州黄埔港，开启了美国与中国，乃至美国与东亚之间关系的历史。②

---

① 李兆祥著：《近代中国的外交转型研究》，第 33 页。

② 张小明著：《美国与东亚关系导论》，北京：北京大学出版社 2011 年版，第 20—22 页。

　　虽然中国及其为中心的东亚朝贡体系从明朝末年开始已经受到来自西方的冲击，但是在 1840 年中英鸦片战争爆发之前，中国的门户基本上没有被打开，以中国为中心的东亚朝贡体系也得以维持，中国周边的大多数国家，如琉球、朝鲜、安南等依然同中国清朝保持着朝贡关系。清朝甚至以处理藩属国的方式同欧洲国家打交道。比如，清王朝 1764 年编纂的《大清会典》把葡萄牙、罗马教皇国、荷兰等列为朝贡国，并且注明欧洲各国由于远隔重洋，无法确定朝贡之期。[①] 1655 到 1795 年间，共有十七个欧洲国家使团前往中国，都被视为贡使，并且除了 1793 年出使中国的英国马戛尔尼使团之外，也都按中国的规矩向清朝皇帝行磕头礼。[②] 在 1816 年，英国再次来华的使节也被清政府当作贡使对待。很显然，此时的中国清王朝是以自己的"文明标准"，把欧洲人视为蛮夷，不给他们以平等待遇。这充分体现在中国朝廷接待英国来使时，与英国的外交礼仪争端中。1793 年，中国要求英国使节马戛尔尼拜见中国皇帝时行三跪九叩大礼，而后者却一再坚持只行脱帽礼和吻手礼，并表示如果中国官员也向英王乔治三世行同样的礼节，他就愿意给中国清朝皇帝叩头。最后，乾隆皇帝虽然勉强接见了马戛尔尼使团，但却拒绝了对方提出的中英通商的要求，还在给英国国王的"敕谕"中称："天朝物产丰盈，无所不有，原不藉外夷货物以通有无……今尔国使臣于定例之外，多有陈乞，大乖仰体天朝加惠远人，抚育四夷之道。且天朝统驭万国，一视同仁，即在广东贸易者，亦不仅尔英吉利一国。"[③] 1816 年，英王再次派遣使华的阿美士德使团因为拒绝叩头而没能获得中国皇帝的接见，得到比马戛尔尼使团更低的待遇。嘉庆皇帝在给英国

---

　　① 崔丕著：《东北亚国际关系史研究》，第 29 页。

　　② Gordon H. Chang, *Fateful Ties: A History of America's Preoccupation with China* (Cambridge, Massachusetts: Harvard University Press, 2015), p.14.

　　③ 《大清皇帝为开口贸易给英国国王的敕谕》，载中国第一历史档案馆编：《英使马戛尔尼访华档案史料汇编》，北京：国际文化出版公司 1996 年版，第 172—175 页。

国王的"敕谕"中甚至说出了今后英国不要再遣使来华的话："嗣后毋庸遣使远来，徒烦跋涉，但能倾心效顺，不必岁时来朝，始称向化也。"① 正如《远东国际关系史》一书所论述的："这个远东文化的创始者，既被隔绝了同其他各文明中心畅通无阻的交流，而所有东方其他各地又都求取它的道义上和政治上的支持，这就无怪乎后来欧洲人也从海道而来谋求同中国进行交往时，中国要把他们看作劣等人和野蛮人了。"② 中英之间的礼仪之争其实折射了东西两种国际社会行为规范的交锋，或者"东洋之礼"与"西洋公法"之争，③ 当"天下唯一的文明国家"中国遭遇"世上最强大的国家"英国④ 时，中国已经缺乏足够的力量维持自己主导的东亚朝贡体系了。

也就是说，从1513年葡萄牙人到中国广州珠江口开始，一直到鸦片战争之前，欧洲国家（从1784年开始，美国也加入）其实同中国已经进行了三百多年的交往，其主要交往形式是贸易，也有欧洲（以及后来的美国）传教士（如耶稣会传教士）在华活动，以及欧洲国家向中国派遣使团。在此交往过程中，中国为占据优势地位的一方，并要求西方国家按照中国的"文明标准"处理相互之间的关系。清政府甚至把欧洲国家的使节当作贡使来对待，也把欧美国家与中国的贸易地点限制在广州一地。由此，张勇进认为，如果从1648年威斯特伐利亚体系形成开始到1839—1842年的鸦片战争，以中国为中心的东亚国际社会同欧洲国际社会实际上和平共处了近二百年，欧洲国家基本上是适应或接受东亚国际社会的规范、价值、规则

---

① 同上，第213—214页。
② ［美］马士、宓亨利著，姚曾廙译：《远东国际关系史》，上海：上海书店1998年版，第11页。
③ 参见［韩］金容九著：《世界观冲突的国际政治学：东洋之礼与西洋公法》。
④ ［法］佩雷菲特著：《停滞的帝国：两个世界的撞击》，第2页。

和制度的。[①]

　　但是，从 1840 年中英鸦片战争开始，以中国为中心的东亚朝贡体系真正遭遇西方的强烈冲击，并最终走向瓦解。它也真正让中国的对外关系遭遇前所未有之变局，开始了一个中国（被动或主动）适应或接受欧洲国际社会的规范以及"文明标准"的过程。

　　鸦片战争的直接原因是西方列强在华贩卖鸦片问题，其深层原因是当时先进的欧洲资本主义对相对落后的东方封建主义的挑战。从国际关系的视角来看，它也是产生于欧洲的主权国家社会 / 体系对古代东亚朝贡体系的冲击之表现与结果。1840 年，英国以清朝钦差大臣林则徐在广州收缴和销毁外商鸦片为由，派遣远征军到中国发动战争，并很快取得战场上的胜利。其结果是，英国迫使清政府于 1842 年签署了《南京条约》，并根据该条约割占香港岛，获取两千一百万银元的赔款，获准在上海、宁波、福州、厦门和广州五个口岸居住、贸易。次年，中英又签订《虎门条约》，增加了最惠国待遇、领事裁判权和协议关税等条款。不仅如此，在中英《南京条约》签署之后，其他西方国家也趁机向清政府施加压力以获取权益，清廷也有通过给其他西方国家"好处"以制约英国的"以夷制夷"之考虑。[②] 美国与法国在 1844 年迫使清政府先后签署了中美《望厦条约》和中法《黄埔条约》，获取更多的在华权利。比如中美《望厦条约》有一条规定："合众国民人在五港口贸易，或久居，或暂住，均准其租赁民房，或租地自行建楼，

————————

　　① 　Yongjin Zhang, "Curious and exotic encounters: Europeans as supplicants in the Chinese Imperium, 1513-1793," in Shogo Suzuki, Yongjin Zhang and Joel Quirk, eds., *International Orders in the Early Modern World: Before the Rise of the West* (New York and London: Routledge, 2014), pp.55–75.

　　② 　Gordon H. Chang, *Fateful Ties: A History of America's Preoccupation with China*, pp.36–38.

并设医院、礼拜堂及殡葬之处。"① 葡萄牙、比利时、瑞典、挪威等欧洲国家也相继前来要求通商，分沾利益，清政府对它们的要求一概允准。

第一次鸦片战争是中国对外关系历史上的一个重要转折点，因为"这场战争迫使中国放弃传统的朝贡外交体系，以西方国家主张的方式与其交往"。② 从此，中国的大门便向西方列强开放了，开始了中国进入发源于欧洲的现代国际社会的过程，③ 但它是被迫的、不情愿的对外开放。实际上，清政府与西方列强签订条约，不过是暂缓危机的权宜之举，并不意味着中国清政府心甘情愿地接受西方主权国家社会的行为规范。中国也因为签订了一系列不平等条约，开始沦为半殖民地，未能以主权国家的身份加入现代国际社会，主权国家之间的行为规范或"文明标准"实际上并不适用于中国与西方主权国家之间的关系，因为中国不被视为"文明国家"。

1856—1860 年，英法发动第二场对华战争（即第二次鸦片战争，实际上与鸦片无关），进一步冲击了清朝统治秩序及其对外关系，使得中国的半殖民地地位进一步深化。英法两国通过这次战争，迫使清廷签署了中英、中法《天津条约》（1858）和《北京条约》（1860）等一系列不平等条约，除了从中国获得巨额的战争赔款外，还取得了在北京常驻使节，内地游历，保护基督教传教，商船驶入长江至长江沿岸各口岸经商，鸦片贸易合法化，增开牛庄、登州、台湾、潮州、琼州、天津等为通商口岸等权利。另外，中国还把香港岛对岸的九龙半岛南端租借给英国。美国利用中国太平天国起义和英法发动的第二次鸦片战争，使用谈判加威胁的手段，迫使中国清

---

① 王铁崖编：《中外旧约章汇编》（第一册），北京：三联书店 1957 年版，第 54 页。

② ［美］魏斐德著：《中华帝国的衰落》，第 140 页。

③ Yongjin Zhang, *China in the International System, 1918–1920: The Middle Kingdom at the Periphery* (Basingstoke: Macmillan in association with St. Antony's College, Oxford, 1991), p.16; Shogo Suzuki, *Civilization and Empire: China and Japan's Encounter with European International Society* (London and New York: Routledge, 2009), p.58.

政府同它签订《天津条约》（1858），根据"利益均沾"的原则在华获取了更多权益，并且还取得了传教活动应受到保护的权利。沙俄也在 1858 年 5 月趁英法联军进攻天津，胁迫黑龙江将军奕山签署中俄《瑷珲条约》，修改了《尼布楚条约》所划定的中俄边界，获取了黑龙江北岸的大片土地，而乌苏里江以东的广大地区则由中俄共同管理，黑龙江、乌苏里江和松花江限中俄两国船舶通航，准两国人民自由贸易。《瑷珲条约》是中国和俄国所订的不平等条约之开端。[①] 沙俄还通过 1858 年 6 月与清朝签订的《天津条约》，取得了英法在华获取的所有权利。不仅如此，俄国公使还在 1860 年以"调停有功"为由，强迫清政府订立中俄《北京条约》，将乌苏里江以东的大片土地划归沙俄所有。这样一来，沙俄通过《瑷珲条约》和《北京条约》，使得原来属于中国内河的黑龙江与乌苏里江变成了中俄的界河，通过《北京条约》把原属中国内湖的兴凯湖划走了三分之二。此后，普鲁士（德国）、丹麦、荷兰、西班牙、比利时、意大利、奥地利、日本、秘鲁、巴西、葡萄牙、墨西哥等国也先后与中国订立条约。以上这些条约，除了中日《修好条规》之外，均援例享有在华的种种特权，因而属于不平等条约。[②] 第二次鸦片战争之后，中国继续遭受西方列强的入侵与压迫，其中包括 19 世纪末列强瓜分中国势力范围（包括租借地）的浪潮，以及列强以义和团运动的兴起为由，对中国发动侵略干涉战争（八国联军入侵）等，中国的半殖民地状态不断加深。其中，1901 年 9 月，中国与英、法、德、俄、奥、意、美、日签订的《辛丑各国和约》，使中国的主权遭到更大侵害，包括使馆划界及可以驻军保护、拆除大沽炮台以及有碍京师至海通道之各炮台、允许在交通要路驻兵等。

---

① 徐国桢：《中国外交失败史（1840—1928）》，北京：知识产权出版社 2015 年版，第 27 页。

② 臧运祜著：《20 世纪的中国与世界》，第 9 页。

　　就在西方列强打开中国门户的同时，中国周边国家大多也先后沦为西方列强的殖民地或半殖民地，并终止与中国的传统宗藩关系，从而导致以中国为中心的东亚朝贡体系逐渐瓦解。在东北亚地区，美国海军准将佩里于 1853 年率领舰队抵达日本，并以武力威胁要求日本开港，美日于次年签订《美日亲善条约》（又称《神奈川条约》），日本开放下田和函馆。两国在 1858 年又签订《美日修好通商条约》，日本再开放横滨、长崎、新潟和兵库四个口岸，美国获得协定关税权、领事裁判权、建立居住地以及最惠国待遇等特权。此后，日本与荷兰、俄国、英国和法国也签订了相同内容的修好通商条约。美国在 1854 年与琉球王国签订通商条约，法国和荷兰分别于 1855 年和 1859 年与琉球王国签订通商条约。朝鲜则努力抵制西方列强的通商要求，并先后与法国、美国发生过冲突，暂时维持与中国的朝贡关系，直到后来被日本打开国门以及逐渐沦为日本的势力范围和殖民地。在东南亚地区，安南（越南）沦为法国的殖民地，法国否定了中国对该国的宗主权，也迫使中国后来与法国签订条约承认安南为法国的保护国、确定了中国与法属越南的边界（1885）。缅甸则沦为英国的殖民地，结束了与中国的宗藩关系（1886）。只有暹罗（泰国）由于位于英国与法国的势力范围之间，没有变成西方国家的殖民地，算是一个独立国家，但它与中国的宗藩关系也结束了。（暹罗最后一次向中国朝贡是在 1853 年，该国于 1882 年正式宣布停止与中国的朝贡关系。）南亚次大陆成为英国的殖民地，英国还以印度为基地，侵略中国的西藏地区，并在当地获得了一些特权。沙俄和英国的势力还扩张到中亚地区和中国的新疆地区，两国因此在当地进行利益争斗。1882 年之后，位于南亚的尼泊尔、锡金等国停止向中国朝贡。而西南亚的阿富汗则和暹罗一样，作为沙俄与英国势力范围之间的缓冲地带，得以保持独立地位。

　　但是，在中国的周边国家中，只有日本很快走上现代化道路并成为现代国际社会中的一员。傅高义在《日本第一》一书中写道："19世纪，许多国家受到西方列强的压迫与蹂躏，其中，日本能及早积极地学会西方的办法，不但没有成为受害者，反而应对自如。"①布赞也指出："在全球现代性的早期阶段，日本是一个重要例外。它并不属于西方，但在19世纪晚期，它却是唯一成功实现了现代性革命的非西方国家。它在一些西方国家面前表现得如此出色，以至于及时迎头赶上而作为一个谋求其自身帝国势力范围的中心大国，加入了西方殖民化国际社会的帝国结构。"②值得指出的是，1868年"明治维新"后走上"脱亚入欧"道路的日本，参与了在东亚地区的殖民扩张以及对东亚朝贡体系的冲击，并最后导致以中国为中心的朝贡体系之彻底瓦解。在明治维新之后不久，日本就通过谈判，与中国签订条约，获得了与中国平等的地位。1871年，日本与中国签订了《中日修好条规》和《通商章程》，其主要内容包括：规定两国领土完整和相互援助；相互承认原被西方列强剥夺的领事裁判权和协定关税等。日本虽然没有像西方列强那样，在中国获得单方面的领事裁判权以及最惠国待遇，但是它与清朝建立起一种平等关系，就"表明日本事实上已经摆脱以中国为中心的传统东亚册封朝贡关系，并拥有比以清朝为宗主国的朝鲜更高地位的名分，为此后日本以不亚于清朝的势力出现在东亚地区秩序中提供了契机"。③中日之间签订的这个条约，不同于此前中国与西方列强所签订的条约，属于一个平等条约。但是，在条约订立后不久，日本在与西方各国开展大规模的修改不平等条约的交涉活动的同时，却也向中国提出了修改条约的要求，希望《中日修好条规》规定的日方权利与中国跟西方订立的条约的基本权

① ［美］傅高义著，谷英、张柯、丹柳译：《日本第一：对美国的启示》，上海：上海译文出版社2016年版，第211页。

② ［英］巴里·布赞：《全球性变革与国际秩序的演进》。

③ 中日韩三国共同历史编纂委员会著：《超越国境的东亚近现代史》（上），北京：中国社会科学文献出版社2013年版，第41—42页。

利相当，日本在华也享受"一体均沾"。^① 日本的要求遭到中方拒绝。不仅如此，日本还采取了一系列针对中国及其主导的东亚朝贡体系的侵略与挑战行动。铃木章悟认为，日本之所以这样做，正是因为它学习西方列强的帝国主义行为，包括炮舰政策，从而跻身欧洲国际社会中的"文明国家"的行列，这属于国际社会扩展历史中的"黑暗面"。^②

同样值得注意的是，作为列强一员的日本对中国的冲击与西方国家对中国的冲击不一样，实际上日本对以中国为中心的东亚朝贡体系进行了致命的最后一击。正如基辛格所指出的："然而无论西方列强还是俄国，均无意取代清廷，代行天命。它们最终认识到，清廷覆亡不符合它们的利益。而日本的意识就不一样了。中国的古老体制和以中国为中心的世界秩序的延续无关它的利益，因而日本不仅图谋侵占中国的大片国土，还想取代北京成为新的东亚国际秩序的中心。"^③ 正因为如此，明治维新以后的日本对中国以及以中国为中心的东亚朝贡体系的冲击大于欧美国家，日本也因此被清朝政府要员李鸿章视为中国面临的主要威胁。^④

日本的冲击主要集中在东北亚地区，中国的朝贡国琉球王国和朝鲜是其冲击的首要目标。琉球王国自明朝初年（1372）开始一直是中国的朝贡国家，但是该国从 1609 年开始，也被迫向日本萨摩藩进贡，处于"两属"境地。从 1854 年开始，琉球王国先后同美国、荷兰等国签订通商条约。明治维新以后，日本政府希望改变琉球"两属"地位，使之成为日本领土的

---

① 刘杰、［日］川岛真编，韦平和、徐丽媛等译：《对立与共存的历史认识——日中关系 150 年》，北京：社会科学文献出版社 2015 年版，第 55—59 页。

② Shogo Suzuki, *Civilization and Empire: China and Japan's Encounter with European International Society* (London and New York: Routledge, 2009).

③ ［美］亨利·基辛格著：《论中国》，第 51 页。

④ Ssu-yu Teng and John K. Fairbank, *China's Response to the West: A Documentary Survey, 1839–1923* (Cambridge, Massachusetts: Harvard University Press, 1979), p.119.

一部分。1871 年底发生的琉球漂民事件，被日本政府视为兼并琉球和染指台湾的机会。原美国驻厦门领事李仙得（Charles W. LeGendre）向日方建议依据国际法，以"文明国家"身份出兵台湾，去教化那里的野蛮人，并把台湾变成日本的殖民地。1872 年，日本政府给予来访的琉球王尚泰以"琉球藩"的封号，实际上废除了琉球王国，并把历史上与中国以及日本均有朝贡关系的琉球纳入其管辖范围。以此为依据，日本在和清政府总理衙门官员交涉的过程中，要求中方对琉球漂民事件进行赔偿，但遭到拒绝。然而，总理衙门官员在交涉中把台湾"生番"称为不受中方统治的"化外之民"，这给日本入侵台湾提供了借口。1874 年 5 月，日本以报复台湾"生番"为由，派三千名远征兵登陆台湾。经过英国驻华公使的调解，清政府与日本政府签署《北京专条》，在文字上承认"台湾生番曾将日本国属民等妄为加害"，以及"日本国此次行动所办，原为保民义举起见，中国不指以为不是"。[①] 日本认为，这表明清朝事实上承认琉球属日本领土。这实际上是日本以西方国际法语言否定清朝对琉球王国的宗主权。日本政府继而在1879 年 3 月决定废除琉球藩，设冲绳县，让旧藩王尚泰父子移居东京，禁止琉球向中国朝贡，并致力于培养琉球人作为日本人的意识。[②] 1880 年，日本政府曾计划将琉球群岛中的宫古和八重山两个岛屿割让给清朝，以此为条件修改《中日修好条规》，使日本与西方列强一样在中国享有最惠国待遇，确保其在中国内地自由通商。但是，清朝因为自身内部反对呼声强烈，最终没有同日本签署已经起草的《琉球分割条约》。

位于东北亚地区的朝鲜是清政府最重要的朝贡国家，但它也同中国断绝了朝贡关系，沦为日本的殖民地，从而导致了以中国为中心的东亚朝贡

---

① ［日］村田忠禧著，韦平和等译：《日中领土争端的起源：从历史档案看钓鱼岛问题》，北京：社会科学文献出版社 2013 年版，第 124 页。

② 同上，第 117—149 页。

体系的最终崩溃。早在 1876 年初，日本便借前一年高丽炮击日本船的江华岛事件，以武力威胁迫使朝鲜与日本签订了《朝日修好条规》（又称《江华岛条约》），此后不久又签订了《朝日修好条规附录》以及《朝日通商章程》。日本因此在朝鲜获得了领事裁判权、开放通商口岸、商品免税、自由测量朝鲜的沿海等特权。另外，《江华岛条约》称朝鲜为"自主之邦，保有与日本平等之权"，这实际上是日本利用西方的国际法概念否定中国对朝鲜的宗主权。该条约对中国与朝鲜传统的宗藩关系构成了极大的挑战，清政府也因此改变对朝政策，力劝朝鲜放弃闭关政策，与各国立约通商，以牵制日本。这体现了李鸿章所说的"以毒攻毒、以敌制敌之策"。① 于是，美、英、德等国先后与朝鲜签订条约，在朝鲜获得领事裁判权、派驻使节、固定关税等权益，朝鲜实现对外开放，包括对外派驻使节，中朝之间的朝贡关系也受到更大冲击。1882 年，日本趁朝鲜内乱和中国出兵平乱，逼迫朝鲜签订《仁川条约》，取得了在朝鲜京城驻兵的权利，进一步挑战了中国在朝鲜的宗主国地位。1885 年，中日签订《天津条约》，双方皆撤走驻朝鲜的军队，但朝鲜以后如有内乱，中日都可以调兵进朝鲜。1894—1895 年，中日两国围绕着朝鲜问题发生了战争（中日甲午战争），中国战败，被迫与日本签订《马关条约》，向日本割地、赔款，承认朝鲜为"完整的独立自主国家"，中国与朝鲜的朝贡关系从此彻底结束。至此，以中国为中心的东亚朝贡体系在外部强大冲击之下已经彻底崩溃，不复存在了。值得指出的是，在 1905 年日俄战争结束之后，日本于 1910 年正式兼并朝鲜。这充分证明了日本发动甲午战争的根本目的并非其所宣称的维护朝鲜的独立地位。

另外，中日甲午战争的结束也从根本上改变了中国与日本之间双边关系的性质。中国和日本在 1871 年签订了包括互相承认领事裁判权和协定关

---

① 蒋廷黻著:《中国近代史》，第 82 页。

税等内容的《中日修好条规》，日本取得了与中国平等的地位。但是，该条约由于中日之间的战争而失效，双方根据《马关条约》需要签订新的条约取而代之。1896 年 7 月，《中日通商航海条约》在北京签订，日本由此获得了领事裁判权、协定关税、最惠国待遇等西方国家从中国取得的不平等特权，而且还获得了新的特权。这样一来，中国与日本的关系已经变成了不平等关系，"日本在国际上，与西方各国处于同样的立场来面对中国"。[①]日本与英国、法国、俄国、德国一道于 1896 年在厦门，1898 年在汉口、天津，开辟租界，同时加入了上海的公共租界；随后，它又于 1897 年在苏州、杭州，1898 年在沙市，1899 年在福州，1901 年在重庆，相继独自开辟租界。在中国半殖民地状态进一步深化的同时，日本则摆脱不平等条约的束缚，以一个完整的主权国家身份加入现代国际社会，并成为大国俱乐部的成员之一。而崛起为与西方国家平起平坐的世界强国之一的日本，则不断侵害中国的主权权利，乃至最后把中国逼到几近亡国的边缘。

　　中国及其为中心的东亚朝贡体系所遭遇的来自西方（包括后来脱亚入欧的日本）的冲击是强大与全方位的。中国和东亚朝贡体系遭受的冲击，一方面是西方列强强大的军事实力，另一方面则是西方制定的国际规范或"文明标准"，后者的冲击可能更大、更持久。[②] 正如费正清所指出的："（中国的世界秩序）这套东西与欧洲那种民族国家主权平等的国际关系传统大相径庭。近代中国在 19 世纪和 20 世纪难以适应以民族国家为基础的国际秩序，部分是由中国的世界秩序这个传统造成的。这种传统不只是历史趣谈，它还累及当今中国的政治思想。"[③] 基辛格也认为："欧洲的西方列

---

　　① 　中日韩三国共同历史编纂委员会著：《超越国境的东亚近现代史》（上），第 78 页。

　　② 　Barry Buzan, "Approaches to Studying Regional International Society," working paper for International Academic Workshop: Beyond History: Reconciliation, Cooperation and Social Integration in Northeast Asia, 3 December 2011, Hangzhou, China.

　　③ 　［美］费正清编：《中国的世界秩序：传统中国的对外关系》，第 4 页。

强漂洋过海，来到中国。它们对中国的威胁倒不是攻城略地，而主要限于在中国的沿海地区掠取经济利益，要求中国开放通商口岸和自由传教的权利。矛盾的是，中国人感到了一种威胁，而欧洲人认为这根本算不上是征服。列强们还不想取代现有的清朝政府，而是要迫使中国接受一个本质上与中国人的世界秩序格格不入的全新的世界秩序。"[①] 从国际关系的角度来看，中国在东西两种国际社会／体系的撞击之中彻底失败了，"逐渐成为全球边缘地带的最大国家以及最终沦为外来世界体系的最大受害者"。[②] 从此，中西关系发生了根本性的变化，即中国与西方国家的关系，从中国不给对方平等待遇到追求对方给予自己平等待遇的变化，正如历史学家蒋廷黻所指出的，"中西关系是特别的。在鸦片战争以前，我们不肯给外国平等待遇；在以后，他们不肯给我们平等待遇"。[③] 中国与列强之间的不平等关系，集中体现在：中国给予这些国家在华享有领事裁判权，中国丧失关税自主权，列强在中国拥有租借地、租界、居留地等。[④]

第二节　中国对外关系行为与观念的变化

中国在 19 世纪遭遇来自西方主导的现代国际社会／体系的强大冲击，朝贡体系逐渐走向瓦解，意味着中国主导的地区行为规范为西方主导的国际行为规范所取代，中国传统的世界秩序观和"文明标准"彻底失去意义，中国面临改变原有的世界秩序观念、接受现代国际秩序观念的重大挑战。

---

① ［美］亨利·基辛格著：《论中国》，第 50 页。

② Brantly Womack, "Asymmetry and China's Tributary System," *The Chinese Journal of International Politics*, Vol. 5, No.1 (Spring 2012), p.44.

③ 蒋廷黻著：《中国近代史》，第 7 页。

④ 徐国桢著：《中国外交失败史（1840—1928）》，第 10—19 页。

正如谢俊美所指出的："这些属国的丧失，从世界变迁的角度出发，显示了中国同这些国家的旧的宗藩关系正在让给一个'新的西方的和法理的关系'，在这个关系中，中国承认这些国家为西方国家的殖民地或保护国，标志着'以中国天朝为中心的旧的东亚国际秩序'的丧失，东亚各国从此被西方殖民强权政治统治，它直接影响和改变了东亚世界的历史进程。"① 王建朗在谈及中国近代以来外交观念的变化时指出："由于此前中国长期处于东亚地区朝贡体系的中心地位，改变天朝上国的观念和心态，并不是一朝一夕便能完成的。中国人突然发现了一个自己所不熟悉的国际社会，在这个新的国际体系中，非但不以中国为中心，且中国的地位是相当边缘性或低层次的。因此，要不要进入这个国际社会，采行这个社会已有的游戏规则，曾长期困扰着中国人，至少直到上个世纪初这个问题并没有解决。而在决定加入这个体系之后，争取在这个体系中的平等地位，则是一个更为长期的过程。"②

第一次鸦片战争之后，中国对外关系的行为与观念开始处于一个逐渐变化的过程中。但是，这个变化的过程比较长，而且主要是在外来强大压力之下的被迫变化。在鸦片战争结束后的一段时间，虽然中国人视野中的"天下"被扩展为一个更大的世界，但是其华夷之辨的观念依然在一段不短的时间里得以坚持。正如费正清所指出的，中国并非在鸦片战争结束之后，就抛弃了传统的朝贡制度而进入近代世界、以民族国家为中心的国际观取代以中国为中心的天下观的。相反，中国人以调适的传统在相当长的时间内极力维持这种制度，在中国人看来，中国所加入的条约体系只不过是朝贡体系的一种表现而已。用他自己的话来说就是："中国不是通过抛弃帝制时代的传统而进入近代世界的，而是通过调适传统以应对 19 世纪中叶的

---

① 谢俊美著：《东亚世界与近代中国》，第 172 页。

② 李兆祥著：《近代中国的外交转型研究》，王建朗《序》第 2 页。

种种问题而进入近代世界的。这种调适使得'条约体系'在其初始阶段即成为'朝贡体系'的副产品……鸦片战争和第一批条约被今日的北京和全世界视为新体系的黎明。与此相反，本文认为它们仅仅意味着旧体系的黄昏。"① 他进一步说道："1840 年的鸦片战争通常被用作朝贡时代与条约时代、中国主导时代与西方主导时代的分界。事实上，1840 年仅仅是一个为期二十年的进程的开端，是 1860 年以后中国以条约为基础向西方开放的准备期。中华帝国又花了二十年才在外交上进入以欧洲为中心的国际社会，并开始显现出现代民族主义的征兆……直到 1880 年，西方化的中国人为数极少，且艰难地生存在那些仍然极力为中国的世界秩序作最后辩护的保守派之间。他们的伟大传统仍然具有生命力。因此条约体系在其早期阶段（19 世纪 40 年代至 80 年代）仅仅是西方想把中国带入西方世界的一个手段。它也许可以同样被视为清朝适应西方和在中国的世界秩序中给予西方一个位置的手段。以中国传统观点来看，条约是'羁縻'海上来的强大蛮夷的工具，到 19 世纪 80 年代为止的早期条约时期仅仅被看作'筹办'夷务的这一传统做法的最新阶段。19 世纪中叶的新开端是传统秩序延续过程中的一个小片段。随着条约逐渐占据优势，朝贡体系慢慢消失了。"② 在他看来，中国政府领导下的真正与大规模的现代化努力始于 20 世纪初，比其邻居日本晚了大约四十年。③ 史华兹也认为，中国人古老的世界秩序观念"一直坚持到了 19 世纪 90 年代……正是在那十年中它发生了激烈的革命性变化，被彻底地抛弃了"。④ 基辛格则指出，中英鸦片战争以后，"仅仅十年，中国从辉煌中跌落，沦为殖民势力争夺的目标。中国夹在两个时代和两种不同的国际关

---

① ［美］费正清编：《中国的世界秩序：传统中国的对外关系》，第 277 页。

② ［美］费正清编：《中国的世界秩序：传统中国的对外关系》，第 278 页。

③ Ssu-yu Teng and John K. Fairbank, *China's Response to the West: A Documentary Survey, 1839–1923*, p.197.

④ ［美］费正清编：《中国的世界秩序：传统中国的对外关系》，第 301 页。

系概念中间，努力探寻一种新身份，尤其是设法协调标志其伟大的种种价值观与技术和商业之间的矛盾，而中国的安全系于后者"。① 在对外关系行为上，从 1840 年鸦片战争到 19 世纪 80 年代，中国仍在努力维护朝贡体系，一直在接受来自周边国家（比如朝鲜、琉球、越南、暹罗、尼泊尔、缅甸、老挝等）的朝贡使团，贡使依然要行磕头礼。② 1883—1885 年，中国和法国因为越南问题而发生过战争。1885 年（光绪十一年）编的《大清会典》，虽然把英、荷、葡、意等国从朝贡国家中删除，但在书后所附的《会典事例》中却依然保留了上述国家何时朝贡、贡品如何等内容。

中国对外观念和行为变化缓慢的主要原因是，在中英鸦片战争后，中国虽然遭遇巨大冲击，但其实力也尚且强大，中国没有像日本那样，比较快速地选择现代化与融入现代国际社会，而是在一段较长的时期内坚持在中外关系中使用传统的方法，极力使条约体系成为传统的朝贡体系的翻版。费正清所提到的中国调适传统、极力维持朝贡制度的表现包括：中国开放通商口岸体现了过去把外国人的居住与贸易区限定在澳门与广州的做法；治外法权和领事裁判权仅仅体现了自古以来的一个原则，即外国商人在中国的聚居区必须由能够为其同胞负责任的一个首领进行监管；非保护性关税的制定，体现了清朝的进出口关税从来没有保护的目的之传统；最惠国条款源于帝国公平对待所有异民族（"示无外"）的愿望，最好是在对所有夷人一视同仁的同时"以夷制夷"等。③ 在费正清看来："清朝接受条约的根本原因是它运用了自古就有的羁縻观念。通过羁縻政策，崇尚物质主义的外国人被赐予一些好处和特权，终将形成他们的既得利益，他们为此将

---

① ［美］亨利·基辛格著：《论中国》，第 49 页。
② ［美］费正清编：《中国的世界秩序：传统中国的对外关系》，第 283—288 页。
③ ［美］费正清编《中国的世界秩序：传统中国的对外关系》，第 280 页。

依靠皇帝，由此皇帝就可以控制他们。"①

　　然而，大约从第二次鸦片战争结束以后，中国外交逐渐开始了一个（自觉与不自觉地）放弃天朝上国的观念及其相关的行为规范，接受或屈从西方国际规范的"近代化"或"文明国化"的过程，即努力"具备与近代国家相称的制度、政策，满足文明国的标准，作为文明国活跃于国际社会"。②但是，至少在1895年甲午战争结束之前，中国接受西方国际规范与维护天朝上国观念其实是并行的，对外关系观念的变化并不彻底。

　　第二次鸦片战争以后，中国对外关系行为与观念所发生的变化，大体上有如下一些表现：

　　首先，清政府最终采取"执行条约"外交，并逐渐设立了一系列相应的现代外交制度。

　　自从1842年清政府与英国签署中英《南京条约》开始，中国先后与西方列强签署了一系列不平等条约，也面临着如何对待这些条约的问题。茅海建指出："《南京条约》是一座界标，使中外关系由'天朝'时代转入了条约时代。"③清政府对条约的态度，也历经了从消极抵制到积极执行的巨大变化，此后又发展到希望修改不平等条约。

　　在鸦片战争之前，中国没有现代意义上的外交观念，自然也就没有现代外交机构。在中国传统对外关系中，对外交往就是"宗主国"对"藩属"的管理，所以清朝时管理对外交往的机构就是礼部和理藩院，礼部负责与朝贡国家的关系，理藩院负责与北部、西部少数民族的关系，也曾一度负责处理与俄国的关系，而与欧洲国家以及后来美国的贸易关系则被限制在广州一个通商口岸。因此，正如雷颐所指出的，当时的中国只有"理

---

① 同上，第280—281页。
② ［日］川岛真著：《中国近代外交的形成》，第7页。
③ 茅海建著：《天朝的崩溃：鸦片战争再研究》（第二版），第497页。

藩"而无"外交"。① 第一次鸦片战争结束之后，这种状况不得不逐渐发生变化。在被迫开放五个通商口岸之后，清政府为了处理与西方国家的事务，于1844年设立了五口通商大臣，最初由两广总督兼任，从1859年改为两江总督兼任。但是，五口通商大臣属于中国的地方机构，不属于中央政府的外交机关，表明当时的清政府"天朝上国"的观念依然很强，西方国家还被视为"蛮夷之邦"，它们只能与中国的地方政府打交道。

第二次鸦片战争结束之后，英法等国才取得了在北京常驻公使的权利。1858年，清政府与英、法、俄、美等西方列强签署的《天津条约》允许外国在北京设使馆。最早驻北京的外国公使是英国公使普鲁斯（1858—1865年任驻华公使）和法国公使布尔布隆（1861—1867年任驻华公使）。朝贡制度中最让西方人诟病的磕头礼仪虽然在1858年的条约中被取消了，1860年的条约也给予外国公使居留首都的权利，但是外国公使不磕头觐见中国皇帝的难题在1861年以同治皇帝年幼的借口被中国人回避开了，而1873年，中国皇帝第一次会见外国使节并接受国书的地点被安排在中国皇帝通常接见贡使的紫光阁，但在觐见的礼节上要求外国使节遵循中国传统的古礼仪，不能走正门的要求，只是在遭到外国使节的拒绝之后才被迫放弃。后来规定接见使节时，皇帝随意坐或立都可以，使节改行五鞠躬。当年6月，日本、俄国、美国、英国、法国、荷兰驻华公使及德国使馆的翻译官第一次在中南海紫光阁觐见同治帝。

为了适应这种变化，中国也开始建立现代外交机构并且向外国派驻使节。1861年初，恭亲王奕䜣等上奏"请设总理各国通商事务衙门"（一般称总理衙门）负责对外交涉事宜并获得批准。这是中国首次设立具有近代意义的、专门负责处理对外事务的机构。阎小波认为，总理衙门的设立，

---

① 雷颐著：《李鸿章与晚清四十年》，第100页。

是中国政治由传统向现代转型或者真正感受到现代性挑战的开端。① 李兆祥则说得更明确："以总理各国事务衙门建立为起点，近代中国的外交制度建设开始与近代国际外交体制接轨。"② 但是，这仅仅是变革的开始，中国外交制度的现代化或者新旧制度的交替，需要经历一段时间。值得注意的是，清朝对于签订新条约的西方各国事务由总理衙门负责管理，但东亚各国的事务仍由礼部来负责。这表明，条约关系只针对西方各国，限定在非东亚地区的国家。③ 此外，那时仍称该机构负责办理"夷务"或"洋务"，实际上处理对外交涉事务主要由两个地方政府涉外机构来具体负责。这两个机构分别是设在上海的办理江浙闽粤内江各口通商事务大臣（其前身为五口通商大臣），后来演变称为南洋通商大臣或南洋大臣，以及设在天津的办理牛庄、天津、登州三口通商事务大臣，后来演变称为北洋通商大臣或北洋大臣。最重要的是，总理衙门本是仿军机处模式设立的临时机构，其官员都是兼职的。因此，1861 年以后以总理衙门为中枢的中国新外交体制只是中国外交现代化的一种过渡形态。④ 直到 1901 年（光绪二十七年），根据前一年签订的《辛丑条约》，总理衙门被改名为外务部，列六部之首，中国才开始建立起一个符合现代国际惯例的外事领导机构。于是，处理"夷务"或"洋务"的观念得以最终为处理"外交"的观念所取代。⑤ 所以，有中

---

① 阎小波著：《近代中国民主观念之生成与流变：一项观念史的考察》，第 14 页。

② 李兆祥著：《近代中国的外交转型研究》，第 4 页。

③ 中日韩三国共同历史编纂委员会著：《超越国境的东亚近现代史》（上），第 30 页。

④ 李兆祥著：《近代中国的外交转型研究》，第 132 页。

⑤ 1911 年（宣统三年）辛亥革命之后，南京临时政府成立，其后在南京设立了外交部。1912 年（民国元年），在清帝退位和中华民国政府迁都北京之后，北京政府的外务部改为外交部，形成了基本上符合国际外交通例的近代化的中国外交制度，尽管中国的半殖民地本质没有发生根本性变化。其后发展为中华民国南京国民政府外交部、中华人民共和国外交部。

国学者认为，外务部的设立全面开启了近代中国外交制度化建设的进程。[①]

与此同时，清政府也开始接受国际惯例，向外国派遣使节。1867 年，清政府决定派遣即将离任的美国驻华公使蒲安臣（Anson Burlingame）和总理衙门的章京志刚、孙家谷率领一个使团访问同中国订有条约的欧美各国。该使团于 1868 年 2 月出洋，1870 年 10 月归国（蒲安臣本人于 1870 年 2 月因患急性肺炎在俄国彼得堡病逝）。这个由美国人率领的中国政府使团（即蒲安臣使团，Burlingame mission），是中国政府首次派遣使节访问西方国家，即志刚所说的"出使泰西"。[②] 这也被认为是中国近代使节制度的开端。[③] 此后，清政府开始派遣本国政府要员为使团团长出使外国。1870 年，天津教案发生之后，清政府立即派崇厚出使法国以示道歉，但这还不属于中国驻外常设使团。1875 年（光绪元年），马嘉理事件发生之后，清政府开始决定向英国等国派遣常驻的出使大臣，最终建立起其近代使节制度。从 1877 年开始，清政府任命了郭嵩焘出任常驻英国的大臣（1877），也向德国（1877）、法国（1878）、美国（1878）、俄国（1879）、西班牙（1879）、秘鲁（1880）等国派驻使节，还任命驻新加坡、旧金山、古巴、秘鲁等国家或城市的领事。在此过程中，出现了像郭嵩焘、曾纪泽之类的比较了解西方国家事务的第一代中国外交家。[④] 值得指出的是，虽然 1877 年清政府开始向西方国家派驻使节，但是那时出使为"苦差事"，因为在中国的传统观念里，派使到外国是恭顺、平等的表示。出使英国的郭嵩涛、出使美国的陈兰彬等人完全出于"公忠体国"，才接受出洋这个苦差事的，不属于职

---

① 李兆祥著：《近代中国的外交转型研究》，第 202 页。

② 钟叔河著：《走向世界：近代知识分子考察西方的历史》，第 73—86 页。

③ 王立诚著：《近代中外关系史治要》，上海：上海人民出版社 2012 年版，第 36—48 页。

④ Ssu-yu Teng and John K. Fairbank, *China's Response to the West: A Documentary Survey, 1839–1923*, pp.97–108.

业外交家。① 有学者认为，中国向外国派驻使节，表明"中国在形式上可说是正式加入了近代国际社会"。②

1895 年甲午战争之后，中国人对待外交事务的态度发生了更大的变化，越来越多的优秀青年立志担任外交官。1901 年设立的外务部居六部之首，提高了外交事务的地位，促进了外交人员的专业化。外务部建议改革培养翻译人才的同文馆，使之成为培养职业外交官的重要机构。1903 年（光绪二十九年），京师大学堂以新设译学馆代替同文馆，其部分学生进入外务部或驻外使馆工作，成为晚清外交官的来源之一。1906 年（光绪三十二年），外务部专设储才馆为培训职业外交官的学校。③

1912 年清帝逊位，中华民国政府将外务部更名为外交部。此后的中华民国政府承袭了向外国派驻使节的政策，并积极建设驻外使领馆，而且使领馆的人员为职业外交官。中华民国首任外交总长陆征祥实行了一系列外交改革，其中包括引进外交人员考试选拔制度。1915 年，北洋政府颁布《领事馆职务条例》和《外交官领事官考试令》。次年，又制定了《外交官领事官官制》。1912—1922 年，中华民国先后与丹麦、巴西、智利、瑞典、瑞士、玻利维亚、波斯、挪威以及芬兰等国缔结条约，设立公使馆。从数字上看，1912 年，中国有驻外公使馆 13 个，领事馆 28 个，人员近 170 人。到了 1926 年，则有大使馆 1 个，公使馆 23 个，领事馆 44 个。加上国际联盟的全权代表办事处，驻外工作人员共有 270 名之多。④ 因此，有学者指出，中国第一代职业外交家，当始于辛亥革命以后之袁世凯及历代北洋政府，其中个别人物，或者清末即开始外交生涯，但作为一代人来讲，其诞

---

① 谢俊美著：《东亚世界与近代中国》，第 67 页。

② 梁伯华著：《近代中国外交的巨变——外交制度与中外关系的研究》，台北：台商务印书馆 1990 年版，第 55 页。

③ 李文杰著：《中国近代外交官群体的形成（1861—1911）》，第 397—407 页。

④ ［日］川岛真著：《中国近代外交的形成》，第 106 页。

生当在辛亥革命以后。这一时期的著名代表，有伍廷芳、伍朝枢、陆征祥、曹汝霖、施肇基、王正廷、顾维钧等。①

其次，中国也开始接受和使用国际法（当时译为"万国公法"），并根据现代国际法制订相关法律，缔结条约。据有关学者研究，中国与国际法的接触始于 1648 年。② 而且在 1840 年鸦片战争之前，在钦差大臣林则徐的请求下，西方国际法著作的某些内容也曾经由美国传教士伯驾（Peter Parker）和华人袁德辉翻译成中文，并被加以运用。③ 但是中国正式、系统地引进国际法是从 19 世纪 60 年代初开始的。为了培养处理对外事务人才，清政府于 1862 年创办同文馆，以培养通晓外国语言与了解外部世界的人才，并翻译出版国际法著作。在美国驻华公使蒲安臣的提议下，美国传教士丁韪良（W.A.P. Martin）和几位中国人把美国哈佛大学教授亨利·惠顿（Henry Wheaton）在 1836 年出版的国际法著作《国际法原理》（*Elements of International Law*）翻译成中文（被翻译成中文的是该书 1855 年的版本），译成之后，经美国公使蒲安臣（Anson Burlingame）介绍呈送总理衙门，要求出资刊行。1864 年，该译著以《万国公法》④为中文书名，在总理衙门的资助之下，由崇实印书馆印行，成为被完整地"介绍到中国的第一本国际法著作"。⑤ 从此，"主权"（sovereignty）、"权利"（right）等西方

---

① 高克著：《外交家与战争——顾维钧的外交理念及外交技巧》，上海：上海人民出版社 2016 年版，唐振常所作《序》第 2 页。

② 王铁崖：《中国与国际法——历史与当代》，载《中国国际法年刊》（1991 年），北京：中国对外翻译出版公司 1992 年版，第 22 页。

③ 林学忠著：《从万国公法到公法外交：晚清国际法的传入、诠释与应用》，上海：上海古籍出版社 2009 年版，第 249—253 页；熊月之著：《西学东渐与晚清社会》（修订版），北京：中国人民大学出版社 2011 年版，第 178 页。

④ ［美］惠顿著，［美］丁韪良译，何勤华点校：《万国公法》，北京：中国政法大学出版社 2003 年版；王文兵著：《丁韪良与中国》，北京：外语教学与研究出版社 2008 年版。

⑤ 杨泽伟著：《国际法析论》（第三版），第 506 页。

国际法概念进入汉语。另外，"万国"概念的出现和使用，也是对中国原有的"天下"观念的否定。《万国公法》初印 300 本，总理衙门曾将此书分发到各级官员以及沿海各重要港口，作为对外交涉的论据，后来该书由同文馆多次再版。值得指出的是，《万国公法》在 1865 年传入中国近邻日本，并引起极大关注。在该书出版以后的 1865 年，丁韪良被同文馆聘用，先后担任英文教习、总教习。除《万国公法》外，丁韪良等人还把其他一些国际法著作翻译成中文，如德国人马顿斯（Charles de Martens）的《外交指南》、美国人吴尔玺（T.D. Woolsey）的《国际法研究导论》、瑞士人伯伦智理（J.C. Blunschli）的《国际法典》、英国人霍尔（William Edward Hall）的《国际法论》以及国际法学会编的《陆战法规手册》等。① 从 20 世纪初开始，中国学者也翻译日文版国际法著作，并且普遍使用"国际法"一词取代过去的汉译"万国公法"。② 有学者统计，在 20 世纪前十年里，中国留日学生翻译介绍的国际法著作就有 50 种以上。③

自从国际法全面介绍到中国之后，清政府也开始有意识地在对外交涉中运用国际法，以维护本国利益。比如，在 1864 年，清政府总理衙门援引《万国公法》抗议普鲁士公使乘坐的军舰在中国"内洋"（领水）抓捕 3 艘丹麦商船的行为，迫使普鲁士释放这 3 艘丹麦商船并对清朝支付赔偿金 1500 美元。再比如，在 1874 年，秘鲁派使来华要求订立商约，清政府要求秘鲁先改善在秘鲁中国劳工的待遇，保护本国在外侨民。又比如，1894 年，在关于中日甲午战争的中国宣战书中，中方谴责日本"不遵守条约，不守公法"。④

---

① 杨泽伟著：《国际法析论》（第三版）第 522—523 页。
② 同上，第 523—524 页。
③ 田涛著：《国际法输入与晚清中国》，济南：济南出版社 2001 年版，第 141 页。
④ 杨泽伟著：《国际法析论》（第三版），第 514—515 页。

　　此外，清政府还根据国际法，制定了相关国内法，也与一些国家签署了条约。1909 年，清政府颁布国籍法，即《大清国籍条例》，遵循血统主义立场，即移民的华侨中男性子孙世代拥有清国国籍。北洋政府也于 1912 年重新制定国籍法，但其内容与大清国籍法类似。1875 年，清政府与秘鲁重订华工保护条约，1877 年，清政府与西班牙签订了古巴华工保护条约。[①] 此外，清政府还引进了海洋规则、国旗等国家的象征符号。有日本学者认为，这些是中国"对当时以西欧为中心形成的'标准'的接受"。[②] 1899 年和 1907 年，清政府还派代表参加了两次海牙和平会议，并签署了有关公约和宣言。

　　值得指出的是，在中华民国时期，中国的国际法研究得到较快发展。特别是在五四运动以后，中国各大学的法学院都开始设置国际法课程。越来越多的西方国际法著作被翻译成中文出版，中国国际法学者也撰写、编写、出版了一些国际法著作、教科书、条约集等，涌现出一批接受西方教育、学有成就的国际法学家，其中有些人先后担任国际联盟常设国际法院和联合国国际法院的法官，如王宠惠、郑天锡、徐谟、顾维钧等。

　　最后，中国努力修改不平等条约，收回主权，逐渐成为完整的主权国家，实现"文明国家化"。

　　第一次鸦片战争后，中国与西方各国签署的一系列条约属于不平等条约，特别是其中所包含的领事裁判权与协定关税条款，使得中国被排挤于主权国家或"文明国家"所组成的现代国际社会之外。实际上，鸦片战争之后，清政府对外交往所适用的并不是国际法原则和规则，而是不平等条约制度，中国长期不享有"文明国家"的身份，最多只是个"半文明国家"。近代以来，在西方的话语霸权之下，世界上的国家被分为两大类，即

---

　　① ［日］川岛真著：《中国近代外交的形成》，第 66 页。

　　② 同上，第 15 页。

文明国家与非文明国家。日本学者川岛真指出："所谓'文明国'是一条标准，被判断为符合这一标准的国家与不符合这条标准的国家之间所缔结的条约即为不平等条约。既然只有国家才可以成为国际社会的一员，那么就要求这个国家被认知为'文明国'。然而通过实际观察不平等条约的修改情况可以发现，从大的方面讲，不平等条约的修改不仅可以通过'文明国化'来实现（日本、暹罗等），还可以通过革命外交（土耳其等）以及成为所谓'文明国'所直接管辖的殖民地（这点还需要进行慎重讨论）来实现。谋求通过满足'文明国'标准来修改不平等条约的国家，首先是在国内进行'文明国化'的基础建设，再以此为背景交涉条约修改、发出废约通知、缔结新约。伴随这一过程的是通过战争和国际会议提高地位。"[①]

中国政府在与西方各国的交涉中逐渐认识到不平等条约的危害性。在晚清与民国时期，中国曾经朝着这个方向进行过努力，规避签订新的不平等条约、试图修改已经签订的不平等条约，并努力使自己成为"文明国家"，争取国际承认，成为当时国际社会的完全一员，尽管这个时期的中国外交通常被批评为卖国外交，因为那时的中国政府以保全疆域为最优先课题，不得不承认与列强签订的不平等条约。[②] 由于 1858 年与英国签订的《天津条约》十年期满，清政府于 1867 年开始着手准备修改条约，并于 1868—1869 年，同英国谈判并签订新条约，但是英国政府因为本国商人评价新约为"让步条约"而没有予以批准。此后，受日本修改不平等条约的影响，中国政府也积极要求西方各国修改条约。在 19 世纪末期，从早期维新派开始，在中国就有人（如马建忠、郑观应等）提出废除或修改不平等条约的要求。[③] 但是，中国政府有意识地采取要求修改条约和收回主权之行为大

---

① ［日］川岛真著：《中国近代外交的形成》，第 192—193 页。

② 同上，第 198—229 页。

③ 杨泽伟著：《国际法析论》（第三版），第 512—513 页。

致是从 20 世纪初开始的。费正清指出："早期的条约本身并没有改变中国的世界秩序观。对中国来说，条约代表着西方的实力至上观念，并未引入西方的法律至上观念。当西方外交官盛赞条约的神圣特性时，中国人只是把条约看作书面契约，而未看到条约背后的法律制度。我认为，部分是由于这个原因，清政府从未像明治时期的日本政府和国民党政府那样真正发起过修订条约和收回权利运动……无论如何，中国只是在 1901 年以后进行改革时才要求修约的。直到那时，'修约'仍然意味着外国的侵略，而非权益的收复。"① 1902 年，清政府与英国订立通商条约，达成了在中国司法法律改革皆臻妥善的情况下，"英国即允放弃治外法权"的协议。次年，中美、中日通商续约也达成了同样的协议。这是清政府最早所作的修约尝试。②

1914—1919 年的第一次世界大战使得中国在修改不平等条约、收回主权方面取得了一些重要成果。1914 年 7 月，第一次世界大战爆发后不久，袁世凯任总统的中华民国北洋政府即在当年 8 月 4 日宣布"局外中立"，并主动与德国商谈山东租借地归还中国、收复山东主权的问题。但是，新崛起的亚洲强国日本决定利用欧战之机侵犯中国主权，并且洗雪德国在 1895 年迫使日本把辽东半岛归还中国的耻辱，于同年 8 月援引 1902 年的《英日盟约》，宣布对德宣战，加入英、法等国所在的协约国集团，随即派兵对德国在中国的租界以及租借地发动军事进攻，从而把第一次世界大战的战火直接引到中国，破坏了国际法所赋予中国的中立地位。该年 11 月，日本占领青岛。1915 年 1 月，日本政府不顾外交惯例，命令日本驻华公使向中华民国总统袁世凯提出了包括要求中国承认德国在山东的权益转让给日本、承认日本在南满和内蒙古东部的优越地位、中国沿海港湾岛屿不得租于或转让他国等内容的"二十一条"，严重侵害了中国的国家主权。由于国

---

① ［日］川岛真著：《中国近代外交的形成》，第 282 页。
② 李育民著：《近代中国的条约制度》，长沙：湖南师范大学出版社 1995 年，第 455 页。

力不济以及得不到英、法、美等西方大国的支持，中国政府最终对日本的最后通牒屈服，于 1915 年 5 月接受了日本的"二十一条"。北洋政府①期望通过对德宣战来阻止日本对山东的侵略和参与战后世界新秩序的构建、提升中国的国际地位，并积极争取协约国集团同意中国参战。1917 年 2 月，美国在对德宣战后，邀请包括中国在内的所有中立国一同参战。于是，北洋政府于 1917 年 3 月 14 日宣布与德奥断交，然后在 8 月 14 日正式发布宣战布告，加入协约国一方参战。中国尽管对德奥宣战，实际上并没有向"一战"的主战场欧洲派出军队，只是通过与协约国达成协议，先后向法国、英国和俄国派出大约十四万名劳工支援欧洲战场，即"以工代兵"计划。②另外，北洋政府也根据海牙和平会议公约及其他国际协约有关战争的条款，把奥匈在中国的一切军事人员（包括使馆卫队）扣押并关进北京、天津、南京以及吉林、黑龙江等地的战俘营或收容所。③与此同时，中国政府依据国际公法及惯例所发布的宣战布告，宣布废止所有以前中国与德国、奥匈帝国订立的条约、协约以及其他国际条款、国际协议。依此宣战布告，德奥在中国的治外法权被否定了，其在中国的租界也被收回，天津、塘沽、北戴河的德国军事设施和商船被中方接收。另外，在同德奥两国断交之后，中国海军没收了停泊在中国各口岸的德国军舰，中国政府没收了德国的德华银行，中国对德奥两国的一切债务和庚子赔款也被废除或终止。另外，中国在参战之后，也向西方国家要求修订关税，力争把现有进口商品关税从 5% 提高到 7.5%，并在废除厘金或通行税制度之后，把关税提高

---

① 1916 年，袁世凯死后，黎元洪和冯国璋先后担任总统，段祺瑞任总理。——本书作者注。

② ［美］徐国琦著：《中国与大战：寻求新的国家认同与国际化》，第 121—158 页；蒋廷黻著：《国士无双——蒋廷黻回忆录》，第 64—72 页。

③ 李学通、古为明编著：《中国德奥战俘营》，福州：海峡出版集团、福建教育出版社 2010 年版。

到 12.5%。中国曾经在 1915 年竭力劝说列强修改关税，但以失败告终。[①]
这些都属于中国废除不平等条约、收回主权的先声，尽管中国并没有完全
实现自己的目标。

1919 年，第一次世界大战结束，中国作为第一次世界大战的战胜国，
获得派代表团出席巴黎和会的机会，其国际地位得到一定程度的提升，中
国也进行了一场轰轰烈烈的废除不平等条约的国际抗争。参加巴黎和会的
中国政府代表团第一次整体提出修改不平等条约、撤销领事裁判权问题，
并且要求废除 1915 年中日签署的"二十一条"中有关山东的条款。当年 1
月，中华民国政府派代表向巴黎和会提交了德奥和约中应列条件的"说帖"，
其中包括要求归还使用"威吓手段和武力"从中国攫取的所有领土、特权
和财产。但是，中国政府要求拒绝把德国在中国山东的特权转让给日本的
努力未获相关大国的支持，加上中国国内爆发了五四运动，中国代表没有
在《凡尔赛和约》上签字，中国成为唯一一个在和会上拒绝签字的国家。
也就是说，中国没有达到参加第一次世界大战的一个重要目的，即收回日
本从德国手中夺取的山东主权，更没有修订所有中国与列强之间签署的不
平等条约、实现收复中国失去的一切国家主权之目标。然而，在巴黎和会
之后，中国批准了巴黎和约并成为国际联盟的成员，其在国际社会中的合
法性得到一定程度的承认。1920 年 1 月，《国际联盟盟约》随着《凡尔赛和
约》的生效而生效，国际联盟正式成立。中华民国于 1920 年 5 月批准和约，
以创始会员国身份正式加入国际联盟，而且在 1920—1923 年，连续三次当
选国联行政院的非常任理事国，在国联的历史上共四次当选非常任理事国，
并负担了几乎与英、法同等的经费，其缴纳的经费相当于国际联盟经费的
5% 以上。

---

① ［美］徐国琦著：《中国与大战：寻求新的国家认同与国际化》，第 184—188 页。

　　更为重要的是，中国在巴黎和会之后没有再签署不平等条约，并且同一些国家签订了平等条约。1919 年，中华民国颁布了《对待无约国办法》，规定今后新缔约时不缔结不平等条约。此后，中国与一些国家缔结平等条约，提高了自己的国际地位。第一次世界大战结束之后，中国与德国、奥地利和匈牙利分别于 1921 年和 1925 年重订条约，取消这些国家在华的领事裁判权。另外，中国也同一些国家签署了平等条约。其中，1921 年中国与德国签署的条约是自鸦片战争以来，中国与西方大国签署的第一个平等条约。该条约规定，中德关系"遵照国际法的基本准则，务必彻底遵循平等互利的原则"，德国"同意废除在华领事裁判权，并放弃德国政府在中国过去所拥有的一切特殊权利"。①

　　在 1921—1922 年的华盛顿会议上，中国政府代表团第二次全面提出不平等条约的修订和废除问题。在这次会议上，中国最终收回山东主权。1922 年 2 月，中日签署了《解决山东悬案条约》，日本同意将胶州德国原租借地和胶济铁路交还中国，日军撤出山东。另外，华盛顿会议的最后文件之一《华盛顿九国公约》（1922），承诺"尊重中国之主权与独立暨领土与行政之完整"，这次会议是"中国争回一些权利而不是失去更多权利的一次会议"。②

　　此外，"一战"后世界上出现的第一个社会主义国家苏联于 1924 年 5 月，与中国订立了《中俄解决悬案大纲协定》等文件，正式建立了两国的大使级外交关系，并取消了原沙俄在中国的治外法权及领事裁判权，从而冲击了"条约体系"，也强化了中国与其他列强谈判的立场。③ 1924 年 1 月，

---

① ［美］徐国琦著：《中国与大战：寻求新的国家认同与国际化》，第 285 页。

② 洪岚著：《南京国民政府的国联外交》，北京：中国社会科学出版社 2010 年版，第 232 页；王建朗著：《中国废除不平等条约的历程》，第 106 页。

③ 罗志田著：《激变时代的文化与政治：从新文化运动到北伐》，北京：北京大学出版社 2006 年版，第 322—323 页。

国民党一大召开，其施政纲领宣布："一切不平等条约，如外人租借地、领事裁判权、外人管理关税权以及外人在中国境内行使一切政治的权力侵犯中国主权者，皆当取消，重订双方平等互尊主权之条约。"[①]

1925 年 6 月，北洋政府照会各国，发起"修约"运动。次年 11 月，中华民国政府宣布终止中国和比利时的《通商条约》，收回比利时在中国的租界。1927 年 11 月，中华民国政府宣布废除中国和西班牙的《和好通商条约》。1925 年 11 月，在北京召开的关税会议通过决议，各国同意"承认中国享受关税自主之权利……允许中国国定关税率条例于 1929 年 1 月 1 日发生效力"。中国在丧失关税自主权八十多年之后，终于迫使列强承认中国的关税自主权。[②]中国先后与美国、比利时、西班牙、葡萄牙、丹麦、德国、挪威、荷兰、英国、瑞典、法国、日本等国签订了关税新约，基本上实现了关税自主。

也就是说，在第一次世界大战结束以后到第二次世界大战之前，中国在废除或修改不平等条约方面取得了很大成绩，中国在国际社会中的合法性有了很大的提高。然而，直到 1941—1945 年的太平洋战争以前，中国并没有实现完全废除不平等条约、以一个具有完整主权的国家加入现代国际社会的目标。为什么中国经历如此长的时间才实现这个目标？除了西方列强不给予中国平等地位之外，也有中国自身的原因，其中包括中国国力弱小，以及中国精英观念变化和中国内政外交的现代化进程比较慢。虽然中国和日本一样，都希望实现"富国强兵"和加入现代国际社会，但是中国只是重点学习西方的技术和工业，以及有限引进西方的制度，而日本则是全方位地模仿西方，以"脱亚入欧"、成为欧洲化的"文明国家"为国策。其结果是，日本在明治维新之后，很快实现"富国强兵"和成为"文明国

---

①　王立诚著：《近代中外关系史治要》，第 111 页。

②　李兆祥著：《近代中国的外交转型研究》，第 349 页。

家"的目标，而中国在第一次鸦片战争之后则经历了大约一百年才被接纳为国际社会中具有完全主权的成员。

鸦片战争以后，中国对外关系行为与观念的变化，是在清朝末年中国开启了现代化（或近代化）进程这个大的历史背景之下发生的，实际上是整个中国社会大变迁的组成部分与表现之一。

在第一次鸦片战争前后，林则徐、魏源等人已经"开眼看世界"，其中魏源出版了影响深远的《海国图志》。闽浙总督徐继畬广泛接触西方来华人士，对自己国家的专制制度的合法性和永恒性深表怀疑，五年数十次易稿，于1848年出版的《瀛环志略》，率先突破根深蒂固的天朝意识和华夷观念，将中国定位于世界的一隅，引进了西方民主政治思想的价值体系，介绍了当时世界以民主政体为主导的各国各类政体，宣扬西方民主制度和理念。但是，第一次鸦片战争并没有从根本上动摇中国精英世界观的根基。第二次鸦片战争则迫使中国精英改变自己的世界观，即接受一个事实，中国不再是天下的中心，而只是西方主导的国际体系中的一个组成部分。从第二次鸦片战争结束以后，中国历经从洋务运动到戊戌变法，或者从学习西方的科学技术到学习西方的宪政民主的国内政治变革。以学习西方坚船利炮、科学技术为中心的洋务运动是中国近代化或现代化的重要一步。1894—1895年的中日甲午战争的结局，促使一些中国社会精英提出学习西方宪政民主以图国强的政治主张。1895年4月，中日《马关条约》的内容传到北京，十八省在京应试的一千三百多名举人上书都察院，提出了拒和、迁都、废约、再战和变法的主张。这表明，"中国士大夫终于从传统走向近代，直面国家、民族的现实"。① 康有为多次上书光绪帝，主张学习西方议会民主制度，改革封建君主专制，仿照西方三权分立的政治原则建立君主立宪

---

① 谢俊美著：《东亚世界与近代中国》，第273页。

制，以实现国家政治现代化，突破了洋务派"中学为体、西学为用"的局限。康有为、梁启超、翁同龢等人鼓吹并推动光绪帝于1898年进行戊戌变法或戊戌维新，前后历时一百〇三天，又称"百日维新"，最后以慈禧太后发动政变而告终。虽然变法失败，但是它表明，绵延两千多年的中国封建专制制度开始从根本上发生动摇，在世界政治现代化大潮中，它行将崩溃。1911年爆发的辛亥革命，推翻了清王朝的统治，使中国的政治变迁进入了一个崭新历史阶段。总体而言，中国的政治变革过程比较漫长。有中国学者认为，中国的文化包袱和夷夏思想成为阻碍中国学习西方、走上现代化道路的重要障碍。① 救国图强或者富国强兵，一直是第一次鸦片战争之后中国社会变革的主旋律。②

上述时期的中国社会大变迁，还表现为中国民族主义的兴起和民族国家认同的逐步形成。在中国思想传统之中，只有王朝与天下，并没有现代的民族国家观念。③ 民族和民族主义都是源于近代欧洲的观念，它与主权国家密不可分。中国近代民族主义是在与西方列强的冲突和交往中逐步兴起的。④ 自1840年第一次鸦片战争以来，中国所面临的一系列来自外部世界的压力与挑战，逐渐催生了中国人的民族意识，但这种民族意识主要产生于社会精英。而1895年甲午战争的失败，对于推动中国民族主义的兴起产生了特别重大的影响，在这场战争之后，"民族和民族主义思想已经为大众所接受，而不再是少数知识分子的理想"。⑤ 谢俊美写道："中国士大夫的群体意识和群体觉悟是从甲午战败那一刻开始的。甲午战败所带来的灾

---

① 同上，第132—133页。

② 参见［美］夏伟、［美］鲁乐汉著：《富强之路——从慈禧开始的长征》。

③ 许纪霖著：《家国天下——现代中国的个人、国家与世界认同》，第415页。

④ 金光耀、栾景河主编：《民族主义与近代外交》，上海：上海古籍出版社2014年版，第77页。

⑤ ［美］徐国琦著：《中国与大战：寻求新的国家认同与国际化》，第54页。

难覆盖着全民族，给所有中国人精神上造成了巨大的震颤。我们讲甲午战败是近代中国历史的转折点，也就是从这个意义上讲的。"① 美国前驻中国大使司徒雷登在其回忆录中也指出："以一个传教士的眼光来看，我早期对中国最深的印象就是全国上下在觉醒的民族主义情绪。中国的民族主义情绪可能一直就蛰伏着，外国的百般凌辱蹂躏使之终于爆发。鸦片战争之后，西方列强对中国的冲击，使中国士大夫意识到东亚以及中国正遇到前所未有的变局，由此产生变革和民族主义思想。1895 年甲午战争的失败，对中国人的冲击尤其大。甲午战争的失败，义和团运动流产，都是在我来中国（1905）之前十年内发生的。民众担忧列强会瓜分中国，而我们今天的人几乎已经忘记当年中国差一点就真的分崩离析了。"② 正因为如此，所以徐国琦认为："尽管中国在鸦片战争以后曾连续败于西方之手，但是唯有 1894—1895 年的甲午战争，才真正迫使中国人认真思考自身的命运以及儒家文明的价值，特别是迫使中国人质疑他们的传统认同。"③ 他进一步指出："1894—1895 年的甲午战争使许多中国人开始相信，只有成为一个民族国家，中国才能赶上世界发展的潮流。更重要的是，中国只有加入世界新秩序，才有生存的希望，才有可能实现中华民族的伟大复兴。"④ 所以，在这场战争之后，创建一个民族国家的使命就逐渐成为整个中华民族的梦想，而 1898 年的戊戌变法的思想根源就是民族国家观念。⑤

梁启超明确表明认同西方的民族国家概念，反对中国的传统世界观，而且接受这种观念的不只是梁启超一个人，实际上在第一次世界大战之前，

---

① 谢俊美著：《东亚世界与近代中国》，第 272 页。
② ［美］司徒雷登著，常江译：《在华五十年》，海口：海南出版社 2010 年版，第 97 页。
③ ［美］徐国琦著：《中国与大战：寻求新的国家认同与国际化》，第 19 页。
④ 同上，第 23 页。
⑤ 同上，第 24—25 页。

中国知识精英就普遍渴望中国成为现代民族国家。[①] 于是，"民族主义"这个外来词汇也就很自然地成为中文词汇之一。据有关学者考证，梁启超在1901 年首次使用"民族主义"概念，孙中山在 1903 年也使用了"民族主义"一词。[②] 但是许纪霖指出，梁启超和孙中山对民族主义的理解不同，前者属于国民民族主义或国族民族主义（state nationalism），后者属于族群民族主义（ethnic nationalism）。[③]

　　中国民族意识觉醒的一个典型例子，就是为抗议美国排华法案，而发生的 1905 年的抵制美货运动，它发起于上海，扩展到大约一百六十个城市。在1911 年辛亥革命以后，民族主义更成为影响中国命运的最强大的政治力量。[④]其中一个重要表现是中国民众抵制日本的"二十一条"。1915 年，中国的外交精英、知识界、社会团体以及普通民众积极参加抵制日本侵害中国主权的"二十一条"的大规模的抗议示威行动。在 1919 年的巴黎和会上，中国代表团积极游说列强以期收复山东主权以及废除不平等条约，使中国以平等成员身份加入国际社会。当年 5 月 4 日，在获知中国未能收复山东主权之后，在中国发生了声势浩大的反帝爱国的五四运动，中国知识精英与普通民众的民族主义情绪大爆发，中国的民族主义发展进入一个新阶段，现代意义上的民族主义与"中华民族"观念得以形成。所以，时在中国的美国学者杜威描述进行中的五四运动说："我们正目睹一个民族 / 国家（nation）的诞生，而出生总是艰难的。"[⑤] 蒋廷黻也指出："无疑的，我们当代的中国人都是民族主义者。"[⑥]

———————

① ［美］徐国琦著：《中国与大战：寻求新的国家认同与国际化》，第 25—28 页。

② 同上，第 58 页；金光耀、栾景河主编：《民族主义与近代外交》，第 5—6 页。

③ 许纪霖著：《家国天下——现代中国的个人、国家与世界认同》，第 74—110 页。

④ ［美］徐国琦著：《中国与大战：寻求新的国家认同与国际化》，第 51 页。

⑤ 罗志田著：《激变时代的文化与政治：从新文化运动到北伐》，第 1 页。

⑥ 蒋廷黻著：《国士无双——蒋廷黻回忆录》，第 80 页。

值得指出的是，民族主义的兴起与发展，与中国的主权国家观念以及国际观的逐渐确立是密不可分的。对大多数中国人而言，民族主义就是指反对帝国主义、反对不平等条约（反帝废约）以及中国成为主权国家社会中的平等一员。

第三节　中国成为现代国际社会的一员

中国加入现代国际社会的过程，是从逐步接受西方行为规范开始的，既包括接受只适用于非欧洲国家的、歧视性的不平等规则与制度，也包括改变自己的传统观念，接受现代国际法和外交制度。这是一个逐步改变、调整和适应的过程，既有自愿的成分，也有被迫的成分。第二次鸦片战争以后，中国对外关系行为与观念发生的上述变化，为中国加入现代国际社会创造了必要的条件，但是并没有使得中国成为国际社会中的一个完整的成员。中国何时符合"文明标准"并加入国际社会，除了有赖于中国行为与观念的变化之外，更重要的还取决于国际社会中的主导国家即西方国家的判断与承认。中国成为国际社会一个完整成员的首要标准，就是具有完全的主权。中国被接受为国际社会中的"文明国家"一员的时间，要大大晚于包括日本、暹罗在内的很多非欧洲国家。

那么，中国什么时候成为国际社会一员呢？有人认为，1899 年、1907 年参加两次海牙国际和平会议，或许是中国加入国际社会的重要标志。赫德利·布尔就把中国派代表参加 1899 年的海牙会议视为国际社会成员范围扩大的一个重要表现。[1] 但是，他并没有明确把此时的中国视为国际社会

---

① Hedley Bull and Adam Watson, eds., *The Expansion of International Society* (Oxford: Oxford University Press, 1984), p.123.

的一员。1899 年，中国应邀派代表参加第一次海牙国际和平会议，中国驻俄、奥大臣杨儒参加，并在两项条约上签字。1907 年，中国又参加了第二次海牙国际和平会议，签订了《陆战时中立国及其人民之权利义务条约》《海战时中立国之权利义务条约》，并于两年之后正式批准并加入这两个条约。① 但是，中国参加第二次海牙和会时，被给予三等国待遇，此时中国也无力废除治外法权，自然不属于国际社会的完全成员。正如日本学者川岛真所指出的："中国在 19 世纪后半叶还没有被认为是一个具有 'family of nations'，即国际社会成员资格的文明国家。中国被定位于非文明国家。这个非文明国家，虽然不能成为完全资格的国际社会成员，但也没有被完全置于与各国无关的地位；而是在当时自由贸易的观念下，通过缔结条约等途径进入了主权国家间的契约体系之中。作为非文明国家，在与文明国家缔结条约时，所缔结的不会是平等条约，而是不平等条约。"② 日本学者龙谷直人认为，从 19 世纪开始，以英国为首的欧洲主权国家体系中的帝国主义国家强行向亚洲推行立宪制、金本位制、自由贸易等"行为规范"或"国际标准"，只有日本在 19 世纪末接受和采纳了这些国际标准，而"中国建立这样的国际标准相对还是比较困难的"。③ 他还指出："的确，鸦片战争给中华帝国的朝贡体制画上了一个句号。在恢复亚洲主权问题上，存在着以下两个必须完成的任务：政治上废除领事裁判权，经济上恢复关税自主权。其中不承认关税自主权的自由贸易和最惠国待遇条款的存在是欧美近代帝国主义强制实行的结果。"④ 中国完成这两个任务比日本要晚得多。日本在明治维新之后，便开始着手修改不平等条约，希望建立和西方国家的平等

① 尹新华：《国际公约与晚清中国融入国际社会》，《历史教学》2012 年第 2 期，第 30 页。

② ［日］川岛真著：《中国近代外交的形成》，第 68 页。

③ 吴志攀、李玉主编：《东亚的价值》，第 161 页。

④ 同上，第 163 页。

关系。1894 年 7 月，即中日甲午战争开战前，日本就废除了英国在日本的领事裁判权；1899 年，日本基本恢复了关税自主权；1911 年，和各国签订新通商航海条约后，日本完全的关税自主才真正实现。

1911 年，中国发生辛亥革命，清王朝统治被推翻。1912 年 1 月，孙中山在就任中华民国临时大总统的演说中，宣布民国政府会竭尽全力，"使中国加入国际社会"，从而促进世界和平。[1] 美国是西方列强中最早表示承认中华民国的国家之一，1912 年 4 月到 10 月，巴西、秘鲁、美国、墨西哥、古巴、英国、法国、俄国、日本等先后宣布承认中华民国。民国初年，中国政府以更大的努力使中国加入国际社会，包括正式签署和批准了 1899 年第一次海牙和平会议制定的《陆地战例公约》。第一次世界大战给中国带来了一些积极的影响，使中国收复了部分国家主权。1917 年，中国宣布与德奥断交、对德奥宣战、正式参加第一次世界大战，并废除中国与德奥签订的条约、合同、协约以及其他国际条款、国际协议，收回德奥在华的领事裁判权与租界，制订《国定关税条例》，以及 1919 年，中国作为战胜国，派代表参加巴黎和会，接着参加国际联盟等，都被认为是中国成为国际社会一员的标志性事件。因此，有学者认为，随着中国成为国际联盟的成员国，中国尽管还未能修改不平等条约，但它在 20 世纪 20 年代，"至少在成员资格方面已经在形式上成为国际联盟的一员"。[2] 徐国琦就明确指出："第一次世界大战为中国重新调整她与世界的关系提供了动力和机遇，中国通过自身的努力得以参战并进而跻身国际社会。"[3] 张勇进也认为，中国在1918—1920 年间加入了国际社会，其原因包括：中国参加了第一次世界大战并派代表出席巴黎和会；1919 年 12 月，中国和玻利维亚签订友好条约，

---

① ［美］徐国琦著：《中国与大战：寻求新的国家认同与国际化》，第 61 页。
② ［日］川岛真著：《中国近代外交的形成》，第 68 页。
③ ［美］徐国琦著：《中国与大战：寻求新的国家认同与国际化》，第 8 页。

该条约没有把对方原先要求的领事裁判权写入条约中去，而且中国从此以后再也没有和其他国家签署不平等条约；中国在 1920 年成为国际联盟的会员国。他认为，这些都表明中国已经被接受为国际社会成员，尽管是一个没有完全主权的国际社会成员。①

徐国琦、张勇进等人的说法有一定道理，中国在国际社会中被接受和承认的程度在 1918—1920 年间的确有所提高。但是，西方强加给中国的大部分不平等条约此时依然存在，也没有被加以修改，中国显然没有拥有完全的主权，因而也就无法成为国际社会中的平等一员。张忠绂甚至认为，中国参加第一次世界大战的目的本应为提高中国在国际舞台上的地位，使得中国在战后和会中得到自由发言之权利，以争回中国损失之地位，但是由于参战问题导致中国南北分裂以及参战后北京政府投入日本的怀抱、让与日本种种权利，导致巴黎会议开幕之时，中国在国际上的地位实际上还不如参战之前。② 实际上，中国赴巴黎和会代表团所追求的几个重要目标，包括收回战前德国在山东省内的一切权益，取消外国在中国所享有的一切特殊利益，例如领事裁判权、租界等，都没有实现。③ 1922 年，出席华盛顿会议的美、英、法、意、中、比、荷、葡、日签订的《九国关于中国事件应适用各原则及政策之条约》（即《九国公约》）明确表明，应当尊重中国之主权与独立，及领土与行政的完整。但是，中国政府代表团提出的废除治外法权、恢复关税自主权、收回租借地等要求，均未被列强所接受。④

----

① Yongjin Zhang, *China in International Society since 1949: Alienation and Beyond* (Basingstoke: Macmilian Press, Ltd., in association with St. Anthony's College, Oxford, 1998), pp.13–15.

② 张忠绂编著：《中华民国外交史（1911—1921）》，第 218—219 页。

③ 同上，第 224 页。

④ 中日韩三国共同历史编纂委员会著：《超越国境的东亚近现代史》（上），第 146—147 页。

　　1928 年，国民党发动的北伐战争将张作霖控制的北洋政府推翻，不久接任父职的东北三省保安总司令张学良宣布"易帜"，接受国民政府的领导，中国终于实现了南北政治统一。此后，国民政府（南京政府）继续努力废除和修改不平等条约，以争取完整主权。它虽然不能完全废除不平等条约，特别是未能让西方列强撤销在中国的领事裁判权，但在 1928—1930 年间，中国先后与美国等多个国家签订了新关税条约，修改了 1842 年签署《南京条约》以来关于协定关税的原则，在某种程度上恢复了关税自主权。但是，1931 年，日本发动了侵略中国的九一八事变，占领了中国东北三省，并于次年建立了伪满洲国，中国的主权完整受到更为严重的侵害。1933 年，国际联盟大会以 42 票赞成、1 票（日本）反对、1 票（暹罗）弃权，通过了基于李顿调查团报告的十九国委员会报告书，坚持中国在东北的主权和不承认伪满洲国等立场，日本则宣布退出国联。此后，日本扩大了对中国的侵略，于 1937 年发动了对中国的全面战争，并把中国逼到了几近亡国的边缘。

　　直到 1941 年太平洋战争爆发后，中国与英美等国结成军事同盟，共同抗击日本侵略者，中国也因此获得了以完全主权国家身份加入国际社会的机会。也就是说，我认同江文汉等人的观点，即太平洋战争爆发后，英美在 1943 年 1 月与中国废除不平等条约，真正标志着中国成为国际社会具有完全资格的一员。

　　1941 年 12 月，以日本突袭美国珍珠港事件为标志的太平洋战争的爆发，使得中国战略地位的重要性获得英美等西方国家的承认，中国与这些国家结成了反法西斯国家同盟，英美在废除对华不平等条约问题上的态度也变得积极起来，最后促使列强与中国废除了不平等条约，使中国成为具有完整主权的国家。1942 年 1 月 1—2 日，包括中国在内的二十六个反法西斯国家在美国首都华盛顿签署《联合国家宣言》，标志着世界反法西斯大同盟终于形成。值得注意的是，《联合国家宣言》的签名方式，即美国、英国、苏联和中国被排在最前面，并比其他国家提前一天签字。这个事件被认为是奠定了中国的四大国地位。[①] 1942 年 4 月 23 日，正在美国访问的宋美龄在《纽约时报》发表文章，谴责西方国家在华领事裁判权等特权，呼吁有关国家尽早予以废除。该文在美国社会引起强烈反响，有不少美国人士以及美国报刊发声支持中国的要求。与此同时，美国国务院也达成了废除在华领事裁判权的共识。于是，美国政府与英国政府开始就此问题进行磋商。同年 10 月 4 日，蒋介石对来访的美国共和党领袖温德尔·威尔基正式提出了废除不平等条约的要求："中国今日尚未能取得国际上平等之地位，故深盼美国民众能了解中国，欲其援助被压迫民族争取平等，应先使其本身获得平等地位始。"[②] 这时美国和英国也就立即废约问题达成了共识。1942 年 10 月 9 日，美英同时通知本国驻中国的使节：美英准备立即与中国政府就废除在华治外法权问题及相关问题进行谈判。蒋介石因此兴奋不已，并在国庆纪念大会上宣布，"我国百年来所受各国不平等条约的束缚，至此已可根本解除。国父废除不平等条约的遗嘱，亦完全实现"。[③] 与此同时，中国政府认为这是不够的，于是蒋介石向英美提出，除了"领事裁判权之外，尚有其他同样之特权，如租界及驻兵与内河航行、关税协定等权，应务望同时取消，才得名实相符也"。[④] 他还指示宋子文，希望在谈判中"将过去所有各种不平等条约一律作废，整个撤销，重订平等合作之新约"。[⑤]

　　1943 年 1 月 11 日，中美、中英分别在华盛顿和重庆签订了《中美关于取消美国在华治外法权及处理有关问题之条约与换文》和《中英关于取

---

① 施肇基、金问泗著：《施肇基早年回忆录、外交工作的回忆》，第 212 页。

② 牛军主编：《历史的回声：二战遗产与现代东亚秩序》，第 338 页。

③ 陈永祥著：《宋子文与美援外交》，第 261 页。

④ 牛军主编：《历史的回声：二战遗产与现代东亚秩序》，第 338 页。

⑤ 同上，第 338—339 页；陈永祥著：《宋子文与美援外交》，第 262 页。

消英国在华治外法权及其有关特权条约及换文》，宣布取消英美两国在中国的治外法权及有关特权；取消 1901 年签订的《辛丑条约》，终止该条约及其附件给予两国的一切权利；两国放弃在北平使馆界、上海和厦门公共租界所享有的权利，并协助中国政府收回这些地区的行政管理权和官方资产；取消两国在通商口岸的特别法庭权，在上海和厦门公共租界的特区法院制度，在中国领土内各口岸雇用外籍引水人的权利，两国船舶在中国领水内沿海贸易和内河航行的权利，两国军舰驶入中国领水的权利等项特权；英国交还天津和广州的租界，放弃英籍海关总税务司权等。[①] 当年 5 月 20 日，英美分别在华盛顿和重庆与中国互换新约批准书，新约自即日起生效。受美英做法的影响，从 1943 年开始，其他一些国家，如比利时、挪威、加拿大、瑞典、荷兰、法国、瑞士、丹麦、葡萄牙等国，也先后宣布放弃在中国所享有的特权，并与中国签订新约。"这些新约的签订，标志着在法理上结束了西方列强在中国享有的百年特权，雪洗了中国人民的百年耻辱，使中国从此摆脱了半殖民地的地位，获得了国家的独立，成为国际社会中的平等一员"。[②] 从这个意义上说，1943 年是一个分界线，在这一年里，中国几乎废除了在"文明国家""非文明国家"框架下所签订的所有条约和协定。[③]

中国从此才获得完全主权，完成了从"不文明"国家到国际社会"文明"成员的过渡，真正成为国际社会的一个享有完整主权的国家。此后，中国被美国总统罗斯福视为一个"大国"而参加了一系列大国外交活动，并参与了战后国际秩序的设计，如 1943 年 10 月签署莫斯科四国宣言（《四

① 王铁崖主编：《中外旧约章汇编》（第三卷），北京：三联书店 1962 年版，第 1250—1260、1263—1269 页，及牛军主编：《历史的回声：二战遗产与现代东亚秩序》，第 339 页。

② 牛军主编：《历史的回声：二战遗产与现代东亚秩序》，第 339—340 页。

③ 同上，第 196 页。

国关于普遍安全的宣言》)、1943 年 11 月的中美英首脑开罗会议及其签署的《开罗宣言》、1944 年 8 月筹建联合国的敦巴顿橡树园会议、1945 年 4 月的旧金山联合国制宪会议以及中国被确认为联合国安理会五大常任理事国之一等。值得指出的是，中国的实际实力地位和其他大国相去甚远，并没有真正获得美英苏等国的平等相待。在 1945 年 2 月的雅尔塔会议上，美苏甚至背着中国达成了损害中国国家利益的秘密协定。英国也拒绝把香港归还中国。美国则依据 1943 年 5 月的中美《关于处理在华美军人员刑事案件换文》以及 1946 年 11 月的《中美友好通商航海条约》等，不仅使在华美军实际享有治外法权，而且还使美国在华获得多方面特权。1943 年以后，美国在华享有特权的历史一直持续到 1949 年新中国成立前夕。[1] 正因为如此，有中国学者认为，"直至新中国建立，才真正结束了不平等条约时代"。[2] 尽管如此，第二次世界大战的确导致中国与国际社会的关系发生了根本性变化，中国社会对于中国跻身国际社会的大国之列无疑是感到高兴的。1943 年 11 月，中国领导人蒋介石参加了开罗会议，并与英国领导人、美国领导人共同签署了《开罗宣言》。蒋介石在日记中写道："全世界视开罗会议为中国的大胜利。"[3] 蒋介石传记作者也写道："蒋委员长夫妇和罗斯福、丘吉尔合照的照片让中国人民万分动容。要知道，一个多世纪以来，中国领导人第一次和西方列强领导人平起平坐。"[4]

　　总之，中国经历了很长时间才加入现代国际社会，从一个方面体现了

---

　　① 　John K. Fairbank, *China Perceived: Images and Policies in Chinese-American Relations* (New York: Alfred A. Knopf, Inc., 1974), p.126.

　　② 　刘利民著：《不平等条约与中国近代领水主权问题研究》，李育民《总序》第 2—3 页。

　　③ 　［美］陶涵著，林添贵译：《蒋介石与现代中国》，北京：中信出版社 2012 年版，第 188 页。

　　④ 　同上。

"一个从西方殖民化国际社会到西方全球性国际社会的转变过程"。[①] 对中国来说，大体上是一个被迫放弃自己的"文明标准"、接受他人的"文明标准"的过程，但是这个过程很漫长，也很痛苦。

---

① ［英］巴里·布赞：《全球性变革与国际秩序的演进》。

第四章
新中国在国际社会中"反抗西方"

虽然中国在 1943 年被承认为国际社会中的一个"文明"国家，甚至在 1945 年还成为联合国安全理事会的五大常任理事国之一，但是它并没有在 20 世纪 40 年代成为国际舞台上的一个名副其实的大国。第二次世界大战结束后不久所爆发的内战，使得中国处于政治动荡之中。经过三年的解放战争，中国共产党击败国民党，并建立了中华人民共和国，中国的国家和社会因此处于巨大的变革过程之中。其中，中国外交历经了一场革命，新中国的对外行为与观念对国际社会产生了巨大冲击。正如牛军所说的："中共夺取政权还导致中国外交经历了一次革命性的转变，新国家以世界历史上罕见的方式彻底摧毁了以往的中国对外关系体系，并给世界政治造成了剧烈的震动和相当长久的影响。"[①]

新中国诞生的时候正值东西方冷战开始后不久，中国在冷战初期加入以苏联为首的社会主义阵营，并且在朝鲜半岛、台湾海峡、越南与美国及其盟友发生了武装冲突或者军事对峙。由于东西方冷战，实际上意识形态

---

① 牛军著：《冷战与新中国外交的缘起（1949—1955）》，北京：社会科学文献出版社 2012 年版，第 2 页。

已经成为西方判断中国是否为国际社会合法成员的 "文明标准"，中国因此被西方国家视为 "对国际社会的一个巨大威胁"。1971 年以前，大部分西方国家拒绝在外交上承认新中国这个所谓的 "革命国家"，而与台湾当局保持 "外交关系"，并且一部分西方国家对新中国实施经济制裁。新中国也被排挤在联合国和其他大多数国际组织（包括世界银行、国际货币基金组织等国际经济组织，以及国际奥委会之类的国际体育组织）之外。特别是 "文革" 初期（1966—1968），中国更因为中苏分裂、执行革命外交等原因，而在国际社会中实际上处于近乎完全孤立、隔绝的状态，与国际社会成员（包括西方国家、苏东国家以及一些第三世界国家）的关系极为紧张。尽管新中国属于国际社会的一个成员，因为它符合一个国家被承认为国际社会成员之首要标准或者前提条件：拥有主权，但是由于新中国的国际合法性没有得到世界上大多数国家（特别是西方国家）的承认，其在国际社会中实际上处于张勇进所说的被 "疏远"（"alienation"）之地位，[①] 或者属于经典英国学派学者阿兰·詹姆斯所说的 "参与" 程度低之境地。[②] 20 世纪 70 年代初开始的中国加入联合国以及中美关系正常化的进程，大大改善了中国与国际社会的关系，在一定程度上拉开了新中国融入国际社会的序幕。但总的来说，改革开放之前的中国一直被视为 "国际社会中反抗西方的革命国家"。因此，王逸舟等学者指出："新中国建国前三十年间，中国与外部世界的关系始终存在着某种紧张对峙的相对边缘位置，中国在国际社会的 '造反者' 形象大于 '建设者' 作用。"[③]

[①] Yongjin Zhang, *China in International Society since 1949: Alienation and Beyond* (Basingstoke: Macmilian Press, Ltd., in association with St. Anthony's College, Oxford, 1998), pp.17–58.

[②] Alan James, *Sovereign Statehood: The Basis of International Society* (London: Allen & Unwin, 1986), pp.273–274.

[③] 王逸舟、谭秀英主编：《中国外交六十年（1949—2009）》，第 21 页。

这有中国自我孤立和来自西方压力（尤其是美国的孤立政策）两个方面的因素。当然，从西方国家的角度来看，新中国挑战西方主导的国际社会的行为规范，或者说新中国属于一个在"国际社会中反抗西方的革命国家"。但值得指出的是，改革开放以前的中国在国际社会中的行为与观念实际上具有双重性，即一方面挑战现存国际规范，另一方面又遵守现存国际规范，但其基本国际形象是国际社会中的一个"革命国家"。此外，改革开放以前的中国对外行为与观念也并非一成不变，实际上处于变化发展过程之中，上述的双重性在不同时期有不同的表现。

第一节 "另起炉灶""打扫干净屋子再请客"

1949 年 10 月 1 日，中华人民共和国成立。新中国成立之后，其对外工作的重心包括确立外交的基本原则，如何对待过去的国际条约，以及如何处理与其他国家的关系，特别是如何处理与西方国家的关系。归根结底，均涉及新中国如何对待西方主导的现存国际规范问题。在这一点上，新中国外交表现出了明显的双重性，即革命外交与传统外交并存，但革命外交的色彩要更浓一些。[①]

1949 年 9 月，中国人民政治协商会议第一次会议的召开，为新中国的诞生作了最后的准备。会上通过的《中国人民政治协商会议共同纲领》，阐明了新中国外交的基本原则："中华人民共和国外交政策的原则为保障本国

---

① 牛军认为，新中国外交是典型的革命外交，是对过去外交的否定："中华人民共和国对外关系是同中国革命运动联系在一起的，而不是同建国前历届政府的外交联系在一起的；它是基于对此前中国外交的彻底否定和深刻批判，而不是此前中国外交的自动延续或有意继承。"参见牛军编著：《中华人民共和国对外关系史概论（1949—2000）》，第4—5页。

独立、自由和领土主权的完整，拥护国际的持久和平和各国人民之间的友好合作，反对帝国主义的侵略政策和战争政策。"①

与此同时，《共同纲领》还表述了新中国外交的一些具体政策，即相关教科书通常所说的"另起炉灶""打扫干净屋子再请客"和"一边倒"三大决策。其中，前两大决策实际上表述了新中国对待现存国际规范的基本态度，第三个决策属于新中国的对外战略抉择。本节将重点论述"另起炉灶""打扫干净屋子再请客"两个政策，以此阐述新中国在成立伊始与国际社会的关系。这两大决策实际上具有关联性，都是旨在说明中国对待现存国际秩序的基本态度，因此可以放在一起进行论述。

早在新中国成立前夕的 1949 年春，毛泽东便提出了"另起炉灶""打扫干净屋子再请客"的外交方针。《共同纲领》中有关"另起炉灶"和"打扫干净屋子再请客"的表述主要是以下两段话："凡与国民党反动派断绝关系，并对中华人民共和国采取友好态度的外国政府，中华人民共和国中央人民政府可在平等、互利及互相尊重领土主权的基础上，与之谈判，建立外交关系"；"对于国民党政府与外国政府所订立的各项条约和协定，中华人民共和国中央人民政府应加以审查，按其内容，分别予以承认，或废除，或修改，或重订"。② 1952 年 4 月，周恩来在外交部第一次驻外使节会议的讲话中，进一步解释了"另起炉灶"和"打扫干净屋子再请客"的含义。他说，另起炉灶"就是不承认国民党政府同各国建立的旧的外交关系，而要在新的基础上同各国另行建立新的外交关系。对于驻在旧中国的各国使节，我们把他们当作普通侨民对待，不当作外交代表对待。历史上，有在革命胜利后把旧的外交关系继承下来的，如辛亥革命后，当时的政府

---

① 韩念龙主编：《当代中国外交》，第 5 页。
② 韩念龙主编：《当代中国外交》，第 5—6 页。

希望很快地得到外国承认而承袭了旧的关系，我们不能这样做"。① 他还指出，"打扫干净屋子再请客"指的是："帝国主义总想保留一些在中国的特权，想钻进来。有几个国家想同我们谈判建交。我们的方针是宁愿等一等。先把帝国主义在我国的残余势力清除一下，否则就会留下它们活动的余地。帝国主义的军事力量被赶走了，但帝国主义在我国百余年来的经济势力还很大，特别是文化影响力还很深。这种情形会使我们的独立受到影响。因此，我们要在建立外交关系以前把'屋子'打扫一下，'打扫干净屋子再请客'。"② 我认为，以上表述实际上传达了三个基本信息。第一，表明新中国是一个完全独立的国家，它认同主权规范，愿意与世界各国建立平等互利的外交关系，成为国际社会中的一员。第二，新中国不是国民党统治的中华民国的继承者，而是一个新的国家，其他国家政府必须在承认国民党政权与新中国政权之间进行选择。第三，新中国对国民党统治的中华民国所订立的条约，不是采取一概承认的态度，而是要进行审查，并根据内容而分别采取承认、废除、修订或重订等不同做法。这体现了新中国对待现存国际规范态度的双重性：一方面认同主权规范、愿意与世界各国建立平等互利的外交关系，成为国际社会中的一员；另一方面强调与国民党政权划清界限，并对国民党统治的中华民国所订立的条约根据内容采取不同的做法，因而具有革命外交的特点。这种双重性体现在新中国和外国建立外交关系、争取获得国际组织的承认、建立新的外交制度、对待过去的国际条约等诸多方面。

首先，新中国成立之后，希望与世界各国根据主权规范，建立起平等互利的外交关系。新中国成立之后，首先在 1949 年 10 月到 1950 年 1 月间，先后同苏联、保加利亚、罗马尼亚、匈牙利、朝鲜民主主义人民共和

---

① 中华人民共和国外交部、中央文献研究室编：《周恩来外交文选》，第48—49页。
② 同上，第50页。

国、捷克斯洛伐克、波兰、蒙古、阿尔巴尼亚、德意志民主共和国、越南民主共和国等社会主义国家相互承认并建立外交关系。接着，开始与承认新中国的亚洲民族主义国家和欧洲资本主义国家建立外交关系，其中包括在 1950 年 4 月到 1954 年 10 月间，先后同印度、瑞典、丹麦、缅甸、瑞士、芬兰、巴基斯坦、挪威建立了外交关系。但是，在新中国成立初期，主要由于对待台湾当局的态度（包括其在联合国的席位），世界上大部分国家，包括西方主要大国，都没有承认新中国。[①] 这在很大程度上，使得新中国在国际社会中的合法性不够充分。值得指出的是，在 1955—1960 年间，新中国和一系列亚非国家建立起了外交关系，增加了新中国在国际社会中的合法性。这和新中国应邀并派代表团参加 1955 年在印尼万隆举行的亚非会议、周恩来总理在会议上阐述"求同存异"原则并为新中国赢得外交发展空间有一定关联性。这一时期，与中国建立外交关系的国家，除了南斯拉夫（1955）、古巴（1960）之外，都是亚非国家，其中包括阿富汗（1955）、尼泊尔（1955）、埃及（1956）、叙利亚（1956）、也门（1956）、斯里兰卡（1957）、柬埔寨（1958）、伊拉克（1958）、摩洛哥（1958）、阿尔及利亚（1958）、苏丹（1959）、几内亚（1959）、加纳（1960）、马里（1960）、索马里（1960）。[②]

其次，除了同各国建立外交关系之外，新中国也积极努力，恢复在国际组织中的合法席位。其中，联合国是第二次世界大战结束以后，世界上最大和最重要的政府间国际组织，因而参加联合国是国家在国际社会中拥有完整成员资格的一个重要标志。众所周知，中国是联合国的创始国之一，

[①]　其中英国、挪威和荷兰在 1950 年初，先后承认新中国，但由于三国就恢复中国在联合国的合法席位问题上投弃权票或反对票，直到 1954 年，才与中国建立外交关系，但是英国、荷兰与中国互设代办处，属于"半建交"。

[②]　韩念龙主编：《当代中国外交》，第 477—478 页。

也是联合国安全理事会的常任理事国之一。新中国成立之后，中国有关部门就致电联合国和其他国际组织，要求驱逐国民党的代表，接纳中华人民共和国中央人民政府的代表为中国人民的唯一合法代表。早在1949年9月30日，中国人民政治协商会议就通过决议，否认国民党集团的代表出席第四届联合国大会的资格。同年11月，周恩来分别致电联合国秘书长和联合国大会主席，指出中华人民共和国中央人民政府是代表中国人民的唯一合法政府，国民党集团已丧失代表中国人民的任何法律和事实依据，要求立即取消所谓"中国国民政府代表团"继续代表中国参加联合国的一切权利。次年1月，周恩来任命张闻天为中国在联合国的首席代表，此后又任命了联合国各重要机构的代表。① 但是，在以美国为首的一些国家的极力阻挠之下，新中国未能获得在世界主要国际组织中的合法地位，特别是无法恢复在联合国的合法席位。虽然在1950年和1951年，新中国曾经两次派代表出席万国邮联会议，但是该组织的合法席位在1951年3月又为国民党集团所占据。② 长期被排挤在国际组织之外，无疑大大影响了新中国在国际社会中的合法性。这种情况一直持续到1971年，中国恢复在联合国的合法席位之前。

再次，建立新的外交制度。新的外交制度实际上也是传统外交与革命外交之结合体，但革命外交的色彩更浓重一些。新中国是中国共产党在解放战争中击败国民党而建立的国家政权，其外交制度作为新的政治制度之组成部分，在继承传统外交制度的同时，自然体现了革命外交的某些特色。毛泽东提出的"另起炉灶"的外交方针，直接表现在新中国否定旧的外交制度、建设新的外交制度上面。毛泽东明确指出："不承认国民党时代的任

---

① 同上，第14—15页。

② 李铁城、邓秀杰编著：《联合国简明教程》，北京：北京大学出版社2015年版，第330页。

何外国外交机关和外交人员的合法地位，不承认国民党时代的一切卖国条约的继续存在，取消一切帝国主义在中国开办的宣传机关，立即统制对外贸易，改革海关制度，这些都是我们进入大城市的时候所必须首先采取的步骤。"① 这就要求新中国的外交必须切断与国民党外交的联系，废除原来的外交机构，设立新的外交机构，组建新的外交队伍。

1949 年 10 月 1 日，中华人民共和国中央人民政府成立，外交部在同一天成立，政务院总理周恩来兼任外交部长。外交部设在原清朝末年至北京政府时代办理外事的老衙门，即位于北京东城外交部街的老外交部。外交部及其所属机构、规章制度的设立也参考了旧时外交制度，因而具有一定的继承性。新中国成立之后，并不完全否定现存外交制度。1950 年 3 月20 日，周恩来在外交部全体干部大会上的讲话中指出："当然，我们今天的外交传统不是旧的，但将来外交工作展开了，还是要与旧的外交传统接触，也多少会受点影响。因此，我们要打破旧的外交传统，既不盲目排外，也不媚外，否则不是狂妄便是自卑。不卑不亢才是我们的态度，在这方面必须掌握得体。"他进一步说："在国际战场上，有朋友，也有敌人。对于敌人，旧中国的外交传统容易流于自卑，而今天革命胜利了，却又容易流于骄傲。我们不卑不亢，便不得不有一套统一的礼节。当然，这些都属于外交形式。为什么要照顾外交形式呢？这是因为我们要争取外国人民，某些形式和制度是必须建立的。有时，形式是起很大作用的。这一点对某些从学校中出来的知识分子和从部队调来的同志来说，可能不习惯，但必须要重视。注意形式并不是迷信形式，形式虽然要服务于任务，但形式还是重要的。从这点上说，外交机关就是不同于其他一般机关和学校。"② 但是，当时的中国领导人强调的是新中国外交与旧外交的不同。周恩来在外交部

---

① 中华人民共和国外交部、中央文献研究室编：《毛泽东外交文选》，第 80 页。

② 中华人民共和国外交部、中央文献研究室编：《周恩来外交文选》，第 16—17 页。

成立大会上的发言中特别强调了新中国外交与过去旧外交的不同。他说："中国一百年的外交史是一部屈辱外交史，反动政府跪在地上办外交，我们不能这样，要有独立精神，要争取主动，没有畏惧，要有信心。"① 他还指出，"军队斗争和外交斗争相似，外交人员就是文装的解放军"。②

新中国外交部成立时，干部只有 248 人。据统计，当时科级以上干部是 47 人，一般干部 201 人。其中抗日战争或更早参加革命的有 68 人，新中国成立前后参加革命的是 180 人。文化程度方面，留学生 17 人，大学生140 人，两者合计占 63%；懂外文干部约 140 人，占 56%，不懂外文干部108 人，占 44%。此后不久，又从部队调来一批将军，如耿飚、黄镇、姬鹏飞、袁仲贤、彭明治、王幼平等，担任新中国第一批驻外大使。③ 据统计，从新中国成立到 1951 年 6 月底，新中国所派出的首批驻外大使中，绝大部分是从解放军中抽调来的兵团级、军级以上干部，他们属于"将军大使"。④ 但是，一些国民党政府时期著名的国际法学者、专家也被充实到外交部，担任外交部条约委员会顾问、专员等职务。再后来，为了充实和扩大外交队伍，新中国又创建了一系列外交干部培养和培训机构，其中包括在 1950 年初，外交部决定把中国人民大学、北京外国语学校和北京大学东方语言系作为职业外交官培训基地。1955 年，国务院决定在中国人民大学外交系的基础上建立外交学院，外交学院是外交部直属的培养外交干部和国际问题研究人才的高等院校。与此同时，外交部也建立健全了一整套的管理制度。⑤ 新中国成立之后，周恩来也提出了建立新中国外交学的看法。但是，在新中国成立后的相当一段时间，中国的外交学深受苏联的影响，

---

① 凌青著：《从延安到联合国——凌青外交生涯》，第 68 页。
② 同上，第 70 页。
③ 同上，第 65 页。
④ 赵可金著：《当代中国外交制度的转型与定位》，第 106 页。
⑤ 王逸舟、谭秀英主编：《中国外交六十年（1949—2009）》，第 92 页。

强调外交的阶级性，否定和批判所谓的旧外交学，即资产阶级外交学，主张建设无产阶级外交学，突出外交的革命性和国际主义义务。[①]

最后，表明对过去国际条约的态度。条约是指国家及其他国际法主体间所缔结的、以国际法为准并确定其相互关系中的权利和义务的一种国际书面协议，也是国际法主体间相互交往的一种最普遍的法律形式。[②]"条约必须遵守"是一个比较古老的国际法原则。因此，如何对待过去中国所签订的国际条约，在很大程度上表明新中国对现存国际规范的态度。新中国对中国过去签订的国际条约并没有全盘否定，而是采取了区别对待的态度。如前所述，毛泽东在新中国成立前夕，明确表示"不承认国民党时代的一切卖国条约"，《共同纲领》也阐明"对于国民党政府与外国政府所订立的各项条约和协定，中华人民共和国中央人民政府应加以审查，按其内容，分别予以承认，或废除，或修改，或重订"。

实际上，新中国所面对的不仅仅是国民党政府与外国政府所订立的各项条约和协定问题，还要处理更早以前中国所签订的国际条约。如前所述，中国与外国签订近代意义上的条约，始于1689年的《中俄尼布楚条约》，1842年以后与西方列强签署了一系列条约。从1689年开始与外国缔结条约到1949年中华人民共和国成立，中国对外订立的条约、协定、章程、合同等共1182件。根据审查，在这一千余件旧约中，只有一小部分是平等条约，绝大部分是不平等条约。[③]新中国政府认为，这些不平等条约是帝国主义强加给中国的，因而是不合法的，中国不仅不应该遵守，还应该反对和废弃。[④]其中不少属于边界问题双边国际条约。近代以来，中国政府（包

---

① 张清敏：《外交学学科定位、研究对象及近期研究议程》，《国际政治研究》2012年第4期，第3—22页。

② 王铁崖主编：《国际法》，北京：法律出版社1981年版，第319页。

③ 王铁崖主编：《国际法》，第323页。

④ 同上，第345—346、357—358页。.

括清政府和民国政府）先后与外国签订了一系列丧权失地的边界条约。

与此同时，中国与周边国家还有一些没有通过条约划定的边界线。新中国成立初期，明确表明否定继承过去旧的边界条约的态度，但并没有很快处理边界问题。从 20 世纪 50 年代开始，中国与相关周边国家就边界问题进行谈判，并且与一些周边国家根据旧的边界条约、传统习惯控制线等，签订或重新订立边界条约。1960—1963 年间，中国先后与缅甸、尼泊尔、蒙古、巴基斯坦、阿富汗、朝鲜等国签订了边界条约。[①] 但是中国与印度、苏联、越南、老挝等国一直没有就边界问题达成共识和签订边界条约，中国在 20 世纪 60 年代至 70 年代，甚至与印度、苏联、越南因边界或领土争端而发生过冲突。

在 1972 年以前，新中国承认或加入的国际公约寥寥无几：1952 年 7 月 13 日，中国政府声明承认 1929 年加入的《关于禁用毒气或类似毒品及细菌方法作战议定书》（1925 年订于日内瓦）。1952 年 7 月 13 日，中国政府声明承认，1949 年 8 月 12 日签署但未批准的《改善战地武装部队伤者病者境遇之日内瓦公约》《改善海上武装部队伤者病者及遇船难者境遇之日内瓦公约》《关于战俘待遇之日内瓦公约》以及《关于战时保护平民之日内瓦公约》（1949 年订于日内瓦，中国政府于 1956 年 12 月 28 日交存批准书）。1958 年 7 月 20 日，中国政府就加入《统一国际航空运输某些规则的公约》（1929 年订于华沙）交存批准书。[②]

---

① 张植荣著：《中国边疆与民族问题：当代中国的挑战及其历史由来》，北京：北京大学出版社 2005 年版，第 42—82 页。

② 韩念龙主编：《当代中国外交》，第 484—487 页。

第二节　从"一边倒"到"两个拳头打人"

1949 年 10 月 1 日中华人民共和国诞生之时，以美苏对抗为核心的东西方冷战已经全面展开。在冷战这个大背景下，新中国对外关系的最主要内容，就是处理同美苏两个超级大国的关系，在两大阵营之间作出选择。新中国在冷战中的战略选择，在一定程度上体现了新中国外交的意识形态色彩或者革命外交的色彩，也极大地影响了中国与国际社会的关系。[①] 从 1949 年新中国成立到 20 世纪 60 年代末，新中国曾经先后采取过"一边倒"和"两个拳头打人"的战略，二者的意识形态色彩都很浓厚，中国也因此被视为对西方主导的国际社会的"重大威胁"，并在国际社会中处于比较孤立的地位。这个时期，中国与西方国家之间的关系处于比较紧张和对抗的状态，中国甚至同美国发生过多起直接或间接的武装冲突或严重军事对峙。

1949 年 6 月 30 日，毛泽东发表《论人民民主专政》一文，明确提出了新中国的一个外交战略方针，即向苏联"一边倒"。用毛泽东的话来说就是："一边倒，是孙中山的四十年经验和共产党的二十八年经验教给我们的，深知欲达到胜利和巩固胜利，必须一边倒。积四十年和二十八年的经验，中国人不是倒向帝国主义一边，就是倒向社会主义一边，绝无例外。骑墙是不行的，第三条道路是没有的。我们反对倒向帝国主义一边的蒋介石反动派，我们也反对第三条道路的幻想。"他还说："我们在国际上是属于以苏联为首的反帝国主义战线一方面的，真正的友谊的援助只能向这一方面去找，

---

① 张小明：《冷战时期新中国的四次对外战略抉择》，载刘山、薛君度主编：《中国外交新论》，北京：世界知识出版社 1997 年版，第 1—20 页。

而不能向帝国主义战线一方面去找。"①这是中国共产党主要领导人为即将建立的中华人民共和国所确定的基本对外战略方针，即选择同以苏联为首的社会主义阵营站在一边，与以美国为首的西方帝国主义阵营进行斗争。也就是说，在东西方冷战中，新中国选择同苏联结成同盟。它被新中国领导人视为最符合新中国国家利益，并且同中国共产党意识形态信仰相一致的战略选择。②"一边倒"战略的实施，大约经历十年，即从新中国成立到20世纪50年代末。

"一边倒"战略的实施，首先表现在中苏结盟上。1949年10月1日，中华人民共和国中央人民政府成立。次日，苏联就承认新中国，中苏建交并互派大使。该年12月6日，毛泽东离开北京前往苏联，12月16日抵达莫斯科，开始了对苏联的正式访问。经过双方较长时间的谈判与协商，中苏两国在1950年2月14日正式签署了《中苏友好同盟互助条约》。该条约的核心内容是有关同盟的条款，即缔约双方不得参加反对其中一方的任何同盟、集团、行动和其他措施，缔约一方如果遭到第三国的侵略，另一方"即尽全力给予军事及其他援助"。③与此同时，两国还签署了《关于中国长春铁路、旅顺口及大连的协定》《关于贷款给中华人民共和国的协定》以及由苏联帮助中国建设与改造50个企业的协定。《中苏友好同盟互助条约》的签订，标志着中苏两国的同盟关系以法律的形式巩固下来。与此同时，新中国也同社会主义阵营的其他国家建立起了友好合作的外交关系。但是，"一边倒"并非意味着中国丧失独立地位，成为苏联的"卫星国"，中苏之间也存在很多矛盾与分歧。实际上，新中国领导人在处理同苏联"老大哥"

①　毛泽东：《论人民民主专政》，载《毛泽东选集》（第四卷），北京：人民出版社1991年版，第1472—1475页。

②　张小明著：《冷战及其遗产》，上海：上海人民出版社1998年版，第251—258页。

③　何春超、张季良主编：《国际关系史资料选编》，北京：法律出版社1988年版，第189—190页。

关系的时候，始终坚持捍卫国家独立、主权与民族尊严的原则。1949 年 11 月 8 日，周恩来在外交部成立大会上的发言中告诫说："就兄弟国家来说，我们是联合的，战略是一致的，大家都要走社会主义的道路。但国与国之间在政治上不能没有差别，在民族、宗教、语言、风俗习惯上是有所不同的。所以，要是认为同这些国家之间毫无问题，那就是盲目的乐观。乐观是应当的，但对这些国家也要注意联合中的某些技术问题。'人心不同，各如其面'；人和人之间尚有不同，何况国家、民族呢？我们应当通过相互接触，把彼此思想沟通。这个联合工作是不容易的，做得不好，就会引起误会。误会是思想上没有沟通的结果。我们应当研究如何改善关系，不要因为是兄弟国家，就随随便便。"[①] 中国以及苏联一些当事人在自己的回忆录中，都记述了新中国领导人在处理同苏联关系时保持独立性的事例，现已公布的档案文件也证明了这一点。这体现了新中国外交中超越意识形态、继承传统外交的一面。

"一边倒"战略实施的另外一个重要表现，就是新中国与美国及其盟友走上了对抗之路，尽管不能说中美对抗是"一边倒"战略的结果，因为新中国与美国的对抗"基本上是延续了中国内战后期中共同美国之间形成的敌对关系"。[②] 虽然在新中国成立前夕，中共领导人没有关闭与美国建立外交关系的大门，美国政府也认真考虑过同新中国建立外交关系的可能性，甚至中共与美方有过试探性的接触，但是由于美国拒绝与国民党政权断绝关系，新中国与美国最终还是进入了紧张对抗的历史时期。从 1950 年到 1958 年，新中国与美国多次发生武装冲突或军事对峙，包括 1950—1953 年的朝鲜战争、1954—1955 年的第一次台湾海峡危机以及 1958 年的第二次台湾海峡危机。其中，中美两国在朝鲜战争中兵戎相见，这场战争成为

---

① 中华人民共和国外交部、中央文献研究室编：《周恩来外交文选》，第 6 页。
② 牛军著：《冷战与新中国外交的缘起（1949—1955）》，第 163 页。

两国关系的一个重要转折点。中美两国在朝鲜战场上进行了将近三年的流血冲突，双方都付出了惨痛的代价，它也致使两国关系"处于双方似乎都不能或不愿改善的敌对状态，直到 20 年后面对同一个安全挑战为止"。①很大程度上由于这场战争，中国把美国视为本国国家安全的最大威胁和最危险的敌人，美国也把新中国当作美国在东亚地区需要加以遏制的重要对象，采取对中国政治孤立、军事包围和经济封锁的敌视政策，开始了美国对华政策"大偏差"的时期。②

与此同时，中国在西方主导的国际社会中也处于被孤立的状态。这集中体现在新中国与联合国的关系上面。新中国成立之后，曾要求恢复在联合国的合法席位，但是受到美国的阻挠。朝鲜战争的爆发使得美国在联合国中国代表权问题上采取坚决反对新中国的政策，并把联合国作为谴责、孤立新中国的重要工具，新中国也因此长期被排挤在联合国机构之外。1950 年 6 月 25 日朝鲜战争爆发之后，在美国的操纵和苏联代表缺席安理会的情况下，联合国安理会在不到两周就通过三个决议，认定朝鲜为侵略者、授权组建美国领导的联合国军对朝鲜半岛进行军事干涉。③ 1950 年 10 月，中国人民志愿军出兵朝鲜，与美军为主体的联合国军处于交战状态。1951年 2 月 1 日，联合国大会通过一个认定中国为"侵略者"的提案。同年 5月 18 日，联合国又通过对中国和朝鲜实行禁运的决议，要求各会员国对中朝两国实行禁运武器、弹药、战争用品、原子能材料、石油、具有战略价

---

① 〔美〕乔纳森·波拉克：《朝鲜战争和中美关系》，载袁明、〔美〕哈里·哈丁主编：《中美关系史上沉重的一页》，北京：北京大学出版社 1989 年版，第 308 页。

② 〔美〕孔华润著，张静尔译：《美国对中国的反应——中美关系的历史剖析》，上海：复旦大学出版社 1989 年版，第 197 页。

③ 赵磊著：《建构和平：中国对联合国外交行为的演进》，北京：九州出版社 2007 年版，第 45—47 页。

值的运输器材以及对制造武器、弹药和战争用品有用的物资。^① 在 1951 年
11 月举行的第六届联合国大会上，美国以所谓"中国侵略朝鲜"为由，操
纵大会通过决议，"延期讨论"中国代表权问题。从 1953 年 7 月朝鲜停战
协定签署之后到 20 世纪 50 年代末，联合国继续通过多个谴责中国的决议，
包括 1953 年 12 月 3 日第八届联合国大会通过的谴责"朝鲜及中国共产党
军队对联合国韩战战俘之暴行"的 804 号决议、1954 年 12 月 10 日第九届
联合国大会通过的"控诉违反朝鲜停战协定扣留和监禁联合国军事人员"
的 906 号决议、1959 年 10 月 21 日第 14 届联合国大会通过的关于"西藏
问题"的 1353 号决议（呼吁尊重西藏人民的基本人权及其特殊的文化和宗
教生活）。^② 此外，从 1950 年 6 月朝鲜战争爆发一直到 1954 年底，与中国
建立外交关系的国家数量很少，特别是与中国建交的西方国家更是寥寥无
几。除了瑞士联邦在 1950 年 9 月 14 日、芬兰在 1950 年 10 月 28 日、巴基
斯坦在 1951 年 5 月 21 日、挪威在 1954 年 10 月 5 日与中国建交之外，只
有英国和荷兰分别在 1954 年 6 月 17 日和 11 月 19 日同中国互派代办，实
现"半建交"。^③

20 世纪 60 年代初，主要由于中苏关系日趋紧张以及中国国内政治的
"左倾化"，中国的对外战略出现重大调整。直到 20 世纪 60 年代末，中国
采取"两个拳头打人"或"两条线"的对外战略，在国际社会中被进一步
孤立和疏远。

在 20 世纪 50 年代中后期，中苏同盟中的潜在分歧和矛盾已经开始表
面化并日益得到发展，比如中共中央领导人对于 1956 年苏共领导人全盘
否定斯大林以及强调和平过渡表明不同看法，苏联领导人赫鲁晓夫埋怨中

---

① 同上，第 48—49 页。
② 赵磊著：《建构和平：中国对联合国外交行为的演进》，第 71—87 页。
③ 韩念龙主编：《当代中国外交》，第 476—477 页。

国人民解放军于 1958 年炮击金门、马祖给苏联"造成困难"，苏联政府在 1959 年 6 月单方面撕毁 1957 年中苏两国签署的国防新技术协定、拒绝向中国提供原子弹样品及相关技术资料，以及 1959 年 9 月，苏联领导人在中印边界问题上偏袒印度和指责中国在西藏问题上犯错误等。20 世纪 60 年代，中苏两党、两国之间的关系不断恶化，中苏同盟关系名存实亡。20 世纪 60 年代初，中苏两党之间的论战日益激烈并且公开化。与此同时，两国之间的关系也开始不断恶化。1960 年 7 月，苏联突然照会中国，要把在华的苏联专家和顾问全部召回，苏联还单方面决定停止中苏两国互惠发行的《友好》周刊和《苏中友好》杂志。受两国关系恶化的影响，1960 年 7 月至 8 月间，中苏边界发生了纠纷。1962 年 4 月，中国新疆六万多人强行越过边界，逃往苏联。1963 年 7 月，苏联同美国、英国签署了《关于禁止在大气层、外层空间和水下进行核武器试验条约》，中国认为签署该条约的一个目的在于阻止中国核计划的顺利进行，对此加以坚决反对，并于 1964 年 10 月成功进行了大气层的核试验，成为核国家。1966 年"文革"开始之后，中国红卫兵在苏联驻华使馆前举行游行示威，在机场围攻撤离的苏联外交人员及其亲属，中国留学生在苏联散发宣传品等。20 世纪 60 年代后期，苏联在中苏、中蒙边界部署重兵，暗示要对中国的核设施进行打击。1968 年春，苏联入侵捷克斯洛伐克，中国领导人开始称苏联为"社会帝国主义"。1969 年 2 月至 3 月间，中苏两国边防部队甚至在珍宝岛地区不断发生摩擦，中苏关系事实上已经从互为盟友关系逐渐发展到了互为敌手关系。

　　美国及其盟友十分关注中苏关系所发生的变化。促使中苏分裂、削弱社会主义阵营的力量一直是从杜鲁门总统以来美国历届政府所推行的"遏制"战略所要追求的重要目标之一。因此，中苏关系分裂是美国政府所欢迎的。然而，中苏分裂并没有导致美国政府重新审视其对华关系，改变孤立、包围和封锁新中国的政策。相反，从 20 世纪 60 年代初开始，美国敌视中国的政策不但没有改变，反而变本加厉。主要原因在于，在美国政府看来，中国处于类似于斯大林时期苏联的发展阶段，努力发展自己的核力量以及大力支持和援助印度支那人民的抗美救国斗争，因此它比苏联更冒险、更好战、更危险。①于是，艾森豪威尔、肯尼迪以及约翰逊政府都继续执行遏制中国的政策，并且对新中国施加更大的压力，包括继续对华贸易禁运、在中印边境自卫反击战爆发后向印度提供军事援助、继续支持蒋介石集团、阻止中华人民共和国恢复在联合国的席位、在国际社会中孤立新中国等。作为中美对抗的一个重要表现，中国与美国继朝鲜战争之后，在越南进行了间接的军事较量。1955年日内瓦会议之后，美国在越南取代法国，以经济与军事援助扶植南越政权，直接插手和干涉越南事务。1959—1960年间，越南劳动党中央逐渐放弃以政治斗争实现统一的温和路线，转向认可、支持和领导越南南方的武装斗争。美国对越南的军事干涉随之不断升级，并最终在1965年决定对越南民主共和国实施战略轰炸以及直接派美国地面部队到越南参战。中国向越南民主共和国提供大量的经济与军事援助，并于1965年4月，应越南的要求同越方签订了中国向越南派出支援部队的相关协定。中国先后派出的地空导弹、高炮、工程、铁道、扫雷、后勤等部队，总计三十二万余人，在越南北方担负防空作战、沿海扫雷以及修建和维护铁路、公路、机场、通信设施和国防工程等任务。中国的援助一直延续到1975年越南民族解放战争获得完全胜利为止。②

随着中苏关系的破裂、社会主义阵营的瓦解，以及中美关系没有任何改善，中国对外战略便从"一边倒"转向反帝反修的"两条线"或"两个拳头打人"的战略。1960年12月，毛泽东在会见委内瑞拉代表团的时候，把修正主义、帝国主义和国内反动派列在一起，称为"三个鬼"。也就是说，

---

① 张小明著：《冷战及其遗产》，第295—301页。
② 韩念龙主编：《当代中国外交》，第161—162页。

毛泽东此时已经把修正主义和帝国主义看作中国要在国际斗争中加以反对的两个目标。1961 年 1 月，毛泽东进一步明确解释了"帝国主义"和"修正主义"之具体所指：在反对修正主义问题上，我们的矛头主要对准赫鲁晓夫；在反对帝国主义问题上，我们集中力量反对的是美帝国主义。同年 3 月，毛泽东又先后提出反帝反修的"两条战线"和"两条统一战线"的概念。[①] 不仅如此，中国还把反帝反修的斗争扩展到某些亚非拉国家。中国同印尼的关系就是一个比较典型的例子。正如杨公素大使在回忆录中所披露的："20 世纪 60 年代初，中国同印度尼西亚（印尼）关系极为友好与密切。那时苏加诺为印尼总统，他提倡反帝反殖、反对世界霸权的口号，与中国当时反帝、反殖、反对战争的政策相吻合，所以中国支持他的外交斗争。中国支持他退出联合国、改组联合国的号召；中国支持他收复西伊里安的斗争。中国支持他新兴力量国家的设想并费很大力量支援他组织一次新兴力量运动会。"[②] 不仅如此，中国还给予印尼共产党以支持。当时印尼共产党在印尼属于合法政党，印尼共的一些领导人参加政府成为阁员，"而印尼共产党当时同中国共产党关系最密切，支持中国共产党反对修正主义的斗争，在中苏论战中是站在中共一边的。因此，中国在大力支持苏加诺总统的同时，对印尼共也给予支持。这些支援除了政治、舆论外，还有物力、财力以及军火等，同时所有这些支援都是通过两国政府间公开进行的"。[③] 不仅如此，在 20 世纪 60 年代后半期，中国还有输出革命的观念和行动，把中国视为世界革命的重心，主张以中国的革命模式塑造全世界。[④] 甚至旅游也成为"革命外交"的一部分，"旅游局接待的方针是宣传毛泽东

①　迟爱萍：《毛泽东国际战略思想的演变》，《党的文献》1994 年第 3 期，第 40—50 页。

②　杨公素著：《沧桑百年——杨公素回忆录》，第 150 页。

③　同上，第 150—151 页。

④　谢益显著：《当代中国外交思想史》，开封：河南大学出版社 1999 年版，第 244—245 页。

思想，支援世界革命，要把‘文化大革命’传播到世界各国去，要‘世界一片红’”。①

“两条线”或“两个拳头打人”对外战略的意识形态色彩比较浓厚，是当时中国领导人头脑中的“左倾化”思想的产物，对中国对外关系产生了十分消极的影响，使得中国在国际舞台上树敌过多、更为孤立，这种消极影响在 20 世纪 60 年代中后期的“文革”中表现得尤为突出。一方面，中国同以苏联为首的社会主义阵营中的绝大部分国家关系恶化，中苏还在 1969 年发生了武装冲突。甚至中国与周边的社会主义国家朝鲜的政治关系也出现过危机或紧张状态，中国红卫兵把“反修”矛头指向朝鲜领导人，朝鲜驻华大使于 1967 年被召回，直到两年半以后才回到北京。② 中国与某些非洲国家的关系也受到“文革”的冲击。例如，“文革”开始后不久，中国驻肯尼亚使馆向当地群众散发《毛主席语录》和《毛泽东军事文选》，被肯尼亚政府认为是干涉其内政。北京的红卫兵对一位肯尼亚驻华外交官采取了一些过激行为。为了表示对中方的不满，肯尼亚决定召回驻华大使，也不允许回国参加“文革”并被“批斗”的中国驻肯尼亚大使返回使馆工作。1967 年 10 月，肯尼亚撤回其驻华使馆人员，并宣布一位中国驻肯尼亚使馆随员为“不受欢迎的人”，还对中国驻肯尼亚使馆采取了一系列限制措施。1969 年 3 月，肯尼亚单方面宣布将两国关系降为代办级。③ 另一方面，中国与以美国为首的西方阵营国家的关系也没有得到改善，中美关系实际上更加恶化，两国军队甚至在越南间接交战。在整个 20 世纪 60 年代，在西方国家中，仅有法国于 1964 年同中国建立外交关系。值得指出的是，

---

① 杨公素著：《沧桑百年——杨公素回忆录》，第 159 页。

② 刘金质、张敏秋、张小明著：《当代中韩关系》，北京：中国社会科学出版社 1998 年版，第 43 页。

③ 李肇星著：《说不尽的外交——我的快乐记忆》，北京：中信出版社 2014 年版，第 151—152 页。

1966年"文革"开始之后，中国在国际舞台上革命国家的形象更为鲜明，中国在国际社会中的地位更加孤立。"文革"期间，在中国发生过火烧英国代办处、冲击缅甸大使馆等违反外交规范的事件。在1966—1968年间，同中国建立外交关系的国家仅有一个，即也门民主共和国于1968年1月31日同中国建交。可以说，20世纪60年代是中国在国际事务中备受孤立的时代。① 事实上，在1966—1968年间，中国外交部本身也受到了政治斗争的严重冲击，绝大部分驻外大使被召回国参加"文革"，外交部长陈毅受到批斗，甚至造反派还一度夺权并控制了外交部。② 1969年3月，毛泽东自己也认识到了极"左"思潮对外交工作的严重破坏，承认"我们现在孤立了，没有人理我们了"。③ 但是，此后外交官们还是分批被下放到五七干校参加劳动锻炼。

第三节　从"中间地带"到"第三世界"

众所周知，自近代以后，中国经历了一百年的受侵略与压迫的半殖民地历史，直到1943年才成为现代国际社会中一个完整的主权国家。新中国走上国际政治舞台与第二次世界大战以后，广大的殖民地获得独立并加入现代国际社会的进程是基本同步的，这也是现代国际社会进一步扩展的重要表现。第二次世界大战结束以后，一大批原先西方国家在亚洲和非洲的殖民地获得独立地位、成为主权国家社会中的新成员，现代国际社会的范

---

①　Odd Arne Westad, *Restless Empire: China and the World since 1750* (London: The Bodley Head, 2012), p.333、p.363.

②　黄华著：《亲历与见闻——黄华回忆录》，第135—139页；冀朝铸著：《从红墙翻译到外交官：冀朝铸口述回忆录》，太原：山西人民出版社2012年版，第265—282页。

③　王永钦：《1969年：中美关系的转折点》，《党的文献》1995年第6期，第80页。

围逐步扩展到全球，非西方国家构成了国际社会成员中的大多数。随着新兴国家的不断增多与独立自主政治意识的增强，被称为"第三世界"的非西方国家集团逐渐走上了国际政治舞台。第三世界大致形成于20世纪50年代中期，在20世纪60年代和70年代得到发展壮大。第三世界在国际社会中的兴起，在经济和政治领域对西方国家构成了巨大挑战。从一定意义上说，第三世界在国际社会中挑战了西方制定的"文明标准"。新中国把自己看作是第三世界的一部分，自然成为第三世界反抗西方联盟的一员。新中国总理周恩来出席了1955年的万隆亚非会议，而这次会议被看作是第三世界兴起的重要标志之一。除了万隆亚非会议之外，不结盟运动的兴起和"七十七国集团"的形成，也是第三世界存在并挑战两极格局的重要表现。

新中国领导人有关中国属于第三世界的认识是逐渐形成的，它最早可以追溯到毛泽东有关"中间地带"的思想。

1946年8月，毛泽东在同美国著名记者安娜·路易斯·斯特朗的谈话中，分析了第二次世界大战结束以后的国际格局，特别提到了处于美苏两极之间的、包括中国在内的广大"中间地带"。他说："美国和苏联中间隔着极其辽阔的地带，这里有欧、亚、非三洲的许多资本主义国家和殖民地、半殖民地国家。美国反动派在没有压服这些国家之前，是谈不到进攻苏联的。"[①] 这就是毛泽东著名的"中间地带"思想的最初表述，它涉及包括中国在内的其他国家在美苏两极对抗的东西方冷战中如何确定自己的地位或身份的问题。牛军认为："'中间地带'思想包含一种新的认同的萌芽，其核心是包括中国革命运动在内的民族解放和革命运动有着比大国政治更为重要的影响和意义，它们才是决定世界前途的主要力量。"[②] 随着新中国"一边倒"对外战略的确定和实施，"中间地带"思想一度没有为中国领导人所

---

① 毛泽东：《毛泽东选集》（第四卷），第1193页。
② 牛军著：《冷战与新中国外交的缘起（1949—1955）》，第119—120页。

强调。在牛军看来，"中间地带"思想持续了一年左右，到了 1947 年 9 月
的共产党情报局会议召开之后，它就已经被"两个阵营"思想所取代了。①
然而，从 20 世纪 50 年代中期开始，随着亚非拉民族独立运动进入一个新
阶段，一大批新独立的中小国家走上国际舞台，以及以 1955 年万隆亚非
会议为标志的第三世界国家集团的兴起，加上东西方两大阵营内部出现离
心和分化倾向，毛泽东又开始表述中间地带思想，并根据国际形势的发展
对其加以补充和发展。② 1956 年 10 月 19 日，毛泽东在会见来访的巴基斯
坦总理时指出，要注意中间地带的重要性。他认为，中间地带包括从英国
一直到拉丁美洲的广大地区。这个地区的一边是社会主义阵营，另一边是
美国。这个地带有最多的人口和最多的国家，包括有三种性质的国家。第
一类是拥有殖民地的帝国主义国家，如英国、法国；第二类是亚洲、非洲、
拉丁美洲的国家，有的已经取得民族解放，有的还在争取民族解放；第三
类是在欧洲的、不拥有殖民地的自由国家。③ 进入 20 世纪 60 年代，随着
中苏关系恶化、社会主义阵营开始分化，以及法国等某些西方国家与美国
的矛盾表面化，毛泽东提出了世界上存在着两个中间地带的论断，即一个
中间地带为亚非拉，另外一个中间地带是欧洲和日本。④ 很显然，从 20 世
纪 50 年代中期以后，特别是从中苏关系出现裂痕之后，毛泽东开始把在国
际社会中受到西方国家孤立和疏远的中国定位为中间地带国家，思考与其
他中间地带国家为伍，以便拓展中国的外交舞台。

　　在此思想的指导之下，新中国十分注意发展和加强同亚非拉国家之间
的关系。1953—1954 年间，中国与印度、缅甸一起倡导和平共处五项原则，

---

　　① 同上，第 120—121 页。
　　② 李捷：《世界多极化趋势与毛泽东的三个世界划分理论》，载刘山、薛君度主编：
《中国外交新论》，第 27 页。
　　③ 同上。
　　④ 李捷：《世界多极化趋势与毛泽东的三个世界划分理论》。

希望使之成为指导国与国关系的基本原则，其基本内容与现代国际法类似。有学者认为，中国倡导和平共处五项原则表明中国试图成为国际规范的制定者。[①] 也有学者指出，中国等国倡导和平共处五项原则表明，包括中国在内的非西方国家并非被动接受或内化西方的规范，而是在国际规范的扩散过程中扮演了主动的角色。[②] 为了消除一些东南亚国家对华人的担忧，中国与印度尼西亚签订了有关双重国籍的条约，在印尼的华人不再拥有双重国籍。1954 年 4 月，印度、印尼、缅甸、巴基斯坦、锡兰五国总理联合发起并决定在次年 4 月召开亚非会议。新中国在 1954 年 12 月收到了参加会议的邀请，并在次年 2 月决定参加会议。毛泽东十分重视在万隆举行的亚非会议，在会前亲自召集政治局会议，研究中国代表团参加会议的方案，确定中国与会的方针为：争取扩大国际和平统一战线，促进民族独立运动，力求建立和加强中国同亚非国家的关系。[③] 1955 年 4 月，周恩来总理率领中国代表团出席了有 29 个亚非独立国家参加的万隆亚非会议并在会议上发言，阐述了"求同存异"原则。周总理在万隆会议上打破僵局，为新中国赢得了外交发展空间，赢得了朋友。[④] 从 1955 年 1 月到 1965 年 7 月，中国先后同 30 个国家建立了外交关系，其中除了南斯拉夫（1955）和法国（1964）之外，都是亚非拉国家。[⑤] 这比前一个时期同中国建交国家的数目

[①]　Shu Guang Zhang, *Beijing's Economic Statecraft during the Cold War, 1949–1991* (Washington, D.C.: Woodrow Wilson Centre Press, and co-published by Johns Hopkins University Press, Baltimore, 2014), p.101.

[②]　袁正清、宋晓芹：《理解和平共处五项原则的传播：国际规范扩散的视角》，《国际政治研究》2015 年第 5 期，第 66—81 页。

[③]　黄华著：《亲历与见闻——黄华回忆录》，第 108—109 页。

[④]　冀朝铸著：《从红墙翻译到外交官：冀朝铸口述回忆录》，第 40 页；［美］徐中约著，计秋枫、朱庆葆译：《中国近代史》（第六版），北京：世界图书出版公司 2008 年版，第 533 页。

[⑤]　韩念龙主编：《当代中国外交》，第 477—479 页。

增加了一倍多。此外，1960—1963 年间，中国先后与缅甸、尼泊尔、蒙古、巴基斯坦、阿富汗、朝鲜等邻国签订了边界条约。但是，中国与邻国印度的关系却因为领土争端以及西藏问题，自 1959 年开始恶化，并于 1962 年发生边界冲突。然而，中国在"文革"前期（1966—1968）的激进思想与行为也损害了中国与某些第三世界国家的关系。比如，中国与印度尼西亚的关系自 1965 年开始恶化。在此期间，仅有一个国家与中国建交。

与此同时，中国虽然继续努力恢复在联合国的合法席位，但是似乎没有了新中国成立初期的那种强烈愿望。1956 年 9 月 30 日，毛泽东在会见印度尼西亚总统苏加诺时，谈及关于恢复中国在联合国的合法席位问题。他表示中国不急于参加联合国，可以在联合国之外反对帝国主义国家。他也同意苏加诺提出的应该早一点在联合国提出中国进入联合国的问题，并且强调"每年都要提一次，哪年成功就算完事"。① 1965 年 1 月 9 日，毛泽东在会见美国作家斯诺时，表示支持印尼退出联合国，并认为中国没有进入联合国也很好，但否认中国不想进入联合国。他明确表示："如果联合国三分之二的国家要我们进去，而我们不进去，不是要说我们是民族主义者了吗？但我们要联合国撤销中国是侵略者的污蔑，同时要指出美国是侵略者，你看这个理由行吗？中国作为一个侵略国家怎么能进联合国？说美国是侵略者，它不会同意的。现在我们还不想进去，美国也不愿意我们进去。我们进去了，美国会感到碍手碍脚。在这点上，双方还是有一定的共同之处的。现在还是让蒋委员长留在联合国里代表中国吧！"② 中华人民共和国在联合国的席位在 1971 年 10 月得到恢复，这主要是由于第三世界国家（特

① 中华人民共和国外交部、中央文献研究室编：《毛泽东外交文选》，第 263—274 页。
② 中华人民共和国外交部、中央文献研究室编：《毛泽东外交文选》，第 554 页。

别是亚非国家）支持的结果，也是中国长期以来援助亚非国家的产物。[①]

到了 20 世纪 70 年代前半期，毛泽东在中间地带思想的基础上，阐述了三个世界划分的思想，开始使用"第三世界"这个概念，并且明确表述了中国属于第三世界的观点。

"第三世界"是一个政治概念，它泛指介于东西方两大阵营之间的广大亚洲、非洲和拉丁美洲国家和地区。"第三世界"一词最早出现于 20 世纪 50 年代初期，法国人类学家阿尔弗雷德·索维尔在 1952 年发表的《三个世界、一个星球》一文中首次提出"第三世界"这个概念，并且把它定义为两大对立阵营之外的广大地区。他这样写道："我们常说有两个对抗世界（自由世界与共产主义世界），常说它们可能发生战争或能够相互依存，却常常忘记还有一个第三世界。这两个世界感兴趣的是如何征服第三世界，至少是如何把它们拉到自己一边。"[②] 大多数学者所使用的"第三世界"概念，其含义同索维尔最初提出的概念差不多，都是从冷战的角度来给第三世界下定义的。他们认为，战后国际体系由三个世界组成，美国领导的西方发达国家为第一世界，苏联及其为首的社会主义阵营为第二世界，其他国家和地区便属于第三世界。[③] 20 世纪 60 年代以后，"第三世界"一词常常与"发展中国家""南方国家"等同，指世界上经济不发达的国家和地区，也就是说人们更多地从经济发展水平的角度来定义"第三世界"。联合国第

---

① Shu Guang Zhang, *Beijing's Economic Statecraft during the Cold War, 1949–1991* (Washington, D.C.: Woodrow Wilson Centre Press, and co-published by Johns Hopkins University Press, Baltimore, 2014), pp.253–254.

② 刘金质、梁守德、杨淮生主编：《国际政治大辞典》，北京：中国社会科学出版社 1994 年版，第 5 页。

③ John Spanier, *American Foreign Policy since World War II*, 12th (Washington, D. C., Congressional Quarterly, Inc. 1991), p.135; W. Scott Thompson, ed., *The Third World: Premises of U. S. Policy*, revised edition (San Francisco, California: ICS Press, 1983), p.20.

一届贸易发展会议干脆正式用"发展中国家"一词取代"第三世界"的概念。①

第三世界的崛起，是第二次世界大战以后民族解放运动的产物，并对西方主导的国际社会及其规范构成了很大的挑战。第二次世界大战结束以后，世界开始了一个具有重大历史意义的变革，即亚洲、非洲、拉丁美洲的为数众多的殖民地和半殖民地，摆脱了西方国家的殖民枷锁，先后获得了政治独立，并加入现代国际社会。这突出反映在联合国成员国数量的迅速扩大上。据统计，1945 年联合国初创时仅有 51 个成员，到 1950 年才增加到 60 个成员。但是，从 20 世纪 50 年代中期起，联合国成员国数量直线上升：1955 年 76 个，1960 年 99 个，1970 年 127 个。出于反帝反殖、维护民族独立和发展民族经济的共同立场和愿望，广大亚非拉国家努力寻求相互合作的形式和途径，以便作为一个整体在国际舞台上发挥积极的作用。其结果是，以 1955 年的亚非会议为标志，第三世界开始逐步形成，并且不断发展和壮大。② 亚洲、非洲、拉丁美洲国家构成了第三世界的主体。第三世界国家具有以下几个共同的特点：它们大多曾是殖民地或半殖民地；大多是在第二次世界大战以后取得独立地位的新兴国家；大多是经济落后的发展中国家。也就是说，第三世界国家具有相似的历史命运、都面临捍卫民族独立和发展经济的共同任务，这使得它在战后国际政治中成为一支举足轻重的力量。③

毛泽东最早在 1964 年使用"第三世界"概念，并用它来指"中间地带"。当年 1 月 17 日，毛泽东在会见安娜·路易斯·斯特朗、柯弗兰、爱德

---

① 刘金质、梁守德、杨淮生主编：《国际政治大辞典》，第 5 页。

② 梁守德、刘金质、李石生主编：《世界政治与国际关系》，武汉：湖北人民出版社 1987 年版，第 262—280 页。

③ 张小明著：《冷战及其遗产》，第 222—223 页。

乐、爱泼斯坦、李敦白等外国朋友时说："美国现在在两个'第三世界'都遭到抵抗。第一个'第三世界'是指亚、非、拉。第二个'第三世界'是指以西欧为主的一批资本主义高度发展的、有些还是帝国主义的国家，这些国家一方面压迫别人，另一方面又受美国压迫，同美国有矛盾。"[①] 但是，毛泽东是在 20 世纪 70 年代，明确提出了关于三个世界划分的思想，对三个世界进行了界定，并且表明中国属于第三世界。1974 年 2 月 22 日，毛泽东在同赞比亚总统卡翁达谈三个世界划分时说："我看美国、苏联是第一世界。中间派、日本、欧洲、澳大利亚、加拿大是第二世界。咱们是第三世界。"他接着又进一步对第三世界作了具体界定："第三世界人口很多。亚洲除了日本都是第三世界。整个非洲都是第三世界，拉丁美洲也是第三世界。"[②] 后来毛泽东对来访的阿尔及利亚总统布迈丁说："中国属于第三世界，因为政治经济各方面不能与大国、富国比，只能与一些较穷的国家在一起。"[③] 这种划分的标准既是政治的，也是经济的。值得注意的是，毛泽东在谈到第三世界时，基本上是把它同"发展中国家"等同的。正如 1973 年 6 月 22 日，毛泽东在会见马里国家元首特拉奥雷时所说的："我们都叫作第三世界，就是叫作发展中国家。"[④]

1974 年 4 月 10 日，邓小平在联合国大会第六届特别大会上发言，全面阐述了毛泽东关于三个世界划分的思想。这个发言是根据毛泽东的历次指示写的，经中共中央政治局讨论通过，并报毛泽东审阅批准。[⑤] 邓小平

---

① 刘山、薛君度主编：《中国外交新论》，第 29—30 页；中华人民共和国外交部、中央文献研究室编：《毛泽东外交文选》，第 514 页。

② 中华人民共和国外交部、中央文献研究室编：《毛泽东外交文选》，第 600—601 页。

③ 官力：《划分三个世界战略思想的历史考察》，《党的文献》1993 年第 4 期，第 33—38 页。

④ 同上。

⑤ 刘山、薛君度主编：《中国外交新论》，第 32 页。

在发言中指出："从国际关系的变化来看，现在的世界实际上存在着互相联系又互相矛盾着的三个方面、三个世界。美国、苏联是第一世界。亚、非、拉发展中国家和其他地区的发展中国家，是第三世界。处于这两者之间的发达国家是第二世界。"他还郑重声明："中国属于第三世界。"①

三个世界划分思想的提出以及中国明确表明自己为第三世界一员，是中国领导人当时在国际社会中给中国的定位，属于中国的重要战略思想。也正是由于这一战略定位，中国被西方国家视为国际社会中"反抗西方"力量的一部分。随着第三世界的兴起，西方国家学者开始关注新独立的国家对西方主导的国际社会所带来的冲击与影响。早在 20 世纪 60 年代末期，赫德利·布尔就开始关注国际社会的扩展以及随之而来的第三世界反抗西方的现象。② 20 世纪 70 年代末和 80 年代上半期，布尔在主持英国国际政治理论委员会进行有关国际社会扩展这一课题研究的时候，进一步深入思考第三世界在国际社会中反抗西方的现象，并为 1984 年出版的《国际社会的扩展》一书撰写了题为《反抗西方》的一章。布尔在《反抗西方》一文中指出，在第二次世界大战以后，随着新独立国家数量的增多，由亚洲、非洲、拉丁美洲国家以及其他非西方国家组成的第三世界，在国际社会中领导了一场反抗西方主导地位的斗争，争取自决权、种族平等、经济公正以及文化独立。第三世界国家以亚非会议、不结盟运动和七十七国集团等形式团结起来，并且在联合国的政治机构中拥有多数票。一些第三世界国家甚至获得了共产主义超级大国苏联的支持。③ 赫德利·布尔及其在英国国际政治理论委员会中的一些同事，把新中国看作是国际社会中"反抗西

① 同上。

② Kai Alderson and Andrew Hurrell, eds., *Hedley Bull on International Society* (Basingstoke: Macmillan Press, Ltd., 2000), p.170, "Introductory note".

③ Hedley Bull, "The Revolt against the West," in Hedley Bull and Adam Watson, eds., *The Expansion of International Society* (Oxford: Oxford University Press, 1984), pp.217–228.

方"势力的一部分，因为中国参加了万隆会议，并且对亚非国家有很大的影响。① 当然，布尔也注意到中国自从 20 世纪 60 年代初开始，努力借助第三世界国家来对付苏联。② 布尔认为，拥有核武器但经济不发达的中国属于国际社会中"修正主义"国家（"Have Not"countries）中的一员，要反抗那些"维持现状"国家（"Have"countries）。③ 处于"文革"初期的中国（1966—1968），更被英国国际政治理论委员会成员科拉·贝尔视为"现存国际秩序之最坚定、最顽固、最激进的敌人"。④ 很显然，赫德利·布尔等人把中国和第三世界国家都看作是在国际社会中反抗西方主导地位的重要力量。

第四节　"一条线"与中国同国际社会关系的改善

第二次世界大战之后，美国作为两个超级大国之一、西方世界的领袖，是国际社会的主导国家或者首要国家，一国与美国关系的好坏，在很大程度上影响着该国与国际社会的关系。而 1949 年成立的新中国在很长一段时间内，在东西方冷战的大背景中与美国对抗，自然成为国际社会中的"革命国家"或者"反抗西方"集团的一员。新中国诞生的时候正值东西方冷

---

① Hedley Bull and Adam Watson, eds., *The Expansion of International Society*, p.227、p.229、p.257、p.277.

② Hedley Bull, *Justice in International Relations*, the Hager Lectures, reprinted in Kai Alderson and Andrew Hurrell, eds., *Hedley Bull on International Society*, p.239.

③ Hedley Bull, "*The Twenty Years' Crisis* Thirty Years on," *International Journal*, Vol.xxiv, No. 4 (Autumn 1969), pp.625–638, reprinted in Kai Alderson and Andrew Hurrell, eds., *Hedley Bull on International Society*, p.133、135–136.

④ Coral Bell, "China and the International Order," in Hedley Bull and Adam Watson, eds., *The Expansion of International Society*, p.255.

战开始不久，中国在冷战初期作为苏联的盟友，被西方国家视为对国际社会的一个巨大威胁。美国政府对于新中国始终采取不承认的态度，而且由于"很多国家都看美国的脸色行事"，[①] 仅有少数西方国家承认新中国。新中国在朝鲜半岛、台湾海峡、越南与美国发生武装冲突或者军事对峙。中美接触的唯一途径就是中美日内瓦和华沙大使级会谈。在 1971 年以前，大部分西方国家拒绝在外交上承认新中国这个所谓的"革命国家"，而与台湾当局保持"外交关系"，一部分西方国家还对新中国实施经济制裁。新中国也被排挤在联合国和其他大多数国际组织（包括世界银行、国际货币基金组织等国际经济组织，以及国际奥委会之类的国际体育组织）之外。20 世纪 70 年代初，中美由于共同的战略利益开始相互示好、秘密接触，继而走向关系正常化，导致中国与国际社会的关系发生了重大变化。有学者甚至认为，中国从此"重入国际社会""再一次进入国际大家庭"。[②] 应该指出，中国与美国关系正常化、采取联美抗苏的"一条线"战略，更多属于一种对外战略抉择，而非主动融入国际社会的举措。然而中美关系正常化的开启，的确大大改善了中国与国际社会的关系，为改革开放后的中国主动融入国际社会创造了条件。

中美关系正常化的前奏，即中美对外政策的调整与秘密接触。20 世纪 60 年代末当选美国总统的理查德·尼克松的"五大力量中心"说，暗示美国希望改善与中国的关系以对付苏联威胁。其实，他在当选总统之前，就曾经表示不能让中国永远被孤立在国际社会之外。1967 年，他在《外交》季刊上撰文指出："我们不能让中国永远在国际大家庭之外作非分之想，老是怒气冲天。在这个小小的星球上，我们没有足够的空间让近十亿最具潜

---

① ［美］司徒雷登著：《在华五十年》，第 252 页。
② ［美］徐中约著：《中国近代史》（第六版），第 735—759 页。

力的人民愤怒地生活在孤立之中。"[①] 1969 年 3 月，刚出任美国总统的尼克松在访问法国的时候对戴高乐总统表示，将来美国同苏联对话时，也可能需要在中国问题上为自己找个可以依靠的有利地位。在 1969 年 3 月中苏边界冲突的珍宝岛事件过去后不久，美国就积极主动地采取了一系列对华示好的姿态：1969 年 7 月，宣布对中美之间的人员往来和贸易交流放宽限制；尼克松总统利用出访亚欧国家机会，请巴基斯坦总统、罗马尼亚总统向中国领导人转达美国不参加孤立中国的任何安排、想同中国对话的愿望；1969 年 10 月，美国宣布停止派驱逐舰到台湾海峡巡逻；1969 年 12 月，美国驻波兰大使向中国驻波兰使馆人员表示希望恢复中美大使级会谈等；1970 年 1 月，美国代表在中美大使级会谈中提出，美国政府准备派代表去北京或接受中国政府的代表到华盛顿直接讨论一些问题；1970 年 10 月，尼克松对《时代》周刊记者表达了自己想去中国的愿望，此后尼克松又通过第三方向中国表达了愿意派一位高级使节秘密访问中国的想法。

面对苏联的威胁，中国领导人在 20 世纪 60 年代末也得出了：苏联同美国相比，对中国构成了更大威胁，美苏矛盾大于中苏矛盾，中国应当且可能同美国改善关系等结论。于是，中国方面对美方的示好姿态也作出了积极回应，比如 1970 年 12 月 18 日，毛泽东在同斯诺谈话时表示欢迎尼克松来中国："如果尼克松愿意来，我愿意和他谈，谈得成也行，谈不成也行，吵架也行，不吵架也行，当作旅行者来谈也行，当作总统来谈也行。总而言之，都行。"[②] 中国领导人在 1970 年底表示欢迎美国总统派特使和总统本人来访问中国，中国有关部门也在 1971 年 4 月邀请美国乒乓球队访问中国。中美秘密接触的最主要内容和成果是 1971 年 7 月美国总统国家安全事务助

---

① ［美］亨利·基辛格著：《论中国》，第 195—196 页。
② 中华人民共和国外交部、中央文献研究室编：《毛泽东外交文选》，第 593 页。

理亨利·基辛格秘密访华和中国政府正式邀请尼克松总统访华。① 中美关系正常化开始于1972年2月，即美国总统尼克松到中国访问，与中国领导人举行会晤，并且中美双方在上海发表了《联合公报》(《上海公报》)。尼克松访问和《上海公报》的发表，标志着两国关系正常化进程的开始，为以后中美关系的进一步改善和发展打下了基础。然而，中美关系正常化的进展并不顺利，而是很曲折，主要由于台湾问题这一重要障碍，直到1978年12月16日，中美两国才终于发表了建交公报，定于1979年1月1日起正式建立外交关系。至此，中美关系正常化的过程得以结束。随着中美两国实现和解、走上关系正常化道路，中国也就最后确定了新的对外战略，即联美抗苏的"一条线"战略。在尼克松访华之后，毛泽东明确提出了建立包括美国在内的国际统一战线、共同反对苏联霸权主义的"一条线"概念。1973年2月17日，毛泽东在会见基辛格的时候说："我跟一个外国朋友说过，我说要搞一条横线，就是纬度，美国、日本、中国、巴基斯坦、伊朗、土耳其、欧洲。"②

虽然中美关系正常化的主要推动力是两国具有应对苏联威胁的共同战略利益，③ 但是中美关系正常化过程所带来的影响远远超过了中美苏三角关系的范畴，而是导致中国本身、中美双边关系以及中国与国际社会的关系等诸多方面均发生了意义深远的变化。

① 韩念龙主编：《当代中国外交》，第218—222页。
② 木君：《重大历史决策——论毛泽东打开中美关系的战略决策与策略思想》，载裴坚章主编：《毛泽东外交思想研究》，北京：世界知识出版社1994年版，第179页。
③ 2009年1月12—13日，基辛格在北京参加中美建交30周年学术大会的发言中，就称自己是"出于地缘政治的需要而开始对中国进行研究的"。美国前总统卡特也说，当1978年中美之间就建立外交关系而进行谈判的时候，"由于当时正处于冷战期间，我所关心的其中一个问题就是美中关系正常化对前苏联总统勃列日涅夫的负面影响，我担心他可能会认为（而他确实是这样认为的）美国和中国联合起来共同对抗他和苏联人民"。参见美国驻华大使馆新闻文化处编：《新交流》2009年夏季刊，第6—7页。

中美关系正常化无疑导致中国与美国的双边关系发生了重要变化，两国从互为敌手变成了互为朋友的关系。同样重要的是，中美关系正常化还推动了中国与西方国家以及美国的非西方国家盟友的关系也随之实现了正常化，或者说中美关系正常化使中国迎来了建交高潮，从而导致中国在国际社会中的合法性大大提高。1971 年开始，随着中美关系正常化以及中国与一系列西方国家建立外交关系，中国与西方主导的国际社会之关系得到很大改善，表明中国在国际社会中的地位得到了国际社会中主导国家的认可。截至 1970 年底，与中国建立外交关系的国家有 55 个，其中西方国家只有瑞典、丹麦、瑞士、芬兰、挪威、法国、加拿大、意大利等少数几个国家与中国互派大使，而且除了法国、加拿大、意大利之外，与中国建立外交关系的西方国家基本上都属于中立国或者具有中立倾向的国家，加拿大和意大利则是在中美开始相互示好和进行秘密接触的时候，与中国建立外交关系的。而到了 1979 年底，这个数目达到了 120 个，其中包括美国以及大部分的西方国家，奥地利、比利时、冰岛、英国（1954 年与中国互派代办，1972 年升级为大使级外交关系）、荷兰（1954 年与中国互派代办，1972 年升级为大使级外交关系）、希腊、日本、西德、卢森堡、澳大利亚、新西兰、西班牙、美国、葡萄牙、爱尔兰等西方主要国家先后与中国建立了外交关系。[①] 有学者指出："中美关系正常化引起了连锁反应，中国迎来新一轮建交高潮。截至 20 世纪 70 年代末，中国不仅恢复了在联合国的合法席位，而且同当时世界上独立的 130 个国家中的 120 个国家建立了大使级外交关系，从根本上改变了与美国、日本和西欧等主要资本主义国家的关系。"[②] 从此，中国开始了一个从国际社会中的"革命国家"到国际社会

[①] "中国同各国建交日期一览表"，载韩念龙主编：《当代中国外交》，第 476—483 页。
[②] 王逸舟、谭秀英主编：《中国外交六十年（1949—2009）》，第 28 页。

"正常国家"的转变过程。①

第五节　中国加入联合国

与此同时，中国与国际组织的关系也发生了很大的变化。成为国际政府间国际组织，尤其是联合国的成员，是一个国家被承认为国际社会完全成员、拥有国际合法性的重要条件。1971 年中国恢复在联合国的合法席位，是中国与国际社会关系中极具重要性的事件。中国恢复在联合国的合法席位，通常被认为从根本上说并非中美关系正常化的结果，而是广大第三世界国家把中国"抬进"联合国的，美国一直努力阻挠中国恢复在联合国的合法席位。但值得注意的是，这个事件正好发生在中美开始接触的时期，美国对中国态度的变化可能影响了一些国家在中国加入联合国问题上的立场。黄华就认为，1971 年 7 月 16 日中美关于尼克松访华的公告"对各国在联合国关于恢复中国合法席位问题的态度也有重要影响"。② 但是，这一观点还需要更多证据来支持。

众所周知，中国是联合国的创始会员国之一，也是安理会五个常任理事国之一。但是，在新中国成立之后，主要由于美国以新中国尚未得到美国及其他许多联合国会员国承认为由加以阻挠，新中国长期被排除在联合国之外，而由台湾当局占据中国在联合国的合法席位。③ 随着广大第三世界国家的兴起，第三世界国家在联合国逐渐占据多数地位，美国把持联合

---

① Yongjin Zhang, *China in International Society since 1949: Alienation and Beyond* (Basingstoke: Macmilian Press, Ltd., in association with St. Anthony's College, Oxford, 1998), p.76.

② 黄华著:《亲历与见闻——黄华回忆录》，第 166 页。

③ 裴坚章主编:《中华人民共和国外交史 1949—1956》，第 366—387 页。

国的情况受到日益强烈的冲击，而广大第三世界国家支持恢复中国在联合国的合法席位。1970 年，在第 25 届联合国大会的时候，已经出现了不利于美国的根本性变化，因为在联大表决恢复中国合法地位提案时有 51 票赞成，超过了反对票（47 票）数，这是 20 年来历届联大从未有过的局面。与此同时，美国也开始同新中国进行秘密接触。联合国本身的变化，以及美国对华政策的调整，促使美国考虑改变把新中国排挤出联合国的政策。1970 年 11 月，美国总统尼克松在给基辛格的秘密备忘录中承认，美国"没有足够的票数去阻挡接纳的时刻比我们预料的要来得快"。[①] 1971 年 7 月，基辛格秘密访华，中美发表了有关尼克松访华、两国谋求双边关系正常化的公告，这给国际社会带来了极大震动。李铁城指出："这一《公告》是中美关系的分水岭，它敲响了联合国内以美国为核心的那个反对新中国的所谓'传统投票集团'的丧钟。"[②] 1971 年 8 月 2 日，美国国务卿罗杰斯发表《关于中国在联合国的代表权问题的声明》，一方面称"美国将在今秋的联合国大会中，支持要求中华人民共和国入会的行动"，另一方面又表明"美国将反对任何排除中华民国，剥夺它在联合国代表权的行动"。[③] 第 26 届联合国大会从 1971 年 10 月 18 日开始辩论中国代表权问题，尽管美国等国的代表进行游说，10 月 25 日的表决还是以 76 票赞成、35 票反对、17 票弃权的压倒多数票通过了阿尔巴尼亚、阿尔及利亚等 23 国的提案，承认中华人民共和国政府的代表是中国在联合国组织的唯一合法代表，中华人民共和国是安理会五个常任理事国之一，并决定恢复中华人民共和国在联合国组织

---

① ［美］理查德·尼克松著，裘克安等译：《尼克松回忆录》（中册），北京：商务印书馆 1979 年版，第 231 页。

② 李铁城著：《联合国五十年》（第二版增订本），北京：中国书籍出版社 1996 年版，第 416 页。

③ 李铁城主编：《走近联合国》，北京：人民出版社 2008 年版，第 343 页。

的一切权利（联大第 2758 号决议）。① 在联合国恢复了中国的合法席位后，联合国各专门机构也根据联大决议，相继通过决议，恢复了中国在这些机构的合法席位。1971 年 11 月，以乔冠华为团长、黄华为副团长的中国代表团首次出席了联合国大会。

中国加入联合国表明，中国在国际社会中的合法性得到了世界上大多数国家的承认。这也在相当程度上改变了中国对国际社会价值、规范、规则、制度的态度，中国开始对国际组织加以了解、熟悉、适应。这特别表现在中国与国际组织的关系上，在 1966 年的时候，中国只是两个政府间国际组织和 58 个非政府间国际组织的成员，而到了 1977 年，中国参加的政府间国际组织的数目达到了 21 个。②

此外，中国开始加入几个重要的国际公约，也体现了中国对国际规范态度的某些变化。1971 年 10 月，中国恢复在联合国的合法席位意味着它当然也是国际法院规约（联合国宪章的组成部分）的当事国，但是 1972 年 12 月，中国政府通知联合国秘书长，中国不承认过去国民党政府于 1946 年 10 月关于接受国际法院强制管辖的表态。1973 年 8 月，中国政府在《拉丁美洲禁止核武器条约第二附加议定书》（1967 年订于墨西哥城）上签字。1973 年 10 月，中国政府加入《国际船舶载重线公约》（1966 年订于伦敦），同时声明关于中华人民共和国沿海区域的划分，不受该公约附则二第四十九条和第五十条有关规定的约束。1974 年 2 月，中国外长通知国际民航组织秘书长，中国政府决定承认《国际民用航空公约》（1944 年订于芝加哥）。中国在 1975 年 11 月签署加入规定专业外交人员在外交关系当中的权利与

---

① 李铁城、钱文荣主编:《联合国框架下的中美关系》，北京：人民出版社 2006 年版，第 33—35 页。

② G. Chan, *China and International Organizations: Participation in Non-governmental Organizations since 1971* (Hong Kong: Oxford University Press, 1989).

义务的《维也纳外交关系公约》，开始接受源于欧洲的现代外交制度与规范，但对公约第十四条和第十六条有保留。1977 年 5 月，中国政府致函法国政府宣布加入《米制公约》（1875 年订于巴黎），同年 6 月法国政府复函确认。①

　　然而，尽管中国自 1971 年开始，与国际社会的关系有了很大的改善，在 20 世纪 70 年代大部分时间里，中国仍然处于十年"文革"的磨难或者政治动荡之中，中国领导人也明确宣称中国属于第三世界，并且没有放弃支持世界革命的主张。与此同时，中国依然处于同外部世界基本隔绝的状态，比如与国外城市的直航航班很少，绝大部分中国城市不准外国人进入，涉外饭店的数量屈指可数，找不到外国出版物等。中国在联合国的参与程度也很低。正如黄华在其回忆录中所描述的："初进联合国时，由于力量和经验有限，除安理会之外，我们仅参加了大会、第一委员会、特别政治委员会、经济社会理事会、行政预算委员会和法律委员会的工作，后来才逐渐扩大参与的范围，做到各主要委员会均有我代表参加。联合国组织的五个主要机构中，有一个名为托管理事会的，它是审理强国对托管地的政策的机构，我国对之不予介入，故声明不拟参加。对某些机构，我们采取观察和暂不参加的态度，如维持和平行动，以及政府间专门机构中的国际劳工组织（ILO）和关税及贸易总协定（GATT）等。对裁军谈判，我们采取了揭露超级大国假裁军、真扩军的立场。随着我代表团力量的增强，我们逐步参加了上述机构。为了在某些问题上保持超脱，避免卷入两个超级大国的争斗，我们在联合国一些会议的投票中创造了一种'不参与投票'的方式。"② 1971—1981 年间，中国总共有 75 次缺席了对安理会决议草案或草案中所含修正案的投票。这种缺席投票的行为次数，大大超过了其他几个

---

①　韩念龙主编：《当代中国外交》，第 484—491。
②　黄华著：《亲历与见闻——黄华回忆录》，第 186 页。

安理会常任理事国。因此，中国参与国际社会的程度还是很低的。甚至一些西方学者依然把此时的中国视为在国际社会中"反抗西方"势力的组成部分，在他们看来，当时的中国仍然坚持与西方通常的想法不相容的国际秩序观念，① 或者继续在全世界"支持革命斗争"。② 赫德利·布尔在 1977 年出版的《无政府社会》一书中指出："中国完全不扮演一个大国的角色，并且把自己视为第三世界国家'反对超级大国霸权主义'斗争的倡导者。"③ 马丁·怀特在 20 世纪 70 年代初的一篇论文中也写道："中、苏、美三角关系尚在形成过程中。无论如何，中国复仇的野心以及庞大的人口，使得她成为唯一可能危害主导性大国的、潜在的外部威胁。"④

　　总之，虽然中国从 1971 年开始，在国际社会中的参与程度和合法性确实有所提高，但是其在国际社会中的"革命国家"形象依然没有发生根本性的变化。这种变化只是开始于 20 世纪 70 年代末改革开放政策出台之后。

　　①　Coral Bell, "China and the International Order," in Hedley Bull and Adam Watson, eds., *The Expansion of International Society*, pp.255–267; Hedley Bull, "Report by Professor Bull," 28 Oct. 1973, Hedley Bull Papers, Box 4, File II, Bodleian Library, Oxford University.

　　②　Geoffrey Goodwin, "International Institutions and International Order," in Alan James, ed., *The Bases of International Order: Essays in Honor of C. A. W. Manning* (London: Oxford University Press, 1973), p.184.

　　③　Hedley Bull, *Anarchical Society*: A Study of Order in World Politics, 2nd ed.(London: Macmillan, 1995), p.286.

　　④　Martin Wight, "The Balance of Power and International Order," in Alan James, ed., *The Bases of International Order: Essays in Honor of C. A. W. Manning* (London: Oxford University Press, 1973), p.114.

第五章
改革开放与中国主动融入国际社会

　　20 世纪 70 年代末，中国进入了改革开放的历史时期。改革开放政策的实施，意味着中国主动接受和适应国际社会的主流规范，开始进入一个主动融入国际社会的过程，成为现存国际秩序的维护者和建设者。这属于中国自身的变化导致的中国与国际社会关系发生的变化。有西方学者称之为中国从毛泽东敌视西方主导的国际现状的"革命崛起"（revolutionary rise）政策，到邓小平维持国际现状的"和平崛起"（peaceful rise）政策的转变。[①] 在一些西方学者看来，改革开放以后的中国改变了过去坚持自力更生、对外部心存疑忌的政策，而采取了对外开放、同世界接轨的政策。[②] 换句话说，中国开始了主动接受和适应国际社会的"文明标准"、建设性地参与国际事务的过程。然而，从 20 世纪 70 年代末开始的中国改革开放是一个渐进的发展过程，中国对待国际规范的态度也有一个不断发展的过程。

　　[①] Barry Buzan, "Approaches to Studying Regional International Society," working paper for International Academic Workshop: Beyond History: Reconciliation, Cooperation and Social Integration in Northeast Asia, 3 December 2011, Zhejiang University, Hangzhou, China.

　　[②] ［美］伊丽莎白·埃克诺米、［美］米歇尔·奥克森伯格主编：《中国参与世界》，《序》第 1 页。

到 20 世纪末，经过三十多年的改革开放，中国是否已经融入国际社会、成为国际社会中的负责任大国？这依然是个具有争议的问题。比如，有西方学者就认为，中国只是"有限度地融入"国际社会，中国对西方制定的国际规则和规范的态度是很矛盾的，它正越来越试图修正或者无视国际规则与规范。①

第一节　中国的改革开放与对外政策的重大调整

1978 年 12 月，中国共产党第十一届三中全会确定停止使用"以阶级斗争为纲"的口号，提出将"全党工作的着重点和全国人民的注意力转移到社会主义经济建设上来"，并且还指出实现四个现代化是"一场广泛、深刻的革命"。② 这标志着中国改革开放时代的开始。有学者指出，"1978 年 12 月的中共十一届三中全会，是后毛泽东时代中国政治和经济生活中的一个重要里程碑"。③ 经过几年的拨乱反正和调整、改革与整顿，到 1982 年中国共产党第十二次全国代表大会召开前后，中国各项工作都走上了正轨，全党、全国人民开始集中精力进行社会主义现代化建设，中国的改革开放政策得到全面实施。

在国内进行各项改革，特别是经济改革的同时，中国也把对外开放视为一项基本国策，以吸收外来资本、科学技术和管理技巧，促进经济建设。中国的开放是全方位的，它既对资本主义国家开放，也对社会主义国家开

---

① David Shambaugh, *China Goes Global: The Partial Power* (Oxford: Oxford University Press, 2013), p.309.

② 《中国共产党第十一届中央委员会第三次全体会议决议》，《人民日报》1978 年 12 月 22 日。

③ ［美］徐中约著：《中国近代史》（第六版），第 563 页。

放，既对发达国家开放，也对发展中国家开放。中国的对外开放的方式和内容更是多种多样。从扩大进出口贸易，引进先进科学技术，学习先进管理经验，进行人才交流，到吸收和利用外国资金，接受外国直接投资和建立中外合作经营企业、合资经营企业和外商独资经营企业，再到生产、开发、研究和设计以及第三产业方面进行合作，并在海外投资兴办企业等。[①]作为改革开放政策的重大举措之一，1979 年，中国在深圳、珠海、汕头和厦门设立经济特区。1984 年，中国将沿海十四个城市和海南岛向外国投资开放，在税收和进口关税方面给予优惠条件。中国的经济改革历程，是从传统计划经济走向社会主义市场经济的历程。邓小平早在 1979 年就指出"社会主义也可以搞市场经济"。从中共十二大（1982）的"计划经济为主、市场调节为辅"，到十二届三中全会（1984）提出"社会主义经济是公有制基础上的有计划的商品经济"，再到十三大（1987 年）的"社会主义有计划商品经济的体制应该是计划与市场内在统一的体制"，市场为导向的改革轮廓逐渐清晰。1992 年，中共十四大将市场经济第一次写上社会主义旗帜，提出"我国经济体制改革的目标是建立社会主义市场经济体制"，市场化改革方向更加明确。中共十四届三中全会（1993）通过的《中共中央关于建立社会主义市场经济体制若干问题的决定》，奠定了中国新的基本经济制度框架。

与中国改革开放政策的提出与实施相伴相随的是中国对外观念与政策的重大变化与调整，以服务于国内的现代化建设。这集中体现在以邓小平为代表的中国领导人的对外战略思想上。首先，在战争与和平问题上，中国领导人改变了过去有关战争不可避免的估计，认为世界和平因素的增长超过战争因素的增长，世界大战是可以避免的，争取较长时期的和平是可

---

① 田曾佩主编：《改革开放以来的中国外交》，第 8 页。

能的。根据这一判断，中国决定争取和充分利用这一较长的和平时期，一心一意地从事社会主义现代化建设，首先把经济搞上去，实现三步走的战略目标。进入 20 世纪 80 年代，基于对世界和平与发展大趋势的判断，中国的国防建设开始转型，从多年来"立足于早打、大打、打核战争"的战备状态，转入以经济建设为中心的和平轨道。中国军队从此进入为经济建设服务的十多年的"忍耐期"。一个突出的表现是国防开支的紧缩。1986年，中国的军费开支为 201 亿元，比 1979 年还少 21 亿元。前者占 GDP 的2.1%，只及后者的 1/3 强。[①] 与此同时，中国改变了过去对裁减军备的某些看法和做法，积极参加各类国际裁军活动，并且在 1985 年宣布裁军 100 万，得到了国际社会的普遍欢迎和赞同。其次，中国从 20 世纪 80 年代初开始调整"一条线"战略，明确表示不同任何大国结盟或建立战略关系，也不支持它们中的一方去反对另一方，对一切国际问题，根据其本身的是非曲直和中国人民及世界人民的根本利益，按照是否有利于维护世界和平、发展同各国友好关系、促进共同发展的标准，独立自主地做出判断，决定自己的态度。这一独立自主战略的实施，有助于中国走出东西方冷战，并在世界上广交朋友，大大拓展了自己的外交空间。最后，中国领导人强调，国与国的关系不应当以社会制度和意识形态的异同论亲疏、好恶，也反对输出革命，主张在和平共处五项原则基础上与所有国家发展正常的国与国之间的关系。这实际上意味着，中国在国际社会中的国家形象已经从过去的"革命国家"转变成为"正常国家"。[②]

　　总之，20 世纪 70 年代末开始的改革开放导致中国本身及其与国际社会的关系发生了根本性的变化。中国对外关系局面有了前所未有的变化，开

---

　　①　http://news.ifeng.com/shendu/zgxwzk/detail_2013_05/27/25768519_1.shtml.

　　②　田曾佩主编:《改革开放以来的中国外交》，第 1—7 页；韩念龙主编:《当代中国外交》，第 337—341 页。

始彻底告别"打倒帝、修、反"的口号，同世界上主要国家均建立起了相对稳定与正常的关系，中国外交已经走上了"无敌国"的轨道。① 也就是说，中国从此开始了一个逐渐否定革命外交、主动接受国际规范和融入国际社会的过程。

第二节　积极缔结国际条约和参与国际立法过程

国际条约是国际法主体之间根据国际法所缔结的书面协定，是国际交往中必不可少的重要法律文件，也是国际规范的主要载体。因此，缔结或加入国际条约，以及参与国际立法，是一个国家接受国际规范、融入国际社会的重要表现。改革开放以来，中国在这方面所迈出的步子比之前要大得多，从而把中国同世界各国、同国际社会紧密地联系在一起。

改革开放以后，为了适应条约工作发展需要，中国制订了有关缔结国际条约的相关国内法律。全国人民代表大会常务委员会在 1990 年 12 月 28 日颁布了我国第一部专门规范与外国缔结条约的《中华人民共和国缔结条约程序法》，使得条约工作有法可依、有章可循，完善了我国缔结条约的国内法律程序，使条约工作走上了规范化、法律化的轨道。

改革开放以来，中国与外国所缔结的不同类型的双边条约，包括国家间、政府间和部门间的条约，其数量比改革开放以前要多得多。比如，在改革开放后的前 14 年间，中国每年平均签约数就是以前每年平均数的两倍。② 特别值得指出的是，改革开放以来，中国所签订的很多双边条约涉及过去所没有涉及的新领域，比如司法协助协定、投资保护协定、避免双

---

① 牛军著：《中华人民共和国对外关系史概论（1949—2000）》，第 257—258 页。

② 田曾佩主编：《改革开放以来的中国外交》，第 616 页。

重征税协定、和平利用原子能协定以及保护知识产权协定等。① 由于经济
建设成为改革开放以来中国各项工作的中心，中国与外国签订的经济方面
的条约（如投资保护协定、避免双重征税协定、贷款协定等）大量增加，
这成为新时期中国缔结双边国际条约的重要特点之一。②

　　边界条约是双边条约的重要组成部分，也是确保中国与邻国友好相处
的重要法律保障。从 20 世纪 80 年代末开始，中国与周边邻国先后签署了
一系列涉及边界的双边条约。1987 年，中国与蒙古国就两国边界制度和处
理边境问题进行谈判并达成了协议，次年 11 月，双方签署了《中华人民
共和国政府和蒙古人民共和国政府关于中蒙边界制度和处理边境问题的条
约》。这是中国与周边邻国签订的第一个关于边界制度和处理边境问题的条
约，它涉及边界线走向和界标的维护、边界联合检查、边界水和交通设施
的利用、边界生产活动和边界事务的处理、边界工作人员的权利和义务等。
双方根据该条约，于 1991 年 6 月缔结了《中华人民共和国政府和蒙古人民
共和国政府关于中蒙边境口岸及其管理制度的协定》。1989 年 10 月，中国
政府和老挝政府通过谈判，达成并签署了《中华人民共和国政府和老挝人
民民主共和国政府关于处理两国边境事务的临时协定》。1990 年，中国与
老挝经过实地调查之后，进行边界谈判，并且于 1991 年达成协议并签署了
《中华人民共和国和老挝人民民主共和国边界条约》，该协定于当年生效。
1987 年，中苏恢复边界谈判，1991 年 5 月，双方签署了《中华人民共和国
和苏维埃社会主义共和国联盟关于中苏国界东段的协定》，该协定于次年生
效，两国东段边界（4280 公里）除了个别岛屿之归属之外得以确定。1994
年，中俄两国又签署了《中华人民共和国和俄罗斯联邦关于中俄国界西段
的协定》，该协定于次年 10 月生效。从此，中俄边界线基本上就确定下来

① 同上，第 616—617 页。
② 同上，第 617 页。

了，为两国关系的良好发展创造了重要条件。在苏联解体之后，中国也同中亚三个邻国进行了边界谈判，并先后缔结了边界条约。1994 年 4 月，中国同哈萨克斯坦签署了边界条约，确定了两国 1700 多公里的边界线。1999 年 11 月，中哈签署《中华人民共和国和哈萨克斯坦共和国关于两国边界问题获得全面解决的联合公报》，宣布两国边界问题得到全面解决。1996 年 7 月，中国与吉尔吉斯斯坦签署了边界条约，基本上解决了历史遗留的问题。1999 年 8 月，中吉签署了两国边界补充协定。2000 年 7 月，中国与塔吉克斯坦签署了两国国界协定。中国与越南就陆上边界以及北部湾海上边界经过谈判也缔结了双边条约。1999 年 12 月，中越两国外长分别代表本国政府签署了《中国和越南陆地边界条约》，两国陆地边界中所存在的问题得到全部解决。2000 年 12 月底，中越两国又签署了关于两国在北部湾领海、专属经济区和大陆架的划界协定。至此，中国与绝大部分邻国解决了边界问题。虽然中国与印度的边界谈判没有取得根本性突破，但是两国在 20 世纪 90 年代签署了两个有关边界问题的协定，这有助于保障边境地区稳定、避免冲突。1993 年 9 月，中印两国政府签署了《关于在中印边境实际控制线地区保持和平与安宁的协定》。1996 年 11 月，中印两国政府又签署了《关于在中印边境实际控制线地区军事领域建立信任措施的协定》。①

　　值得指出的是，中国通过谈判与签订双边条约，收回了香港与澳门的主权。1984 年 12 月 19 日，中国与英国签订了《中英联合声明》，英国同意于 1997 年 6 月 30 日午夜将香港、九龙和新界归还给中国，中国方面则宣布了"一国两制"方针，赋予香港高度自治、港人治港的权利，并且保证香港资本主义制度和生活方式 50 年不变。在中英达成关于香港问题的双边协议之后，中国与葡萄牙也就澳门回归中国问题进行了谈判，并且于

---

① 田曾佩主编：《改革开放以来的中国外交》，第 628—631 页；张小明著：《中国周边安全环境分析》，北京：中国国际广播出版社 2003 年版，第 64—72 页。

1987 年 4 月 13 日正式签署《中葡联合声明》，葡萄牙同意澳门于 1999 年
12 月 20 日回归中国。

　　此外，改革开放以来，中国也积极参加并参与了一系列多边国际公约
和国际立法活动。据统计，1979 年以前的 29 年内，中国参加的国际公约
仅有 40 个，参与的国际立法活动也是寥寥可数。而改革开放后的 14 年间，
中国加入的国际公约就达到 128 个，而且其中有许多是中国积极参与制订
的。① 1978—2003 年间，中国签署和加入的国际公约达到 240 个，占中国
所加入的国际公约总数（273 个）的近 80%。② 这些公约的内容涉及政治、
经济、贸易、交通、科技、文化、知识产权、人权、反对恐怖主义、司法、
民事、军事、邮电等。中国还参加了联合国系统的法律组织和法律机构（即
联合国大会第六委员会即法律委员会、联合国国际法委员会和国际法院），
参加了联合国外层空间委员会，派代表出席了联合国第三次海洋法会议的
历次会议，并于 1982 年 12 月签署了《联合国海洋法公约》。从 1985 年开
始，以建设性态度参与国际环境立法、参加多项国际环境公约的制订（包
括 1992 年的《联合国气候变化框架公约》以及 1997 年的《京都议定书》），
积极参与了联合国系统内的国际人权法律文书的起草和制订工作。1985 年，
参与制订了一系列适用于南极的建议和措施，签署了《关于环境保护的南
极条约议定书》。从 1987 年起，多次参加了海牙国际司法会议的各项活动
等，以积极的态度参与国际立法过程。③

　　总之，自从 20 世纪 70 年代末实施改革开放政策以后，中国对国际条
约与国际立法表现出了十分积极的态度。正如曾经担任过中国驻外使节、

---

① 田曾佩主编：《改革开放以来的中国外交》，第 618 页。
② 数据统计来自《中国参加多边国际公约情况一览表（1875—2003）》，中国外交部
网站，http://www.fmprc.gov.cn/mfa_chn/ziliao_611306/tytj_611312/tyfg_611314/t4985.shtml.
③ 田曾佩主编：《改革开放以来的中国外交》，第 618—625 页。

外交部条法司司长、国际法院法官的薛捍勤所说的，20 世纪 70 年代后期以来，中国几乎参加了所有的政府间国际组织、成为 300 多项多边条约的成员，从一个体系的挑战者变成了积极的参与者，参与了当前所有领域的造法进程。① 但也有学者认为，中国至今仍然没有真正融入国际法体系，在国际司法活动中表现得非常谨慎，对国际法院的管辖权持保留态度，不同意将争端提交国际仲裁，对国际立法的参与也缺乏主导性。虽然中国在很多方面、很多场合都表达了对国际法的尊重和遵从，但是在高级政治领域，中国官方和很多民众都对国际法持一种怀疑和拒斥的态度。②

第三节　建设和完善现代外交制度

接受国际社会中以主权为核心的现代外交制度，是融入国际社会的重要标志之一。早在改革开放之前的 1975 年 11 月，中国就已经加入《维也纳外交关系公约》，开始接受源于欧洲的现代外交制度与规范，但对公约的第 14 条、第 16 条以及第 37 条的 2、3、4 款持有保留。1980 年 9 月 15 日，中国政府通知撤回对第 37 条的 2、3、4 款的保留。1979 年 1 月至 1992 年 8 月，中国先后同美国等 42 个国家正式建立外交关系并互设大使馆。③ 到 21 世纪初，中国已经与世界上绝大部分国家建立起了大使级外交关系。截至 2002 年底，中国已经同世界上的 166 个国家建交，其中有 52 个国家是

---

① Xue Hanqin, "China and International Law: 60 Years in Review," *Chatham House International Law Summary* (8 March 2013), 载何志鹏、孙璐:《中国的国际法观念：基于国际关系史的分析》，载刘志云主编:《国际关系与国际法学刊》，厦门：厦门大学出版社 2015 年版，第 45 页。

② 何志鹏、孙璐:《中国的国际法观念：基于国际关系史的分析》。

③ 田曾佩主编:《改革开放以来的中国外交》，第 643—645 页。

在 1978 年底中国正式推出改革开放政策以后与中国建立外交关系的。[①]

1979 年 7 月，中国加入处理各国间领事关系的《维也纳领事关系公约》，表明中国将遵照国际上普遍承认的领事关系准则来建立和处理同外国的领事关系。领事馆是外交代表机关（大使馆）的一个重要补充，在某些方面起着外交代表机关难以起到的作用。在 1978 年以前，中国与外国互设的领事馆很少，中国在外国只开设 6 个总领事馆和领事馆，外国在华开设的领事馆只有 3 个。加入《维也纳领事关系公约》之后，中外领事关系进入一个全面发展的新时期。1979—1992 年间，中国就先后同美国、法国、德国、日本、加拿大、英国等 30 个国家签订了设领事馆或恢复设领事馆协议，并在澳大利亚、加拿大、法国、德国、日本、英国、美国等 29 个国家设立了 41 个总领事馆。同时，澳大利亚、加拿大、法国、德国、日本、俄罗斯、新加坡、泰国、英国、美国等 21 个国家在中国的 6 个城市设立了 30 个领事馆。与此同时，从 1979 年开始，中国先后跟一些国家缔结了双边领事条约。为了确定外国驻华领事馆及其成员的领事特权与豁免，便于外国领事馆在领区内代表派遣国顺利执行职务，中国外交部还主持制定了《中华人民共和国领事特权与豁免条例》，并于 1990 年 10 月 30 日经全国人民代表大会常务委员会通过而公布施行。中国也先后颁布了与领事工作直接相关的一些法规，如《国籍法》《外国人入境出境管理法》《中国公民出境入境管理法》《继承法》《婚姻法》《归侨侨眷权益保护法》《公证暂行条例》等。[②]

加入规范外交和领事关系的国际公约就标志着中国对现代外交制度的完全接受。在此基础上，现代外交制度在中国得以建立和不断完善。赵可

---

① 　该统计数据来自《中华人民共和国与各国建立外交关系日期简表》，中国外交部网站，http://www.fmprc.gov.cn/mfa_chn/ziliao_611306/2193_611376/.

② 　田曾佩主编：《改革开放以来的中国外交》，第 600—614 页。

金指出："1978 年以后，（中国）外交价值原则实现了历史性的转换，从国家主权服务于政党意识形态需要转变为服务于国家利益需要，引发了外交制度发展的'第二次革命'，从此，外交制度成长进入了自我强化的制度变迁轨道。"[①] 国家元首外交权逐步规范化和制度化，基本上确立了主要由国家主席行使国家最高外交权的格局，使得 20 世纪 80 年代以来国家主席在外交上日益活跃。20 世纪 90 年代以来，国家主席、党的总书记、中央军委主席三位一体，进一步确立了国家主席作为国家元首的政治地位，其对外交的影响力也日益上升，中国的元首外交纳入法制化、制度化轨道。[②] 外交部是国务院领导下的主管外交工作的职能部门、外交政策的执行者，改革开放以来，外交部经历了一系列重大转变，不断走向专业化、机构化和制度化。[③]

特别值得指出的是，改革开放以来，中国努力与国际接轨，借鉴国际惯例，确定外交官的等级，培养与派遣职业外交官。按照邓小平提出的"革命化、年轻化、知识化、专业化"的方针，一大批优秀的外事干部被提拔到外交部领导岗位。为了促进外交官队伍的知识化和专业化，20 世纪 80 年代以来，外交部加强了外交官培训制度建设，包括在外交学院建立培训部，提高年轻外交官的外语与业务知识水平，还选拔年轻外交官到国外著名大学（比如美国的约翰·霍普金斯大学、塔夫茨大学弗莱彻法律外交学院）学习。[④] 1993 年后，外交部人员的选拔被纳入国家公务员考试之中，面向社会公开招考外交人员，包括从全国高等院校的应届大学毕业生中录用外交人员。在外交官队伍的管理上，外交部推行公务员管理制度，外交官的工

---

① 赵可金著：《当代中国外交制度的转型与定位》，第 430 页。

② 同上，第 286 页。

③ 同上，第 291—296 页。

④ 赵可金著：《当代中国外交制度的转型与定位》，第 294—296 页。

资、晋升、福利、奖惩等都参照《国家公务员暂行条例》执行，学历和专业结构进一步改善，管理日益规范化和制度化。①

与此同时，中国根据国际公务员制度，向联合国为中心的国际组织派遣中国籍国际公务员。国际组织设正规的工作班子秘书处以及在秘书处工作的职员形成国际公务员制度，是在第一次世界大战结束后的 1920 年成立的国际联盟才开始有的。中国 1971 年恢复联合国的合法席位之后，便开始向联合国秘书处派遣公务员，但因为当时中国人才短缺，加上不太了解国际公务员制度，所以留用了原来在联合国秘书处工作的华人职员，并且在中国香港、中国澳门以及新加坡招聘职员。改革开放后，中国向联合国派遣的中国籍公务员增多，而且为了向联合国秘书处提供中文翻译人才，中国政府与联合国秘书处合作，专门在北京举办了联合国译员训练班。北京译训班从 1979 年开始招生到 1993 年结束，先后招收了 12 期学员，共培养口译笔译人员 263 人，其中许多人受聘到联合国工作，成为联合国的中国籍公务员。② 改革开放后，在国际组织中任职的中国人越来越多。1985 年，中国法学家、外交部法律顾问倪征燠出任国际法院法官（1985—1994），成为第一位来自中华人民共和国的国际法院大法官。史久镛于 1994 年任联合国国际法院大法官，2000 年 2 月至 2003 年 2 月任国际法院副院长，2003 年 2 月 6 日当选国际法院院长。

---

① 同上，第 373 页。
② 李铁城主编：《联合国里的中国人（1945—2003）》，北京：人民出版社 2004 年版，《前言》第 11 页。

第四节　中国建设性地参与国际组织

改革开放之后，中国主动接受现存国际规范、融入国际社会的另外一个重要表现，就是建设性参与全球性与地区性国际组织的活动，特别是积极参与联合国及其专门机构的活动。中国参与的政府间国际组织，从1977年的21个增加到1996年的51个，中国在非政府组织中的席位从1977年的71个增加到1996年的1079个。①

改革开放之后，中国积极参与国际组织的活动，集中体现在中国积极参与联合国的活动上。在1971年恢复在联合国的合法席位之后的最初十年里（1971—1980），中国参与联合国的程度不高，它在联合国的活动"在很大程度上具有高度的选择性和象征性"。②比如，中国只选择参加了联合国的8个专门机构，对联合国所讨论的一些问题漠不关心，也不表达自己的看法，甚至常常不参加联合国的投票等。但是，从20世纪80年代初开始，中国日益积极参与联合国的各种组织和活动。中国加入了联合国体系中几乎所有重要的政府间国际组织，其中包括世界银行和国际货币基金组织，并越来越积极主动地参与这些组织的各种活动。中国积极参加以联合国为中心的多边外交行动，包括推动地区热点问题的解决、支持和参加联合国的维和行动、参加联合国的裁军会议、接受联合国系统相关机构的援助、支持联合国的改革等。③中国领导人频繁出席联合国的会议，并对联合国

①　［美］伊丽莎白·埃克诺米、［美］米歇尔·奥克森伯格主编：《中国参与世界》，第50页。

②　同上，第48页。

③　李铁城主编：《走近联合国》，第347—373页。

的重要性给予高度评价。1992 年 1 月，李鹏参加了联合国安理会首脑会议。1995 年 10 月，江泽民出席了在纽约举行的联合国成立 50 周年庆典。

中国对联合国维和行动态度的变化，是改革开放之后中国积极参与联合国活动的缩影。改革开放之后，中国对联合国维和行动的看法发生了重大变化，开始认同和参与维和行动。中国在恢复联合国合法席位后的十年间，对联合国维和行动采取不投票、不摊款、不参与的消极政策。但是，从 1981 年底开始，中国开始对联合国维和行动改变了态度，采取了从有限参与到积极参与的立场，主动发挥安理会常任理事国的积极作用。1981 年 11 月，中国政府认可了联合国对当时两支中东联合国维和部队的摊款，并表示从次年 1 月 1 日开始缴纳。中国常驻联合国代表凌青在宣布中国政府这一决定的时候明确表示了中国将积极支持联合国维和行动的态度："对今后凡是严格按照联合国宪章的宗旨和原则建立的、有利于维持国际和平与安全、有利于维护有关国家主权和独立的联合国维持和平行动，中国都将本着积极支持的立场，予以认真研究和对待。"① 同年 12 月，中国投票支持了安理会延长驻塞浦路斯维和部队驻扎期限的 459 号决议，这是中国第一次投票支持联合国维和行动。此后，中国对联合国维和行动的态度越来越积极，并且派人参加联合国维和行动。1986 年，应联合国邀请，中国派三人考察小组赴中东实地考察联合国停战监督组织的执行情况，中国人民解放军有关部门也开始派遣军事观察员参加联合国维和行动的准备工作。该年 12 月，根据中国方面的请求，第 43 届联合国大会一致通过决议，同意接纳中国为联合国维和行动特别委员会成员。1989 年底，中国政府派遣 20 名文职人员到非洲纳米比亚参加联合国过渡时期援助团，监督纳米比亚的独立进程。从此，中国正式参加联合国维和行动。1990 年 4 月，中国人民

---

① 《中国代表团出席联合国有关会议文件集（1981.7—12）》，北京：世界知识出版社 1982 年版，第 130 页。

解放军派 5 名军事观察员参加中东的联合国停战监督组织，这是中国首次派出军事人员参加联合国维和行动。1992 年 4 月，中国人民解放军的 47 名军事观察员和一支 400 人组成的工程大队赴柬埔寨参加联合国维和行动，这是中国派出的第一支成建制的维和部队。1993 年，中国人民解放军又向联合国西撒哈拉公民投票特派团派出了军事观察员，首次参加联合国在非洲的维和行动。1999 年 2 月，一名中国人民解放军军官赴美国纽约联合国总部的维和部任职。2000 年 1 月，中国公安部向联合国东帝汶过渡行政当局派遣 15 名民事警察执行特定任务，这是中国首次派遣民事警察参加联合国维和行动。截至 2000 年 10 月，中国已经向 4 项联合国维和行动派出军事观察员、军事联络官和军事顾问共 522 人次，派出工程兵部队 800 人次。①

此外，改革开放后的中国也积极参加地区多边组织的活动和建设之中，特别是在 1997—1998 年亚洲金融危机之后，中国对地区多边合作的态度越来越积极。1989 年底，中国参加了在澳大利亚倡议之下召开的亚太经济合作组织（APEC）。中国是 1994 年开始的东盟地区论坛的参加国。1997 年 12 月开始的一年一度的东盟同中日韩的非正式首脑会议，中国也是其中的主要成员。1996 年，中国、俄罗斯、哈萨克斯坦、吉尔吉斯斯坦、塔吉克斯坦五国在上海签署了《关于在边境地区加强军事领域信任的协定》，开创了"上海五国"多边合作机制。2001 年，乌兹别克斯坦被吸纳进这个多边合作进程，上海五国机制发展成为上海合作组织。与此同时，中国还参加了"第二轨道"地区多边合作形式，比如亚太安全合作理事会（CSCAP）、东北亚合作对话会（NEACD）等。从 2001 年起，中国主办博鳌亚洲论坛。

与此相关的是，中国日益重视举办各种类型的国际会议等活动。从

---

① 赵磊著：《建构和平：中国对联合国外交行为的演进》，第 192—204 页；国务院新闻办公室：《2000 年中国国防》白皮书，2000 年 10 月 16 日。

1995 年以来，中国先后举办了世界妇女大会、国际刑警组织大会、国际反贪污大会、国际地质大会、国际档案大会、国际行政科学大会、国际宇航大会、昆明世界园艺博览会、万国邮政联盟大会、北京奥运会、上海世界博览会等。

第五节　中国融入国际贸易、投资与金融制度

1978 年以后的中国改革开放，其中心是经济建设，它建立在接受市场经济规范的基础之上。市场经济被某些当代国际关系英国学派学者视为重要的国际制度之一，属于"首要制度"（primary institutions）范畴。[①] 因此，参与世界经济是中国融入国际社会的一个核心内容。中国在这方面迈出的步伐很大，其所作所为为国际社会所赞扬。

国际自由贸易规范或制度体现在 1944 年通过的《布雷顿森林协定》以及创立于 1947 年的关税与贸易总协定（GATT）中。1995 年，世界贸易组织（WTO）取代了关贸总协定，自由贸易原则得到进一步加强。以关贸总协定和世界贸易组织为基础的国际贸易制度，其基本目标在于通过扩大国民待遇与最惠国待遇，拆除关税与非关税壁垒。[②] 1949 年新中国成立之后，长期被排挤于布雷顿森林体制之外，也没能成为关贸总协定的成员国。中国于 1982 年才以观察员身份参加关贸总协定的谈判，1986 年开始申请全面加入关贸总协定。为了早日入关，中国政府出台了大量相关具体政策，

---

① Barry Buzan, *From International to World Society? English School Theory and the Social Structure of Globalization* (Cambridge: Cambridge University Press, 2004), pp.161–204；[英] 巴里·布赞：《英国学派及其当下发展》。

② [美] 伊丽莎白·埃克诺米、[美] 米歇尔·奥克森伯格主编：《中国参与世界》，第165 页。

包括人民币逐步实现经常项目下的可兑换，取消直接出口补贴，取消出口许可证，降低商品、农产品和服务业产品的出口关税等。中国加入关贸总协定和世界贸易组织的谈判历经一个很长的过程。1997 年，中国与世贸组织的谈判取得了重要进展，中国同意以"发达国家"身份遵守世贸组织与贸易有关的知识产权协定。1999 年，中国又同意以"发达国家"身份遵守与贸易有关的投资协定。1999 年 11 月，经过长时间、多回合的谈判，中美两国政府在北京就中国加入世贸组织达成双边协议，为中国加入世贸组织扫清了最大障碍。① 中国最终于 2001 年 12 月正式加入世界贸易组织，成为其第 143 个成员。在中国加入世界贸易组织之后，在国务院领导下，中央政府的外经贸法律、法规得到了全面清理，外经贸部对自身的涉外经贸法律、行政法规和部门规章也进行了修改、废止等工作。全国外经贸系统还对地方涉外经贸法规进行了全面清理，使之与世贸组织有关规则一致。据统计，国务院各部门共清理了与外经贸业务有关的法律法规 2300 多件，地方清理相关法规文件的工作也在积极推进。②

中国也逐渐融入外国直接投资国际制度之中。中国从 1979 年开始接受外国直接投资，外国和境外在华投资逐年增加，外国在华实际直接投资额从 1979 年的不足 10 亿美元，增长到 1997 年的 2060 亿美元。③ 中国政府放宽了与投资有关的许多限制，比如拓宽外资企业获得外汇的渠道、放宽外资适用范围、保护知识产权、放松对中方拥有管理权和所有权的要求、减少行政干涉、实行吸引外资的税收刺激政策等。④ 与此同时，中国也开始了境外直接投资。到 20 世纪 90 年代，中国对外直接投资居发展中国家

① 李肇星著：《说不尽的外交——我的快乐记忆》，第 49 页。

② 王逸舟主编：《磨合中的建构：中国与国际组织关系的多视角透视》，第 193 页。

③ ［美］伊丽莎白·埃克诺米、［美］米歇尔·奥克森伯格主编：《中国参与世界》，第 173—174 页。

④ 同上，第 175 页。

或地区第二位。[①]

　　国际金融制度包括一些重要的国际金融机构，如世界银行、国际货币基金组织，另外还有亚洲开发银行等地区发展银行及一些专门性的协定（如 1992 年的巴塞尔协定），它们为国际金融活动提供了很多重要的行为规范。[②] 其中，世界银行和国际货币基金组织是两个最为重要的国际金融机构。中国在 1980 年加入世界银行以及国际货币基金组织，开始接受这两个国际金融机构的服务，也接受其约束。中国从 1981 年开始接受世界银行的贷款，而且从 1993 到 1997 财政年度，中国一直是世界银行最大贷款国。[③]中国从 20 世纪 80 年代初开始，根据国际货币基金组织的相关要求，逐步调整汇率政策，包括在 1996 年开始结束外汇交易市场上的主导汇率和官方汇率并存的双轨汇率制度，逐步实现经常项目下的人民币可兑换，允许外国公司进入银行间外汇市场等。中国依据国际金融惯例，制定了相关的国内法律，比如 1995 年通过和开始实施的《中央银行法》《商业银行法》等。中国的商业银行通过发行债券在国际市场上融资，也努力通过在国外开设分行，开拓国际业务。中国从 1992 年开始发行股票，此后越来越多的中国公司在国内外市场发行股票。

第六节　中国对某些重要国际规范态度的变化

　　自从主权国家社会产生于欧洲以来，主权一直是国际社会中的核心规

---

① 同上，第 174 页。
② 同上，第 209 页。
③ ［美］伊丽莎白·埃克诺米、［美］米歇尔·奥克森伯格主编：《中国参与世界》，第 211 页。

范。作为历经百年国耻、艰难加入现代国际社会中的非西方国家，中国一贯对国家主权规范格外看重，改革开放之后也是如此。然而，第二次世界大战以后，特别是在冷战结束以后，一些同国家主权有冲突的国际规范正在出现。有人认为，世界已经进入了淡化主权、重视人权和民主的"后威斯特伐利亚"时代。中国不得不面对国际规范的变迁，并且采取自己的应对之道。

一、中国与裁军和核不扩散规范

中国作为安理会的五大常任理事国之一、拥有核武器的大国之一，在改革开放之后改变了过去否定和批判国际军备控制以及多边核不扩散体制的态度，转而参与各种形式的国际军备控制，包括支持核不扩散体制，以减少核战争的危险，为全球和地区的稳定与安全做出贡献。

自从 20 世纪 70 年代末以后，中国参与国际军备控制的速度加快。从1978 年到 1987 年间，中国出席了三次专门讨论裁军问题的联合国大会特别会议。从 1980 年起，中国参加了日内瓦裁军谈判会议及其下属的各个特别委员会和工作组的相关工作，成为日内瓦裁军谈判会议的成员国。[①] 根据有的学者统计，在 1970 年，中国签署了各项军备控制协议中的 10%—20%；到了 1996 年，这个数字已经上升到 85%—90%。[②] 改革开放以后，中国政府签署了一系列有关裁军和军备控制的重要条约，如《特定常规武器公约》《外空条约》《禁止生物武器公约》《南太平洋无核区条约》等。中国在 1984 年成为国际原子能机构的成员，并在 1988 年与国际原子能机构

---

① 牛军著:《中华人民共和国对外关系史概论（1949—2000）》，第 284 页。

② ［美］伊丽莎白·埃克诺米、［美］米歇尔·奥克森伯格主编:《中国参与世界》，第105—106 页。

签署了《中华人民共和国和国际原子能机构关于在中国实施保障的协定》，自愿将本国的有关民用核设施置于该机构的保障监督之下。中国在 1986 年宣布不再在大气层进行核试验，实际上承担了 1963 年《部分禁止核试验条约》对核试验的约束，尽管它一直拒绝签署该条约。中国于 1992 年加入体现核不扩散规范的重要国际法律文件《不扩散核武器条约》(1968 年签署，1970 年生效)，全面承担了核武器国家所应承担的各项不扩散义务，并从 1995 年开始参加条约审议大会及其筹备会。中国在 1993 年首次表示愿意参加全面禁止核试验条约的谈判，并且于 1996 年签署了《全面禁止核试验条约》(CTBT)，并且在该年 7 月底停止了核试验。但是，中国的立法机构迄今为止并没有批准《全面禁止核试验条约》，有研究者认为中国是在等待美国先批准该条约。[①] 1997 年，中国加入旨在协调国际核出口控制原则与条件的 "桑戈委员会"。但是，中国被指责在 20 世纪 80 年代初曾经向巴基斯坦提供核技术与核材料。[②] 1997 年，中国外交部设立了军备控制与裁军司，专门负责裁军与核不扩散事务。

　　冷战结束以后，核不扩散规范受到严重挑战，一些国家，如南亚的印度和巴基斯坦先后进行了核试验，成为核国家。中国在朝鲜半岛、南亚核扩散问题上都明确表明了自己的立场，为维护核不扩散规范的权威性而努力。1993 年 3 月，朝鲜宣布退出《不扩散核武器条约》。1993 年 4 月，时任中国外交部部长的钱其琛在会见时任韩国外交部部长的韩升洲时就明确表示："中国一贯支持朝鲜半岛无核化的主张，反对半岛有任何核武器。"[③] 朝鲜在 21 世纪初进行了多次地下核试验，中国一直参与对朝鲜的制裁。

---

① Rosemary Foot and Andrew Walter, *China, the United States, and Global Order*, p.135.

② Ibid., p.143、p.158.

③ 《人民日报》1993 年 4 月 22 日，第 6 版。

1998 年 5 月，印度和巴基斯坦先后进行了核试验，成为核国家。1998 年
6 月 3 日，江泽民在会见法新社社长时表明了中国对于南亚核扩散的态度：
"中国反对进行核试验，反对南亚地区的核军备竞赛。我们反对印度进行核
试验，对巴基斯坦进行核试验也深表遗憾。而印度是南亚紧张局势的始作
俑者。中国拥有核武器，但中国一贯承诺不首先使用核武器，并且主张全
面禁止和彻底销毁核武器。中国无意恢复核试验。"① 中国与其他核大国一
道支持了联合国安理会通过的谴责印巴核试验的 1172 号决议。

中国签署并批准了《禁止化学武器公约》和《禁止生物武器公约》。中
国在 20 世纪 90 年代初，虽然不是《导弹技术控制协定》（MTCR）的成
员国，但是发表声明支持导弹不扩散原则。1981 年，中国正式签署了《禁
止或限制使用某些可被认为具有过分伤害力或滥杀滥伤作用的常规武器公
约》。该公约的议定书 II 对地雷和其他装置在某些条件下的使用进行了限
制，中国于 1996 年同意在经过修订的议定书 II 上签字。

此外，中国也参加了很多双边和多边的互建信任和安全的措施，如东
盟地区论坛、与俄罗斯和印度在边界互建信任措施等。②

二、中国与人权规范

人权的概念和民主的概念密不可分，它也产生于近代西方，正在或已
经成为具有一定普遍性的国际行为规范。国际人权规范由一系列国际公约
所构成，其中包括 1948 年联合国大会通过的《世界人权宣言》、1966 年联
合国大会通过的《经济、社会和文化权利国际公约》以及《公民权利和政

---

① 《光明日报》1998 年 6 月 4 日，第 1 版。
② ［美］伊丽莎白·埃克诺米、［美］米歇尔·奥克森伯格主编：《中国参与世界》，第
94—131 页。

治权利国际公约》。改革开放之后，国际社会一直关注中国的人权状况，一方面承认中国政府在发展社会、经济和文化权利方面卓有成就，另一方面批评中国政府在公民权利和政治权利方面侵犯人权。中国从来不反对保护人权，但总体来说，中国更强调保障生存权、发展权等集体人权。1985年6月，邓小平指出："什么是人权？首先一条，是多少人的人权？是少数人的人权，还是多数人的人权，全国人民的人权？西方世界所谓的'人权'和我们讲的人权，本质上是两回事。"① 值得注意的是，中国拒绝接受某些西方人权理念并不意味着中国反对整个人权规范，西方在人权问题上批评中国，很大程度上源于其对人权概念的理解。中国政府认为，人权的普遍性原则应当得到尊重，但人权的普遍性必须与各国具体情况相结合。中国政府强调，中国是一个有着13亿人口的发展中国家，保障和促进广大人民的生存权和发展权至关重要。

中国政府支持和尊重《联合国宪章》有关国际人权文书中保护人权的原则，积极参与联合国人权法律领域的一系列活动。中国从1979年开始以观察员的身份参加联合国人权委员会，并于1982年正式当选该委员会成员。中国参与了防止歧视和保护少数民族小组委员会，并参与了有关土著居民权利、通讯自由、儿童权利、流动工人权利以及酷刑问题工作组的工作。它同第三世界国家一道倡导"发展权"，结果使联合国大会在1986年将该权利写入决议。中国还投票支持联合国调查阿富汗和智利侵犯人权的情况，并在人权问题上抨击南非、越南、阿富汗和其他一些国家。中国于1982年12月通过的新宪法，对公民权利进行了比较全面和具体的规定。1980—2002年间，中国先后签署或加入了十多个人权国际公约：《消除对妇女一切形式歧视公约》（1980年7月签署）、《消除一切形式种族歧视国际公约》

---

① 邓小平著：《邓小平文选》（第三卷），第125页。

（1981 年 12 月交存加入书）、《关于难民地位的公约》（1982 年 9 月交存加入书）、《防止及惩治灭绝种族罪公约》（1983 年 4 月交存批准书）、《禁止并惩治种族隔离罪行国际公约》（1983 年 4 月交存批准书）、《禁止酷刑和其他残忍、不人道或有辱人格的待遇或处罚公约》（1986 年 12 月签署）、《联合国儿童权利公约》（1990 年 8 月签署）、《经济、社会及文化权利国际公约》（1997 年 10 月签署）、《公民权利和政治权利国际公约》（1998 年签署）、《禁止和立即行动消除最恶劣形式的童工劳动公约》（2002 年 12 月交存批准书）、《〈儿童权利公约〉关于买卖儿童、儿童卖淫和儿童色情制品问题的任择议定书》（2002 年 12 月交存批准书）。[①] 其中，《公民权利和政治权利国际公约》是联合国制订的最重要的国际人权文书之一，1966 年 12 月 16 日由联合国大会通过并开放供签署，1976 年 3 月 23 日生效，共有 53 条。该公约与《世界人权宣言》《经济、社会及文化权利国际公约》一起，被称为国际人权宪章。中国在 1998 年签署了该公约，但是迄今尚未提交批准书。

　　从 1989 年下半年开始，中国在人权问题上面临国际社会的极大压力，许多国家对中国实施了制裁，联合国人权机构也对中国的人权状况横加攻击。面对国际压力，中国政府在人权问题上的策略有所调整，变得更为灵活与积极。中共中央在 1990 年底的一份文件中指出："要理直气壮地宣传我国关于人权、民主、自由的观点和维护人权、实行民主的真实情况，把人权、民主、自由的旗帜掌握在我们手中。"[②] 1991—1992 年间，中国向西方派出两个人权代表团，参与国际人权对话。1991 年 11 月 1 日，中国国务院新闻办发表了第一个《中国的人权状况》白皮书，承认人权具有"国际性"。

---

　　① 该数据统计来自《中国参加多边国际公约情况一览表 (1875—2003)》，中国外交部网站，http://www.fmprc.gov.cn/mfa_chn/ziliao_611306/tytj_611312/tyfg_611314/t4985.shtml.

　　② 董云虎：《中国人权发展史上的一个重要里程碑——〈中国的人权状况〉白皮书发表十周年回顾》，《人权》2002 年第 1 期，第 25 页。

接下来，中国政府于 1992 年发表了有关刑法的白皮书和有关西藏问题的白皮书，1995 年发表了关于计划生育的白皮书，1996 年发表了关于儿童权利的白皮书。1992 年 1 月 31 日，李鹏总理在联合国的发言中指出："中国重视人权问题，并准备在与其他国家平等的基础上进行对话与合作。"[①] 他在 1992 年 3 月的政府工作报告中说："我们主张，人权和基本权利应对得到广泛尊重……中国认为，人权问题应当成为正常国际对话的议题。"[②] 1994 年 4 月，钱其琛重申："中国尊重《世界人权宣言》和《德黑兰宣言》《发展权利宣言》等国际人权文件。"[③] 1995 年，中国发表的第二个《中国的人权状况》白皮书，声明"中国一贯尊重《联合国宪章》促进人权和基本自由的宗旨和原则。近年来，中国一如既往地积极支持和参与了国际人权领域的活动，为促进冷战后国际人权领域的健康发展作出了新的努力"。[④] 实际上，从 20 世纪 90 年代中后期开始，中国与一些国家就进行了双边人权对话。[⑤]

　　但是，在人权与主权关系的问题上，中国国际法学者始终坚持人权在本质上属于主权国家国内管辖范围这一基本立场，明确否定人权高于主权，主张寻求人权国际保护与国家主权的和谐、统一。[⑥]

---

　　① ［美］伊丽莎白·埃克诺米、［美］米歇尔·奥克森伯格主编：《中国参与世界》，第 141 页。

　　② 同上。

　　③ 同上。

　　④ 同上。

　　⑤ Titus C. Chen and Dingding Chen, eds., *International Engagement in China's Human Rights* (London and New York: Routledge, 2016), pp.10–44.

　　⑥ 魏敏：《人权的国际保护与不干涉内政》，《人民日报》1991 年 4 月 26 日；杨泽伟著：《国际法析论》（第三版），第 224—226、229—231 页。

三、中国与民主规范

和人权一样，民主的思想与实践也源于西方。民主并非中国的历史传统，中国的政治传统是皇权专制统治，尽管中国也有"以民为本"（民本）的思想。[①] 所以，有中国学者指出："君主专制统治作为中国传统政治文明的生成物，在中国社会有深厚的历史和文化基础，具有神圣不可动摇的地位"。[②] 不仅如此，中国古代思想中的民本思想，虽然有重民、贵民的思想内涵，"但它始终没有赋予人民以政治权利的思想内涵，因而没有、也不可能发展为民主思想"。[③] 因此，西方民主观念和制度实际上是从晚清才开始从外部输入中国的，其中国之旅属于西学东渐的一部分。[④]

近代以来，中国经历了学习、实践西方民主的观念与制度的历史，但是始终没有建立起真正的西方式民主制度，其建设民主制度的试验过程总是带有中国自身的特色。正如闾小波所说的："近代中国始终面对着这样一个悖论：一方面中国必须告别传统，走向现代化，走向民主之路；另一方面，走向民主与现代化的中国又无法与传统作一彻底的切割。传统是中国的传统，而民主也只能是中国式的民主。"[⑤] 中国共产党人也把追求民主政治作为自己的目标，并且形成了具有自身特色的民主观念。毛泽东曾承认民主是世界发展的主流。1945年抗日战争胜利前夕，他就在中共七大的闭幕式上向全党发出号召："现在的世界潮流，民主是主流，反民主的反动只

---

① 宋海啸著：《中国外交决策模式》，北京：时事出版社2016年版，第18—21页。
② 林尚立著：《当代中国政治形态研究》，天津：天津人民出版社2000年版，第66页。
③ 李铁映著：《论民主》，北京：中国人民大学出版社2007年版，第317页。
④ 闾小波著：《近代中国民主观念之生成与流变：一项观念史的考察》，第101页。
⑤ 同上，第227页。

是一股逆流。"① 新中国成立之后，中国共产党就学习苏联模式并践行人民民主专政和民主集中制，后来逐渐走向"权力过分集中"，党和国家政治生活的民主化受到极大损害。②

20 世纪 70 年代末改革开放以后，中国有关民主的观念发生了一些变化。有学者指出，民主化已经成为不可遏制的历史潮流："20 世纪是民主在世界范围取得广泛认同和胜利的世纪，任何一个政治体系不仅要把民主作为一种必须尊重的基本价值，而且要面对如何实践民主的现实问题。"③ 改革开放以来，中国领导人多次提及民主问题，并强调要建设具有中国特色的社会主义民主政治。邓小平也曾经谈论过民主问题。他主张："权力不宜过于集中。权力过于集中，妨碍社会主义民主制度和党的民主集中制的实行，容易造成个人专断，破坏集体领导，也是在新的条件下产生官僚主义的一个重要原因。"④ 与此同时，他也主张中国特色的社会主义民主制度："资本主义社会讲的民主是资产阶级的民主，实际上是垄断资本的民主，无非是多党竞选、三权鼎立、两院制。我们的制度是人民代表大会制度，共产党领导下的人民民主制度，不能搞西方那一套。"⑤ 乔石曾经指出："关于民主问题，多年来无论在什么场合，我始终认为一定要把民主的旗帜牢牢掌握在我们手里。建国前 28 年的斗争，我们党经过长期艰苦卓绝的英勇奋斗，有时甚至很残酷、很不容易，牺牲了几千万人，我们党一直高举起民主的旗帜，现在我们党执政了，更应该注意这个问题。说到底，民主问题是人民当家做主的问题。"他还在 1994 年的一次讲话中明确表示："同经济体制

---

① 毛泽东著：《毛泽东选集》（第三卷），第 1103 页。

② 邓小平著：《邓小平文选》（第二卷），北京：人民出版社 1985 年版，第 320—343 页。

③ 赵可金著：《当代中国外交制度的转型与定位》，第 361 页。

④ 中央文献研究室编：《邓小平年谱（1975—1997）》（上），北京：中央文献出版社 2004 年版，第 662 页。

⑤ 邓小平著：《邓小平文选》（第三卷），第 240 页。

改革和经济发展相适应，必须按照民主化和法制化紧密结合的要求，积极推进政治体制改革，努力建设有中国特色的社会主义民主政治。"①

四、中国与国际干涉规范

众所周知，主权与不干涉原则为国际法基本原则和国际秩序的基础。主权原则有助于维持国际秩序，但可能导致忽视国内正义和秩序问题。实际上，在国际关系实践中，以保护人权等理由进行国际干涉的例子比比皆是。从一定意义上说，国际干涉正在成为一种新的国际规范，这在冷战结束以后尤为明显。国际干涉规范和实践也一直在发生变化，比如从单边干涉发展到多边干涉。值得注意的是，国际组织在国际干涉行动中所扮演的角色发生了很大变化："国际组织参与了许多冷战时期的干涉行动，但它们通常仅扮演接触性的角色。与之形成鲜明对照的是，自1989年以来，国际组织已经卷入几乎所有的干涉行动，并在其中扮演了关键性角色。"② 1994年的卢旺达大屠杀事件对国际干涉的理论与实践都产生了巨大的影响，从此国际人道主义干涉在国际社会受到越来越多的支持，正在成为一种新的国际规范。这表现在1994年以后，"负责任主权"与"保护的责任"等支持人道主义干涉的概念开始在世界上流行开来。

改革开放以后，中国对国际干涉的态度发生了一些变化，从过去的无条件反对发展到现在的有条件支持。总体来说，中国支持联合国授权和主导的国际干涉，但是一般反对没有获得联合国授权和主导的国际干涉，除了国际社会对一国境内严重的人道主义灾难的干涉。

维和行动属于联合国授权和主导的国际干涉行为，得到了中国政府的

---

① 田纪云：《回忆与乔石同志相处的岁月》，《南方周末》2011年12月8日，副刊。
② ［美］玛莎·芬尼莫尔著：《干涉的目的：武力使用信念的变化》，第126页。

积极支持。如前所述，中国对联合国维和行动的态度从反对、不介入到积极参与的变化，便从一个侧面反映了中国对联合国授权和主导的国际干涉行为态度的变化。在 1971 年以前，中国把联合国维和行动看作是"美帝国主义国际警察部队的分支"。① 1971—1981 年间，中国在加入联合国后的初期，采取了"不参与"联合国维和行动的态度，既不参加相关投票，也声明对维和行动不承担任何财政义务。20 世纪 80 年代，中国"主动参与"联合国维和行动。1981 年 11 月，中国常驻联合国代表凌青表示，中国政府准备对今后联合国维和行动采取区别对待的灵活立场，中国将从 1982 年 1 月 1 日开始交纳现存两支中东联合国部队的摊款。当年 12 月，中国第一次投票赞成增派联合国驻塞浦路斯维和部队。1988 年 7 月，中国申请参加联合国维持和平行动特别委员会，当年 12 月召开的第 43 届联大一致通过决议，同意接纳中国为联合国维和行动特别委员会成员。1989 年底，中国政府派遣 20 名文职人员到纳米比亚参加"联合国过渡时期援助团"，监督纳米比亚的独立进程，首次参加联合国维和行动。20 世纪 90 年代开始，中国"深入参与"联合国维和行动。1990 年 4 月，中国首次向"联合国停战监督组织"派遣了 5 名军事观察员，参加"联合国伊拉克—科威特观察团"，这是中国军事人员第一次参加联合国维和行动。1992 年 4 月，中国派遣 47 名军事观察员和 400 人的维和工程大队到柬埔寨参加"过渡时期联合国权力机构"，这是中国第一次派出成建制的"蓝盔部队"。1997 年，中国常驻联合国代理代表宣布，中国政府决定原则上参加"联合国维和待命安排"，并将在适当时候向联合国维和行动提供军事观察员、民事警察和工程等后勤保障分队。

中国对于 1991 年美国出兵科威特、反击伊拉克侵略的行为实际上采取

---

① ［美］伊丽莎白·埃克诺米、［美］米歇尔·奥克森伯格主编：《中国参与世界》，第 56 页。

了支持的态度，主要表现在中国在安理会表决的时候与美国合作，从而使得安理会顺利通过了相关决议，美国出兵也因此拥有了国际合法性。正所谓"中国如何投票，又成为美国能否合法出兵海湾的关键"。[①] 1990 年，伊拉克入侵科威特的事实显而易见，公然违反了国际法的主权原则。1990 年 8 月 2 日，联合国安理会通过 660 号决议，谴责伊拉克入侵科威特，中国投了赞成票。同年 8 月 6 日，安理会通过 661 号决议，对伊拉克实施经济制裁，中国也投了赞成票。同年 11 月 29 日，安理会通过 678 号决议，授权对伊拉克使用"所有必要手段"，中国作为拥有否决权的国家投了弃权票。这赋予了美国于 1991 年发动的"沙漠风暴"军事行动的国际合法性。此外，中国在 1992 年支持安理会授权在索马里"使用一切必要手段"，在 1993 年支持安理会一项授权在海地使用武力的决议，在 1999 年支持安理会有关在东帝汶进行干涉的决议。[②]

　　然而，中国对于没有得到联合国授权和主导的其他国际干涉行为，特别是人道主义干涉行为则基本上采取了反对或不支持的态度。比如，中国在 1999 年反对北约在科索沃使用武力。因为在中国政府看来，人权属于内政问题，外国无权以人权为由进行干涉。但需要指出的是，对于严重侵害人权的情势，中国政府和学界并不反对国际干涉行为。比如，1991 年，中国国务院新闻办公室发表的人权白皮书明确指出："对于危及世界和平与安全的行为，诸如由殖民主义、种族主义和外国侵略、占领造成的粗暴侵犯人权的行为，以及种族隔离、种族歧视、灭绝种族、贩卖奴隶、国际恐怖组织侵犯人权的严重事件，国际社会都应进行干涉和制止，实行人权的国

---

① 钱其琛著：《外交十记》，第 186—188 页。

② Rosemary Foot and Andrew Walter, *China, the United States, and Global Order*, pp.47–48.

际保护。"①　杨泽伟表示："国际社会对一国境内严重人权灾难的干涉，不应被认为是对该国内政的干涉。"②

五、中国与国际环境保护规范

大致从 20 世纪 70 年代开始，环境问题跨国化、全球化趋势越来越明显，同时保护环境的努力也开始全球化。③ 于是，环境保护与治理也逐渐成为新的国际规范。其主要表现在于，自从 1972 年 6 月，在瑞典斯德哥尔摩举行的联合国人类环境会议（UN Conference on the Human Environment, Stockholm）开始，国际环境会议越来越受到关注（比如 1972 年的联合国人类环境会议、1992 年的联合国环境与发展大会、2002 年的可持续发展世界首脑会议），国际环境条约越来越多（到 2001 年，国际环境条约已经超过 500 个，其中 60% 是 1972 年以后达成的），政府间与非政府间国际环境组织的数量越来越大（其中，1970 年到 1990 年，政府间国际环境组织从 60 多个增加到 160 多个）。④

改革开放以来，伴随经济持续高速增长，中国的环境问题越来越严重，中国对国际环境保护规范的态度也逐渐发生了从消极到积极的变化。早在 1972 年，中国曾经派代表团出席在瑞典斯德哥尔摩召开的联合国人类环境会议，但是中国拒绝参加投票，也不签署公约。因此，改革开放以前的中

---

①　国务院新闻办公室：《中国的人权状况》，北京：中央文献出版社 1991 年版，第 70 页。

②　杨泽伟著：《国际法析论》（第三版），第 228 页。

③　张海滨著：《环境与国际关系：全球环境问题的理性思考》，上海：上海人民出版社 2008 年版，第 5 页。

④　张海滨著：《环境与国际关系：全球环境问题的理性思考》，第 6—8 页。

国属于国际环境制度的"落后参与者"。① 这是因为，中国在很长时间里把国际环境的恶化归结于资本主义发达国家对世界资源的过度掠夺。但是，从 20 世纪 70 年代末开始，中国先后签署或加入了一系列国际环境公约和协定（包括《保护臭氧层维也纳公约》《联合国气候变化框架公约》《生物多样性公约》《京都议定书》等），并与一些国家签署了环境合作双边协定或谅解备忘录。特别是从 1989 年以后，中国政府以更加积极、建设性的态度介入国际环境事务之中，包括明确提出要开展环境外交（1989），成立中国环境与发展委员会（1992），制定或修改一系列环境保护方面的相关法律和法规（如《节约能源法》《可再生能源法》《循环经济促进法》《清洁生产促进法》《森林法》《草原法》等），建立环境保护部际联席会议制度（2001），积极参加全球与地区性国际环境会议以及环境合作项目，向国际环境机构提供资金援助等。② 中国在 1999 年还主办了有关保护臭氧层的"蒙特利尔议定书缔约方"的世界大会。

第七节　改革开放以来中国在国际社会中所承受的压力

　　如前所述，改革开放以后，中国与国际社会的关系发生了重大变化。有中国学者指出："以中共十一届三中全会和 1979 年中美建交为标志，中国进入国际主流社会已成为不可阻挡的历史潮流。"③ 也有中国学者认为，改革开放以来，中国改变了观念，主动、积极融入国际社会，"中国不再是革命

---

　　① ［美］伊丽莎白·埃克诺米、［美］米歇尔·奥克森伯格主编：《中国参与世界》，第300 页。

　　② 张海滨著：《环境与国际关系：全球环境问题的理性思考》，第64—95 页。

　　③ 赵可金著：《当代中国外交制度的转型与定位》，第 352 页。

者、造反派，而是成为维护和平与稳定的举足轻重的力量，成为国际社会负责任的重要成员"，"中国作为国际社会成员的身份已经实实在在地建构起来，并且在不断向前发展"。① 然而，中国在融入国际社会的过程中，实际上也面临着来自国际社会的巨大压力，中国在一些方面被认为融入国际社会的程度不够深，中国在国际社会中的合法性也受到质疑。

1989 年的政治风波之后，中国在人权和民主问题上面临来自国际社会的巨大压力。1989 年 6 月 5 日至 1989 年 7 月 15 日，美国、日本、欧共体和西方七国首脑会议相继发表声明，中止与中国领导层的互访，停止向中国军售和商业性武器出口，推迟国际金融机构向中国提供新的贷款。② 在美国的带动下，有二十多个发达国家参与了对中国的制裁，亚洲开发银行和世界银行也停止向中国提供新的贷款。③ 一些西方国家在国际组织中就人权问题向中国施加压力，以不同方式支持中国的持不同政见者，甚至对中国实施经济制裁。美国等西方国家在联合国人权委员会会议上曾连续十一次提出有关中国人权状况的议案，但都未获得通过。④ 欧盟至今还没有解除其自 1989 年以来所实施的对华武器禁售。与此同时，一些西方国家在联合国人权会议上提出过所谓"中国西藏局势"议案。流亡海外的达赖喇嘛在 1989 年 10 月被授予诺贝尔和平奖，并在此后获得西方政府首脑的频繁会见，这遭到中国政府的严重抗议，给中国与一些西方主要国家的关系带来了负面影响。

面对西方在人权和民主问题上对中国所施加的压力，邓小平提出了应对策略："对于国际形势，概括起来就是三句话：第一句话，冷静观察；第

---

① 秦亚青等主编：《国际体系与中国外交》，第 5 页。

② 钱其琛著：《外交十记》，第 165 页。

③ 牛军著：《中华人民共和国对外关系史概论（1949—2000）》，第 309 页。

④ 李肇星著：《说不尽的外交——我的快乐记忆》，第 227—233 页。

二句话，稳住阵脚；第三句话，沉着应付。不要急，也急不得。要冷静、冷静、再冷静，埋头实干，做好一件事，我们自己的事。"① 与此同时，邓小平在多个场合反复强调，必须坚持十一届三中全会制定的改革开放和现代化建设的政策。② 中国的对外关系在复杂国际形势之下也保持了稳定性与延续性，中国与西方主要国家的关系逐渐得到了改善。但是，1993 年克林顿入主白宫之后，美国政府把美国是否给予中国贸易最惠国待遇同中国是否在人权领域的各个方面取得"全面的重大的进步"联系起来。中国政府强烈反对把人权问题和贸易最惠国待遇挂钩，最后迫使美国政府放弃了把两者挂钩的做法。2000 年，美国众参两院先后通过了美国给予中国永久正常贸易关系待遇的法案。

中国在融入世界经济的过程中也遭遇了国际社会的压力，这典型地体现在中国加入世界贸易组织的曲折历程上。中国政府早在 1986 年就提出了参加关贸总协定的申请，后来又参加了有关加入世界贸易组织的谈判。1999 年 11 月，中国与美国就中国加入世界贸易组织达成双边协议，从而结束了长达十三年的马拉松式谈判。中美达成的这个协议加快了中国与其他国家双边谈判的进程，但是直到 2001 年 11 月，在卡塔尔首都多哈召开的世界贸易组织第 4 届部长级会议上，才通过了中国加入世界贸易组织的决定，同年 12 月 11 日，中国才正式成为世界贸易组织的成员国。

中国在环境保护问题上，同样也受到了来自国际社会的压力。以气候变化问题为例，1979 年举行了第一届世界气候大会。中国从 1990 年开始参加国际气候变化谈判，从此中国一直坚持在应对气候变化问题上"共同但有区别的责任"之原则，表明中国在达到中等发达国家水平之前不承担减排温室气体的义务，强调以人均能源消耗和人均温室气体排放为谈判减

---

① 邓小平：《邓小平文选》（第三卷），第 321 页。

② 牛军著：《中华人民共和国对外关系史概论（1949—2000）》，第 305—306 页。

排义务的重要基础，主张发达国家应该向发展中国家提供资金和技术方面的支持等。中国在气候变化问题上的态度被认为比较消极，面对来自发达国家以及许多发展中国家的巨大压力。[①]

　　改革开放以来，中国在融入国际社会的过程中遭遇的一系列压力，根源都在于中国被国际社会中的主导国家认为不符合或者不完全符合"新的文明标准"。在进入 21 世纪之后，随着"中国崛起"成为一个热门话题，中国在国际社会中所面临的压力变得更为巨大。这是本书最后一章将重点讨论的问题。

①　张海滨著:《环境与国际关系：全球环境问题的理性思考》，第 81—95 页。

第六章
中国的崛起与国际规范的变迁

　　进入 21 世纪，随着中国综合国力的日益增强，中国在国际社会中的"崛起"及其影响已经成为一个国际热门话题。与此同时，一些西方学者开始明确提出和讨论"新文明标准"（new standard of civilization）概念，而民主和人权等往往被视为其中的关键要素。值得指出的是，一些非西方国家的知识精英和官员，包括中国的邻国日本、印度、韩国等国的知识精英和官员，在讨论非西方国家崛起的同时，也认为民主、人权、环境主义、市场经济等已经成为当今国际社会的普遍价值，实际上认同西方学者所说的"文明标准"。在一些西方学者（以及某些非西方学者）看来，正在崛起中的中国尚未符合或者不完全符合国际社会的"新文明标准"，因而可能对西方构成挑战。因此，崛起的中国如何应对国际规范的变迁，尤其是"新文明标准"的出现，将是 21 世纪中国与国际社会关系中的一个重要问题。

第一节　中国的崛起

中国改革开放的主要成果之一，便是中国综合实力（首先是经济实力）的迅速增强，导致在国际社会中出现了一个广为瞩目的"中国崛起"现象。中国崛起及其对近代以来西方主导的国际社会所产生的影响，也自然成为冷战结束以后的一个国际热门话题。早在 20 世纪 90 年代初期的时候，就已经有西方学人出版了有关"中国崛起"（the rise of China or China's rise）的专著，尽管"中国崛起"并非冷战以后才出现的概念。[①] 随后，中国学者也开始研究相同问题并出版了相关著述。[②] 如果说 20 世纪 90 年代末，

[①]　William H. Overholt, *The Rise of China: How Economic Reform Is Creating a New Superpower*（New York: W.W. Norton & Company, Inc., 1993）. 该书的中文版于 1996 年由中央编译出版社出版。即［美］威廉·奥弗霍尔特著，达洲译：《中国的崛起：经济改革正在如何造就一个新的超级强国》，北京：中央编译出版社 1996 年版。虽然奥弗霍尔特并非最早使用"中国崛起"的人，但是可能正是他这本书引发了冷战以后有关"中国崛起"的讨论以及"中国崛起"这一概念的流行。据笔者查阅，1941 年、1943 年、1959 年、1962 年、1964 年、1970 年、1989 年出版的许多英文著作中都包含"中国崛起"这个概念。如 Chiang, May-ling Soong, *China Shall Rise Again* (London: Hurst & Blackett, Ltd., 1941); William F. Burbidge, *Rising China: A Brief History of China and a Biographical Sketch of Generalissimo and Madame Chiang Kai-Shek* (London, 1943); Arthur Doak Barnett, *Communist Economic Strategy: The Rise of Mainland China* (Washington, DC: National Planning Association, 1959); Victor Purcell, *The Rise of Modern China* (London: Routledge and Kegan Paul, 1962); Wayne Ayres Wilcox, *India, Pakistan and the Rise of China* (New York: Walker, 1964); Immanuel C. Y. Hsu, *The Rise of Modern China* (Oxford: Oxford University Press, 1970); Irwin Millard Heine, *China's Rise to Commercial Maritime Power* (New York: Green Wood, 1989).

[②]　阎学通、王在邦、李忠诚、侯若石著：《中国的崛起——国际环境评估》，天津：天津人民出版社 1998 年版。

还有一些西方舆论对中国崛起抱有怀疑，[①] 那么进入 21 世纪后，中国崛起为大国则似乎已经成为西方学者、评论家和政治家的广泛共识了。[②] 甚至有西方学者创造了"中美国"（Chimerica）、"两国集团"（G2）等吸人眼球的概念，解读中国实力的极大增强。[③] 此外，还有西方学者出版了《当中国统治世界：中国的崛起和西方世界的衰落》《西方的衰落》之类的著作。[④] 赵可金明确指出，21 世纪初，最大的国际政治变化就是中国的持续崛起，中国已经从一个国际社会中的边缘角色发展成为全球经济、政治和安全领域中的显赫角色。[⑤] 特别是自从 2003 年以来，随着中国知识精英和国家领导人公开阐述中国"和平崛起"思想，有关中国崛起的讨论更是逐渐成为一种国际时尚，甚至中国人提出的"和平崛起"（peaceful rise）这个概念本身，也成为某些西方国际关系学者研讨的对象。[⑥] 一位欧洲学者甚至这样写道："今天欧洲的所有人都在观察中国，大家无论是否了解中国，都对中国有

---

① Gerald Segal, "Does China Matter?" *Foreign Affairs*, Vol.78, No.5 (1999), pp.24–36.

② Samuel S. Kim, "China in World Politics," in Barry Buzan and Rosemary Foot, eds., *Does China Matter? A Reassessment: Essays in Memory of Gerald Segal*（London: Routeledge, 2004）, p.40.

③ Niall Ferguson and Moritz Schularick, "'Chimerica' and the Global Asset Market Boom", *International Finance*, Vol.10, Issue 3(2007), pp.215–239; Niall Ferguson and Moritz Schularick, "Chimerical? Think Again", *Wall Street Journal*, February 5, 2007; Fred C. Bergsten, "A Partnership of Equals: How Washington Should Respond to China's Economic Challenge?", *Foreign Affairs*, Vol.87, Issue 4（July 2008）, pp.57–69.

④ ［英］马丁·雅克著：《当中国统治世界：中国的崛起和西方世界的衰落》；［英］尼尔·弗格森著，米拉译：《西方的衰落》，北京：中信出版社 2013 年版。

⑤ 赵可金：《中国地位与世界角色——探索新外交哲学》，《国际政治研究》2012 年第 4 期，第 50 页。

⑥ Bonnie S. Glaser and Evan S. Medeiros, "The Changing Ecology of Foreign Policy Making in China: Then Ascension and Demise of the Theory of 'Peaceful Rise'", *China Quarterly*, Vol. 190 (June 2007), pp.291–310.

看法。"[1] 据我的不完全统计，2000—2009 年间，在西方出版的、以"中国崛起"为主题的英文书籍就超过了 20 部。[2] 此后，还不断有类似的著作问

---

① 　Hooghe, Ingrid, "The Limits of China's Soft Power in Europe: Beijing's Public Diplomacy Puzzle," The Hague, Netherlands Institute of International Relations, Clingendael Diplomacy Papers No.25, 2010, p.1

② 　Michael E. Brown, et al., *The Rise of China* (Cambridge, Mass.: MIT Press, 2000); Ramgopal Agarwala, *The Rise of China: Threat or Opportunity?* (New Delhi: Bookwell, 2002); Kokubun Ryosei and Wang Jisi, eds., *The Rise of China and a Changing East Asian Order* (Tokyo: Japan Center for International Exchange, 2004); Robert Sutter, *China's Rise in Asia: Promises and Perils* (Lanham, MD: Rowman & Littlefield Publishers, 2005); Ted C. Fishman, *China Inc: The Relentless Rise of the Next Great Superpower* (London: Simon & Schuster, 2005); Harm De Blij, *Why Geography Matters: Three Challenges Facing America: Climate Change, the Rise of China, and Global Terrorism* (New York, NY: Oxford University Press, 2006); Ian Storey, *ASEAN and the Rise of China* (London: Routledge, 2006); Daniel C. Lynch, *Rising China and Asian Democratization: Socialization to 'Global Culture' in the Political Transformations of Thailand, China, and Taiwan* (Stanford, Ca.: Stanford University Press, 2006); Brahma Chellaney, *Asian Juggernaut: The Rise of China, India and Japan* (New Delhi: Harper Collins Publishers, 2006); Edward Friedman, ed., *China's Rise, Taiwan's Dilemmas and International Peace* (London and New York: Routledge, 2006); Zmark Shalizi, *Energy and Emissions: Local and Global Effects of the Rise of China and India* (Washington, DC: World Bank, 2007); David C. Kang, *China Rising: Peace, Power, and Order in East Asia* (New York: Columbia University Press, 2007); Bates Gill, *Rising Star: China's New Security Diplomacy* (Washington, DC: Brookings Institution Press, 2007); William W. Keller and Thomas G. Rawski, ed., *China's Rise and the Balance of Influence in Asia* (Pittsburgh, PA: University of Pittsburgh Press, 2007); V.P. Malik and Jorg Schultz, eds., *The Rise of China: Perspectives from Asia and Europe* (New Delhi: Pentagon Press, in association with Observer Research Foundation, 2008); Minqi Li, *The Rise of China and the Demise of the Capitalist World Economy* (London: Pluto Press, 2008); Rex Li, *A Rising China and Security in East Asia: Identity Construction and Security Discourse* (London: Routledge, 2008);Sheng Ding, *The Dragon's Hidden Wings: How China Rises with Its Soft Power* (Lanham, MD: Lexington Books, 2008); C. Fred Bergsten, et al, *China's Rise: Challenges and Opportunities* (Washington, DC: Peterson Institute for International Economics, 2008); Charles Horner, *Rising China and Its Postmodern Fate: Memories of Empire in a New Global Context* (Athens, Ga: The University of Georgia Press, 2009); Hsin-Huang, Michael Hsiao and Cheng-yi Lin, *Rise of China: Beijing's Strategies and Implications for the Asia-Pacific* (London: Routledge, 2009); Scott Snyder, *China's Rise and the Two Koreas: Politics, Economics, Security* (Boulder, Colo: Lynne Rienner Publishers, 2009).

世。① 实际上，西方媒体的报道亦是如此。正如澳大利亚学者潘成鑫所说的："二十一世纪头十年里，被媒体报道最多的事件，不是全球金融危机，不是经年累月的伊拉克战争，甚至也不是'9•11'恐怖袭击，而是中国的崛起。"②

　　虽然中国崛起在 21 世纪初成为一个热门话题，但是这并非意味着中国崛起只是 21 世纪初的现象，也不是说中国崛起的过程在 21 世纪初已经完成了。实际上，中国的崛起是一个很长的历史过程。中国在国际社会中的崛起最早可以追溯到 1943 年中国成为国际社会中的一个具有完全主权地位的国家，它在 1945 年还成为联合国安理会五大常任理事国之一。但是，第二次世界大战结束之后的国共内战以及 1949 年以后新中国长期在国际社会中被孤立和历经多次政治动荡，中国的崛起过程如果不能说是被中断的话，至少也是受到了严重的干扰和阻碍。中国真正被认为开始在国际社会中崛起，应该是在 20 世纪 70 年代末改革开放政策提出之后。改革开放以来，中国发生了巨大的变化，特别是经济持续快速增长。在过去 40 年中，中国经济持续高速增长，以至于到了 21 世纪初，中国在经济发展方面所取得的成就令世界瞩目。1979—2007 年间，中国 GDP 年均增长率为 9.8%，超过了日本、韩国、新加坡以及中国香港、中国台湾地区经济起飞时的纪录。

---

① Brantly Womack, ed., *China's Rise in Historical Perspective* (Lanham, Md.: Rowman & Littlefield Publishers, 2010); Herbert S. Yee, ed., *China's Rise: Threat or Opportunity?* (London: Routledge, 2011); Baogang Guo and Chung-chian Teng, ed., *China's Quiet Rise: Peace Through Integration* (Lanham, Md.: Lexington Books, 2011); Arne Odd Westad, *Restless Empire: China and the World Since 1750* (London: Bodley Head, 2012); Jeffrey A. Bader, *Obama and China's Rise: An Insider's Account of America's Asia Strategy* (Washington, DC: Brookings Institution Press, 2012); David Shambaugh, *China Goes Global: The Partial Power* (Oxford: Oxford University Press, 2013); Gary J. Schmitt, *The Rise of China: Essays on the Future Competition* (Encounter Books, 2013) ; Thomas J. Christensen, *The China Challenge: Shaping the Choices of A Rising Power* (New York: W. W. Norton & Company, 2015).

② ［澳］潘成鑫著，张旗译：《国际政治中的知识、欲望与权力：中国崛起的西方叙事》，北京：社会科学文献出版社 2016 年版，《前言》第 1 页。

在 2001 年，中国 GDP 总值达到 9.59533 万亿元人民币（按当时的人民币兑换美元的汇率，约合 1.15 万亿美元），经济总量居世界第六位。[①] 中国 GDP 总值在 2005 年超过英国，在 2007 年超过德国，到了 2010 年，中国 GDP 总值已经上升到 5.8786 万亿美元，超过了日本，成为世界第二大经济体。[②] 2013 年，中国的进出口贸易总值首次超过 4 万亿美元，成为世界第一大贸易国。2014 年，中国 GDP 总值达到 9.88 万亿美元，占美国 GDP 的 57%，占世界 GDP 的 12%，继续保持世界第二大经济体地位。迄今为止，中国也是世界上外汇储备最多的国家。

中国取得如此大的经济发展成就，主要得益于 20 世纪 70 年代末开始的改革开放政策。进入 21 世纪，中国领导人表示要继续坚持改革开放路线，并且努力进一步深化改革、转变经济增长方式。2002 年，中共十六大宣告我国社会主义市场经济体制初步建立，提出到 2020 年建成完善的社会主义市场经济体制。十六届三中全会（2003）通过了《中共中央关于完善社会主义市场经济体制若干问题的决定》。2012 年，中共十八大提出坚持社会主义市场经济的改革方向，加快完善社会主义市场经济体制。作为继续改革开放的一个重要具体举措，2013 年 9 月，中国境内首个自由贸易区在上海浦东揭牌，除了建立自由贸易区之外，还涉及外资、财税、物流、政府行政管理等诸多领域的改革探索。2013 年 11 月 9 日—12 日，中共十八届三中全会提出全面深化中国的改革。这次全会通过的《中共中央关于全面深化改革若干重大问题的决定》提出，"面对新形势新任务，全面建成小康社会，进而建成富强民主文明和谐的社会主义现代化国家、实现中华民族伟大复兴的中国梦，必须在新的历史起点上全面深化改革"。该会议文件

---

① 　江泽民：《全面建设小康社会　开创中国特色社会主义事业新局面——在中国共产党第十六次全国代表大会上的报告》（2002 年 11 月 8 日）。

② 　http://news.sina.com.cn/c/2011-02-14/085921950289.shtml.

特别强调"紧紧围绕使市场在资源配置中起决定性作用深化经济体制改革，坚持和完善基本经济制度，加快完善现代市场体系、宏观调控体系、开放型经济体系，加快转变经济发展方式，加快建设创新型国家，推动经济更有效率、更加公平、更可持续发展"。① 2013 年，习近平关于《全面深化改革若干重大问题的决定》的说明指出："从党的十一届三中全会作出把党和国家的工作重心转移到经济建设上来、实行改革开放的历史性决策以来，已经 35 个年头了。中国人民的面貌、社会主义中国的面貌、中国共产党的面貌能发生如此深刻的变化，我国能在国际社会赢得举足轻重的地位，靠的就是坚持不懈推进改革开放。"他同时表示："正是从历史经验和现实需要的高度，党的十八大以来，中央反复强调，改革开放是决定当代中国命运的关键一招，也是决定实现'两个一百年'奋斗目标、实现中华民族伟大复兴的关键一招，实践发展永无止境，解放思想永无止境，改革开放也永无止境，停顿和倒退没有出路，改革开放只有进行时、没有完成时。面对新形势新任务，我们必须通过全面深化改革，着力解决我国发展面临的一系列突出矛盾和问题，不断推进中国特色社会主义制度自我完善和发展。"②

中国的国防现代化建设也取得了很大成就，多种科技含量高的武器装备陆续列装部队。特别是在 2004 年 8 月，中国的航空母舰工程正式启动，中国的第一艘航空母舰辽宁号于 2012 年正式入列并完成了舰载机的起降，这无疑具有重要的象征意义，是中国建设"海洋强国"的具体措施之一。中国在科学技术方面所取得的进步同样让世界瞩目。在 21 世纪初，中国的北斗卫星导航系统、载人航天事业、探月工程、深潜技术、高速铁路领域

---

① 《中共中央关于全面深化改革若干重大问题的决定》（2013 年 11 月 12 日中国共产党第十八届中央委员会第三次全体会议通过），http://news.xinhuanet.com/politics/2013−11/15/c_118164235.htm.

② 习近平：《关于〈中共中央关于全面深化改革若干重大问题的决定〉的说明》，http://news.xinhuanet.com/politics/2013−11/15/c_118164294.htm.

等都取得了重大进展，捷报频传。

　　但是，中国的崛起过程并没有结束，中国的人均国内生产总值（2010年底，中国人均 GDP 在世界排名第 100 位左右，不到世界平均水平的一半。按照每人每天 1 美元的联合国标准，中国仍有 1.5 亿贫困人口）和国民收入水平在世界上依然很低，在综合实力方面和发达国家（特别是与美国相比）之间有很大的差距，在国内和国外都面临很多、很大的挑战。改革开放以后中国经济高速增长也不可能长期持续下去。因此，今天的中国依然处于崛起的过程中，或者说只是一个正在崛起之中的大国。有中国学者指出："中国的崛起还是一个长过程。鉴于中国综合实力提升快速，总量巨大，影响也就非同一般。但是，中国作为一个发展中国家，总量的膨胀并不能说明一切，人均收入还很低，社会分配差距还很大，地区发展还很不均衡，特别是为实现高增长付出的代价巨大，并留下许多有待治理的问题，政治体制改革滞后，贪腐严重，公民的权益保障和民主参与度还很低，如此等等，表明中国的真正挑战是在国内，即能否保持政治与社会的稳定、发展的可持续性，能否真正走出一条经济发展可持续、政治体制具有公信力的中国道路。"① 因此，有西方学者认为，中国要想成为一个像美国那样的、真正的"全球性大国"（global power），还有很长的路要走，中国还只是一个"不完全的大国"（the partial power）。② 值得注意的是，有中国学者预测，到 2023 年，世界上将有两个超级大国，而中国将成为其中"一个标准的世界超级大国"，这将改变 1991 年苏联解体以来世界上只有一个超级大国的格局。③ 阎学通指出："经过近 40 年的持续发展，虽然中国目前还不是国际

---

① 张蕴岭著：《寻求中国与世界的良性互动》，《前言》第 2—3 页。

② David Shambaugh, *China Goes Global: The Partial Power* (Oxford: Oxford University Press, 2013).

③ 阎学通著：《历史的惯性：未来十年的中国与世界》，第 18 页。

舞台上的一号角色，但已经是一个名副其实的二号角色。这种二号角色不仅体现在经济维度，而且体现在政治、文化、地缘等多个维度。一个全新的二号角色的隆重出场对既有国际舞台的冲击和影响必将是全方位的。"① 然而，这并非中国学界的普遍共识。值得注意的是，中国领导人明确表示中国无意、无力挑战美国的世界领导地位。比如，2014 年 12 月 17 日，中国国务院副总理汪洋在美国芝加哥出席中美商业论坛时指出："中国既没有想法，也没有能力，挑战美国的领袖地位。我们只是想在与美方的合作中，使美方能够更好地了解中方的想法，理解中国的国情，尊重中国人民的道路选择，不让政治制度差异，成为阻隔经济合作的障碍。"② 王缉思指出："美国应当尊重中国的国内秩序，而中国不需要从根本上挑战美国所倡导的国际政治经济秩序。"③

中国的崛起也是国际社会中非西方国家崛起的一个组成部分。如前所述，由主权国家组成的现代国际社会发源于欧洲，后来逐渐扩展到全世界，成为全球性的国际社会，西方国家一直是现代国际社会的主导者，是国际规范和"文明标准"的主要制定者、修订者、传播者以及裁决者，非西方国家作为现代国际社会的后来者，力量相对较弱，而且总体来说是国际规范和"文明标准"的接受者或者抵制者。然而，国际社会向全球扩展的过程，也为非西方国家在国际社会中的崛起创造了重要条件。这是因为，随着非西方国家加入国际社会，特别是第二次世界大战结束以后，广大的原先西方国家的殖民地或半殖民地纷纷获得独立地位并加入国际社会，国际社会中的非西方国家逐渐占据了绝大多数的席位，这在联合国成员国组成

---

① 李巍著：《制度之战：战略竞争时代的中美关系》，北京：社会科学文献出版社 2017 年版，第 17—18 页。

② http://news.ifeng.com/a/20141218/42748503_0.shtml.

③ 王缉思编著：《大国关系：中美分道扬镳，还是殊途同归？》，北京：中信出版社 2015 年版，第 263 页。

中表现得尤为明显。然而，尽管非西方国家在第二次世界大战结束以后，逐渐成为国际社会中的绝大多数，它们在国际社会中的影响力还是相对比较弱小的，20 世纪 50—60 年代兴起的第三世界被视为"反抗西方"的重要势力，西方国家依然维持着国际社会中的主导地位。但是，进入 21 世纪以来，随着中国、俄罗斯、印度、巴西、南非等所谓"金砖国家"的实力的快速增长，非西方国家在国际社会中的群体性崛起已经成为不争的现实，对西方国家在国际社会中的主导地位正在产生越来越大的冲击，它们不满足于只当国际规范的接受者，也希望参与新的国际规范的制定。有西方学者写道："西方塑造了我们生活的世界，虽然现在它越来越多地受到中国的影响，但是西方国家仍然是当今世界上最具压倒性优势的主导力量。西方对世界的影响如此之深，以至于难以想象如果没有它，或者所有这些从来没有发生过，世界将会变成什么样子。我们认为西方霸权的存在是理所当然的（它是如此根深蒂固和无所不在），我们不知不觉就认为它的存在是非常自然的……西方霸权既不是自然的产物，也不是永恒的，相反，在某个时期它将会自行终止。"[1] 庞中英指出："西方霸权时代的历史终点尽管尚未抵达，但是一些动向和势头已经预示着，在可预见的未来，如果西方无法找到新的路径遏止其危机，将加速抵达其霸权的终点。"[2] 针对中国和其他非西方国家的崛起以及西方陷入经济危机的现象，布赞认为："2008 年可能标志着西方全球性国际社会宣告终结的开端，因为全球性经济危机完全可以被后世看作是一个转折点，即西方全球性国际社会开始演变成另一种国际秩序，后者依然是高度全球性的，但其西方色彩却越来越弱。若果真如此，那就意味着我们现在处于一个转折时期。这个在 19 世纪确立起来而后

---

① ［英］马丁·雅克著：《当中国统治世界——中国的崛起和西方世界的衰落》，第 38 页。

② 庞中英：《全球治理的"新型"最为重要——新的全球治理如何可能》，《国际安全研究》2013 年第 1 期，第 53 页。

又经历了整个 20 世纪的以现代性为中心的、极其不平衡但又相互联系的国际社会，正在逐步让位于另外一种国际秩序。"① 他进一步指出："我们正在迈步走向一个没有超级大国的世界！这样一个世界，将会由大国和地区国家组成，但不会再有什么超级大国，因为超级大国是此前的巨大不平衡性的一大表象，而这种不平衡，正是 19 世纪所造就的权势模式当中的种种差异的产物。显而易见，美国正在失去控制权。作为一个全球超级大国，它必须拥有大约全世界 40% 的国内生产总值——英国和美国在其如日中天之际正是如此。而在今后，没有哪个国家可以做到这一点。中国正在崛起，中国也很大，但是，其他许多国家也在崛起。在现代性革命的肇始阶段，少数几个欧洲国家做到了权势集中，从而得以在一个短暂而罕见的历史时期内独占鳌头。今后，这种现象将不再可能出现了。"② 我认为，现在谈西方霸权的终结可能还为时过早，"非西方崛起群体"与冷战时期的"第三世界"或者"不结盟运动"一样，远没有发展成为一个在国际社会中具有高度凝聚力的、影响巨大的单一行为体。但是，非西方国家在国际社会中的持续崛起是一个历史发展趋势。

值得注意的是，进入 21 世纪，在非西方国家中，中国想要和平崛起为世界大国的意愿是很强烈的（或许最为强烈？）。正如徐中约所指出的："对中国来说，目前正处于历史上的有利时期。中国经过了一个半世纪的内忧外患，富裕、强大和获取国际尊重似乎即将到来。中国人在精神上重新获得自信，很多人认为国运正在往上走，该是中国宣称自己'天命所归'的时候了。"③ 中国日益自信的一个表现，就是中国领导人在 2003 年阐述了"和平崛起"的思想，后来改为"和平与发展""中华民族的伟大复兴"以

---

① ［英］巴里·布赞：《全球性变革与国际秩序的演进》。
② 同上。
③ ［美］徐中约著：《中国近代史》（第六版），第 596 页。

及"中国梦"等不同但类似的提法。与此同时，中国领导人也表达了要"推动不同文明友好相处、平等对话、发展繁荣，共同构建一个和谐世界"的主张。①

　　在我看来，所谓的"中国崛起"至少包含两个层面的含义，即中国在世界上实力地位的大大提高，以及中国被承认为大国俱乐部的成员之一并参与国际规范的制定以及国际新秩序的塑造。实力地位的提高，特别是经济实力和军事实力的增强，是中国主要通过自己的努力就可以实现得了的目标。改革开放40年来，中国在这个方面的实力地位已经得到很大的提高。而中国被承认为世界大国俱乐部的成员之一并参与国际规范的制定以及塑造未来的国际秩序，则需要获得其他国家，特别是国际社会中主导国家的认可与支持，其行为需要被认为符合国际社会主流的行为规范并具有"国际合法性"（international legitimacy）②。中国在这个方面的实力地位也有一定的提高，但提升的幅度远不如前一个方面。上述中国崛起的第一个层面的含义主要是物质上的，而第二层面的含义则主要是理念上的。当然，这两个方面相互关联、密不可分。相对来说，人们对于中国崛起的第一个层面的论述比较多，而对中国崛起的第二个层面的讨论则比较少。实际上，有关中国崛起的第二个层面涉及中国与国际社会关系的核心问题，即一个正在崛起的中国如何对待主要由西方国家所构建的国际规范？具体来说，一个崛起的中国对于现存国际规范的态度到底是适应、接受，还是修正、挑战？或者既适应、接受，又修正、挑战？事实上，作为主要由西方国家构建的社会事实（体现在西方话语之中），国际规范本身并非一成不变，

　　①　秦亚青等主编：《国际体系与中国外交》，第6页。

　　②　有关国际合法性的讨论，可参考 Ian Clark, *Legitimacy in International Society* (Oxford: Oxford University Press, 2005); Ian Clark, *International Legitimacy and World Society* (Cambridge: Cambridge University Press, 2007); Hilary Charlesworth, ed., *Fault Lines of International Legitimacy* (Cambridge: Cambridge University Press, 2009).

而是始终处于变化过程之中的，中国作为一个正在崛起的非西方大国，总是要面临如何对待主要由西方国家主导的国际规范变迁这样一个重要问题。简单地说，今天西方所主导的国际规范变迁的一个重要内容，就是正在发生着从强调主权原则到强调人权和民主等原则的转变，这是正在崛起的中国所不得不面对的国际社会现实。

第二节　中国努力成为国际社会中的负责任大国

中国在国际社会中不断崛起，这既是改革开放政策所导致的结果，也是在主动融入国际社会的进程中得以实现的。因此，进入 21 世纪之后，作为一个正在崛起中的大国，中国继续坚持走改革开放的道路，继续主动融入国际社会之中，并且更加积极主动地承担与自身实力相称的国际责任，努力扮演国际社会中负责任大国的角色。正如中国政府明确表明的："作为国际社会负责任的国家，中国遵循国际法和公认的国际关系准则，认真履行应尽的国际责任。"①

进入 21 世纪，中国融入国际社会的程度更深，中国在国际舞台上更加活跃和积极主动，以实际行动表明中国作为国际社会的重要一员，愿意并努力承担相应的国际义务和责任。达巍指出："中国对现有国际制度的看法逐渐走向肯定，中国在国际制度中的角色也逐渐转变为参与者和改革者。"②另外，黄仁伟在谈到中国应认真吸取后起大国应对守成大国的经验教训时

---

① 国务院新闻办公室：《中国和平发展》白皮书，2011 年 9 月 6 日，http://www.gov.cn/jrzg/2011–09/06/content_1941204.htm.

② 达巍：《构建中美新型大国关系的路径选择》，《世界经济与政治》2013 年第 7 期，第 71 页。

指出："后起大国应尽力避免挑战和对抗现存国际体系。守成大国一般同时也是现存国际体系的主导者和国际规范的创制者，而国际体系的大部分成员已习惯于追随守成大国及其控制的国际体系。后起大国应参与现存国际体系的改革，而不是另起炉灶。"① 但需要指出的是，在此问题上，中国社会内部实际上存在着不同的声音，中国的一些行为在国际舞台上也受到质疑，被认为"很强势"。

一、参与国际社会的程度更深

在 21 世纪初，中国对国际社会的参与程度达到了前所未有的高度。截至 2011 年 7 月 31 日，中国已经同 172 个国家建立了外交关系，其中有 7 个国家（东帝汶民主共和国、多米尼克国、黑山、哥斯达黎加共和国、纽埃、马拉维共和国以及南苏丹）是在 2002—2011 年间与中国建交的。② 也就是说，除了与台湾当局保持"外交关系"的二十多个国家外，中国已经同世界上绝大多数国家建立起了正常的外交关系，包括在 2011 年独立的南苏丹。与此同时，中国参加了 100 多个政府间国际组织，签署了近 300 个国际条约，向 110 多个国家和地区组织提供了 2000 多个援助项目。以上这些数据清楚地说明，中国的外交空间在 21 世纪初得到了极大的拓展。

同样值得注意的是，进入 21 世纪，越来越多的中国人开始出任国际组织的高级官员，国际组织中出现了更多的中国面孔，在一定程度上体现了中国在国际社会中的影响和地位。2006 年 11 月，中国香港的陈冯富珍当选

① 黄仁伟：《后起大国与守成大国互动的历史与现实》，《国际关系研究》2015 年第 1 期，第 13 页。

② 《中华人民共和国与各国建立外交关系日期简表》，中国外交部网站，http://www.fmprc.gov.cn/mfa_chn/ziliao_611306/2193_611376/.

世界卫生组织总干事。2007 年 6 月，沙祖康就任联合国负责经济和社会事务的副秘书长。2007 年 11 月，张月姣被世界贸易组织任命为常设上诉机构成员，成为第一个当选该组织大法官的中国人。2008 年 6 月，林毅夫出任世界银行副行长兼首席经济学家。2010 年 6 月，薛捍勤当选国际法院法官，当年 9 月宣誓就职，成为国际法院首位中国籍女法官。2011 年 7 月，朱民被任命为国际货币基金组织副总裁。2012 年 3 月 7 日，国际货币基金组织执行总裁拉加德发表声明，宣布任命中国籍雇员林建海担任该组织秘书长。2012 年 5 月，吴洪波出任联合国负责经济和社会事务的副秘书长。2013 年 11 月，中国教育部副部长郝平在联合国教科文组织第 37 届年会上当选为新一届大会主席，任期两年。2016 年 1 月，世界银行宣布任命中国财政部国际财金合作司司长杨少林担任世界银行常务副行长兼首席行政官。2017 年 6 月，中国外交部副部长刘振民被联合国秘书长任命接替吴洪波，出任联合国负责经济和社会事务的副秘书长。可以预见，今后，中国人担任国际组织高官的现象将会越来越普遍，国际组织中来自中国的雇员，尤其是高级管理人员偏少的状况将逐步改变。

此外，中国在 2001 年主办上海 APEC 首脑会议、2008 年成功举办北京夏季奥运会、2010 年成功举办上海世博会、2014 年主办北京 APEC 首脑会议、2016 年举办杭州 G20 峰会等，也从另外一个侧面反映了中国参与国际社会的深度与广度。

二、更加积极地参加联合国的工作

在 21 世纪初，中国以更加积极和建设性的姿态参加联合国各个机构的工作，并且在其中发挥日益重要的作用。中国政府明确表示，要维护和完善以联合国为中心的现行国际体系和秩序。① 这首先体现在中国从 21 世纪初，开始加大了参加联合国维和行动的力度上。

2001 年 12 月，中国正式成立国防部维和事务办公室，统一协调和管理中国军队参加联合国维和行动事务。2002 年 1 月，中国正式参加联合国维和行动一级待命安排机制。2002 年 10 月，国务院、中央军委批准了参加联合国维和待命分队组建方案，可以在联合国需要时派遣 1 个联合国标准工程营（525 人）、1 个联合国标准医疗队（35 人）和两个联合国标准运输连（各 80 人）。自 2004 年 3 月开始，中国成为联合国安理会常任理事国中派遣维和人员最多的国家。截至 2012 年底，中国共参加了 23 项联合国维和行动，累计派出维和军事人员两万多人次。中国参加维和行动的所有官兵均被授予联合国和平勋章，有 3 名军官和 6 名士兵在执行维和任务中牺牲，被授予联合国哈马舍尔德勋章。不仅如此，中国目前还是联合国 115 个维和出兵国中派出工兵、运输和医疗等保障分队最多的国家，是缴纳维和摊款最多的发展中国家。截至 2012 年 12 月，中国人民解放军共有 1842 名官兵在 9 个联合国任务区遂行维和任务。其中，军事观察员和参谋军官 78 人，赴联合国刚果（金）稳定特派团工兵、医疗分队共 218 人，赴联合国利比里亚特派团工兵、运输和医疗分队共 558 人，赴联合国驻黎巴嫩临时部队工兵、医疗分队共 335 人，赴联合国南苏丹特派团工兵、医疗分队共 338 人，赴联合国／非盟达尔富尔特派团工兵分队 315 人。② 截至 2017 年 6 月，中国军队共派出 2515 名官兵在十个任务区执行维和任务。③ 中国参与的维和行动已经遍及全球，许多分布在高风险区域，中国维和人员伤亡事件时

---

① http://news.ifeng.com/a/20160401/48292027_0.shtml.

② 国务院新闻办公室：《中国武装力量的多样化运用》白皮书（全文），2013 年 4 月 16 日，http://news.ifeng.com/mainland/detail_2013_04/16/24267642_1.shtml.

③ 刘铁娃：《中美联合国维和行动比较与合作空间分析》，《国际政治研究》2017 年第 4 期，第 35 页。

有发生。此外，中国维和警察也在中美洲的海地、西南亚的阿富汗等国家参加维和行动。其中在 2010 年 1 月的海地大地震中，8 名中国公安部工作组成员和维和警察丧生。对于联合国维和行动，中国强调新的维和理论应以传统维和原则为基础，并为广大会员国所接受。[①] 在 2015 年 9 月举行的联合国成立 70 周年系列峰会上，习近平代表中国政府宣布，设立为期 10 年、总额 10 亿美元的中国—联合国和平与发展基金；加入新的联合国维和能力待命机制，为此率先组建常备成建制维和警队，并建设 8000 人规模的维和待命部队。

与此同时，中国对联合国维和行动费用的摊款比例也不断增加，1998—2000 年度为 0.9%，2001—2003 年度为 1.91%，2007—2009 年度为 2.66 %。根据联合国达成的 2010—2012 年度会费比额分摊办法，中国的会费比额有较大增长：正常预算摊款比额将从 2.667% 增长到 3.189%，维和费用将从 3.1474% 增长到 3.9390%。 这意味着，从 2010 年起，中国分摊的联合国正常预算和维和摊款分别达到 8000 万美元和 3 亿美元。加上其他的单列支出，中国缴纳的各项联合国费用总计达到 4 亿美元左右。[②] 2015 年 12 月，联合国大会通过了各会员国 2016—2018 年度维和摊款比例，中国承担 10.2885%，在 192 个会员国中排名第二位。[③] 由于中国经济持续发展，可以预计，今后中国的摊款比例还会不断增加。

对于中国对待联合国维和行动态度的变化以及中国在 21 世纪联合国维和行动中的重要作用，何银明确提出："自从 1971 年重返联合国以来，中

---

① 中华人民共和国外交部政策规划司编：《中国外交》（2011 年），北京：世界知识出版社 2011 年版，第 232 页。

② 李肇星著：《说不尽的外交——我的快乐记忆》，第 252 页；吕德胜：《解放军参加联合国维和行动成效显著》，《解放军报》2010 年 4 月 25 日。

③ 何银：《发展和平：联合国维和建和中的中国方案》，《国际政治研究》2017 年第 4 期，第 14 页。

国的维和建和政策经历了三个阶段：从 20 世纪 70 年代反对，到 80、90 年代有限参与，再到进入 21 世纪后日益积极参与并成为支持维和建和的中坚力量。"①

三、在维护国际核不扩散体系中扮演重要角色

中国与国际社会一道，努力支持和维护国际核不扩散体系，维护全球与地区的安全与稳定。在 21 世纪初，中国在解决朝鲜核问题以及伊朗核问题上的积极和建设性态度令世界瞩目，尤其是在朝核问题上，中国曾经以六方（中、美、俄、日、朝、韩）会谈东道国的身份发挥了特殊的作用。

中国在 21 世纪初成为国际核不扩散体系组成部分的核供应国集团（Nuclear Suppliers Group，简称 NSG）的成员，并参与该组织的相关审议活动。核供应国集团成立于 1975 年，是一个由拥有核供应能力的国家组成的多国出口控制机制。该组织在国际防核扩散及核出口控制领域发挥着重要作用。该集团的宗旨是通过加强核出口管制，防止敏感物项出口到未参加《不扩散核武器条约》的国家。2004 年 1 月，中国驻维也纳代表团大使张炎分别致函 NSG 主席和国际原子能机构总干事，正式申请加入核供应国集团。同年 5 月，在瑞典哥德堡举行的核供应国集团年会上，经全会审议一致同意，接纳中国加入核供应国集团。中国加入核供应国集团之后，面临印度申请加入该组织的问题。众所周知，印度与巴基斯坦于 1998 年先后进行了多轮核试验，成为事实上的核国家，但不为国际社会所承认。美国与包括中国在内的世界上几大核国家都谴责南亚核试验。但是，进入 21 世纪，美印关系得到快速发展，美国实际上承认印度核国家地位，并给予诸

---

① 同上。

多支持。2006 年，美印签署了民用核能合作协议，该协议使印度能够从美国获得核技术及核燃料。然而，因印度不是《不扩散核武器条约》签约国，按规定美国不能向印度出口核技术与核燃料。但根据印美两国达成的核能合作协议，只要印度满足某些条件，就可作为"特例"从美国进口核技术与核燃料。这实际上表明美国改变了自己长期以来执行的核不扩散政策，也体现了美国自身的政治、经济和战略偏好。① 在美国的要求之下，经过长时间磋商，核供应国集团 45 个成员于 2008 年 9 月 6 日就取消对印度核出口限制达成了一致。此举意味着核供应国集团同意解除对印度实施了 34 年的核禁运，为印度和美国核能合作协议最后提交美国国会审批开了绿灯。中国代表团团长成竞业在核供应国集团当天的会议上发言指出，中方希望，核供应国集团此举能够经得起时间的考验，有助于实现防扩散目标及和平利用核能的目标，同时希望核供应国集团全面考虑各方因素，在坚持核不扩散机制的前提下，平衡对待各方和平利用核能的愿望和要求。中国和巴基斯坦在 2010 年签署了有关中国帮助巴基斯坦建造两个民用核反应堆的协议，这被认为是对美印核合作的回应。② 2016 年，中国和其他一些国家反对印度成为核供应国集团成员，引起印度的不满。

中国政府在冷战结束以后，始终坚持反对朝鲜半岛核扩散的立场，同时主张以和平的方式解决朝核危机。在 2002 年第二轮朝核危机开始之后，中国政府在有关当事国之间进行积极的斡旋工作，并最终促成了朝核问题六方会谈的召开。在 2003—2008 年间，中国先后主持召开了六轮朝核问题六方会谈，努力推动有关各方（特别是美朝）就朝核问题的解决达成共识，

---

① Rosemary Foot and Andrew Walter, *China, the United States, and Global Order* (Cambridge: Cambridge University Press, 2011), pp.142–143.

② Rosemary Foot and Andrew Walter, *China, the United States, and Global Order*, p.164.

扮演着一个调停者的角色。然而，六方会谈并没有达到预期目标。2006 年 10 月，朝鲜不顾国际社会的反对，进行了第一次地下核试验，使得朝核危机进入了一个更难以解决的阶段。自从 2008 年 12 月六方会谈代表团会议结束之后，朝核问题六方会谈便陷入长时间中断的境地。朝鲜此后又在 2009 年、2013 年、2016 年、2017 年（截至该年 9 月底）先后进行了五次地下核试验。联合国安理会分别在 2006 年、2009 年、2013 年、2016 年、2017 年先后就朝鲜的每一次核试验都通过了越来越严厉的有关制裁朝鲜的决议。中国政府也明确表示会认真执行最终通过的安理会决议，尽管中国因此付出的经济和外交损失都很大。

与此同时，中国也是伊朗核问题磋商机制的积极参与者，一直主张通过对话与谈判解决伊朗核问题，维护《不扩散核武器条约》。中国与各方广泛沟通，为推动外交解决伊朗核问题作出了不懈努力。中国领导人多次做美国、土耳其、巴西及欧盟等国家和地区的领导人的工作，劝和促谈。中国还派高级别官员赴德黑兰访问，推动解决伊朗核问题的谈判进程。中国以建设性态度参加联合国安理会和国际原子能机构理事会关于伊朗核问题的讨论，全面参与六国机制进程，出席了各次六国外长会议、六国政治总司长会议以及六国与欧盟同伊朗对话。此外，中国还严格履行安理会关于伊朗核问题的决议以及自己承担的防扩散义务。① 从 2006 年 7 月到 2010 年 6 月，安理会就伊朗核问题通过了 6 个决议。其中，2010 年 6 月，安理会以 12 票赞成、2 票反对（巴西、土耳其）、1 票弃权（黎巴嫩）通过了关于伊朗核问题的第六个决议，即 1929 号决议，强化对伊朗制裁。中国常驻联合国代表就 1929 号决议表示，中国支持维护国际核不扩散体系，但是中方认为，制裁不可能从根本上解决伊朗核问题，伊朗核问题的全面最终妥

---

① 中华人民共和国外交部政策规划司编：《中国外交》（2011 年），第 19 页。

善解决，必须回到对话和谈判的轨道上来。①2013 年 11 月，伊朗核问题六国，即美国、俄罗斯、英国、法国、中国五个联合国安全理事会常任理事国加德国，同伊朗达成了为期 6 个月的初步协议：在这 6 个月里，伊朗不得从事丰度 5％以上的铀浓缩；5％以上的浓缩铀以稀释等方式"处理"，以防用于制造核武器；伊方不得扩建或新建铀浓缩设施；可用于提取核武器材料钚的阿拉克重水反应堆停止建设；伊朗允许国际原子能机构核查人员进入更多设施。与此同时，伊核问题六国不再对伊追加制裁；暂停对伊贵金属、汽车零部件和石化制品的禁运；允许少量伊朗石油出口；解冻伊朗留学生资金；放宽对伊食品和药品进口限制。②2015 年 4 月，六国与伊朗达成一项伊核问题框架性解决方案，为最终达成一项全面协议确立了基础。当年 7 月 14 日，伊朗核问题六国与伊朗终于达成了历史性的全面解决伊朗核问题的协议，六国和伊朗通过一年半多时间的谈判，为解决延续了 12 年的伊朗核问题达成了政治共识。伊核问题协议包括解除对伊朗制裁及其行动计划、核技术合作、对协议实施的监控、对伊朗核能力的设限以及联合国安理会决议的草案等关键方面的内容。伊朗重申在任何情况下都不会寻求、开发和获得任何核武器，并接受国际原子能机构的核查；伊朗在《不扩散核武器条约》相关规定下完全拥有和平利用核能的权利。王毅在接受媒体采访时表示，中国为达成伊核全面协议发挥了独特的建设性作用，得到各方高度赞赏和肯定。该协议达成之后，美国总统奥巴马给中国国家主席习近平打电话表示，中国在伊朗核问题达成全面协议中发挥了十分重要的作用，美方感谢中方为达成这一历史性协议所做的贡献。③

---

① 同上，第 235 页。

② http://world.people.com.cn/n/2013/1125/c157278-23641176.html.

③ 《习近平同美国总统奥巴马通电话》，2015 年 7 月 22 日，http://news.sina.com.cn/o/2015-07-22/050032133025.shtml.

四、勇于承担国际责任

中国勇于承担力所能及的国际责任。21世纪初，中国作为一个发展中国家，一直与其他发展中国家一道，多次在国际场合呼吁减免发展中国家的债务，为发展中国家的经济发展争取更多的优惠条件。中国认真落实联合国千年发展目标，成为全球唯一提前实现贫困人口减半目标的国家，并根据自身能力积极开展对外援助。截至2009年底，中国累计向161个国家、30多个国际和区域组织提供了2563亿元人民币的援助，减免50个重债穷国和最不发达国家债务380笔，为发展中国家培训人员12万人次，累计派出2万多名援外医疗队员和近1万名援外教师。中国积极推动最不发达国家扩大对华出口，并已承诺对所有同中国建交的最不发达国家95%的输华产品给予零关税待遇。[①] 中国格外重视对非洲的援助，并强调不附加任何政治条件，不干涉受援国内政。正如2014年5月8日在非洲访问的中国总理李克强在演讲中所指出的："中国虽然还是发展中国家，但毕竟已成为主要经济体。中方将一如既往，在力所能及的范围内继续扩大对非援助规模，提高援助质量。我们将把中国对外援助的一半以上用于对非洲的援助，把重点放在非洲需要的减贫、农业、卫生、清洁用水、防灾减灾等领域，帮助非洲人民解决更多民生问题。中国将继续向非洲派遣医疗队，深入到医院和乡村。我要重申，中国的所有援助，都坚持不附加任何政治条件，不干涉非洲国家内政，不提强人所难的要求。"[②] 2008年国际金融危机发生后，中国积极参与二十国集团等全球经济治理机制建设，推动国际金融体系改

---

① 国务院新闻办公室：《中国和平发展》白皮书，2011年9月6日，http://www.gov.cn/jrzg/2011-09/06/content_1941204.htm.

② http://news.xinhuanet.com/world/2014-05/09/c_1110605193.htm.

革，参与各国宏观经济政策协调，参与国际贸易融资计划和金融合作，组织大型采购团赴海外采购，向陷入困境的国家伸出援手。2009 年 4 月 2 日，在伦敦召开的 G20 峰会上，中国承诺抵制贸易保护主义，出资 400 亿美元支持 IMF，这些都是中国作为"负责任大国"的生动表现。[1] 2015 年 9 月 27 日，中国国家主席习近平在联合国发展峰会上宣布，中国将设立"南南合作援助基金"，首期提供 20 亿美元，支持发展中国家落实 2015 年后发展议程；中国将继续增加对最不发达国家的投资，力争 2030 年达到 120 亿美元；中国将免除最不发达国家、内陆发展中国家、小岛屿发展中国家截至 2015 年底到期未还的政府间无息贷款债务。[2]

值得指出的是，中国武装力量在 21 世纪初积极参加政府组织的国际灾难救援和人道主义援助，向有关受灾国提供救援物资与医疗救助，派出专业救援队赴受灾国协助救援减灾，为有关国家提供扫雷援助，开展救援减灾国际交流。据 2013 年 4 月发表的《中国武装力量的多样化运用》白皮书，2002 年以来，中国人民解放军已执行国际紧急人道主义援助任务 36 次，向 27 个受灾国运送总价值超过 12.5 亿元人民币的救援物资。2001 年以来，由北京军区工兵团官兵、武警总医院医护人员和中国地震局专家组成的中国国际救援队，已参加 8 次国际灾难救援行动。2010 年以来，中国人民解放军医疗救援队先后 3 次赴海地、巴基斯坦执行国际人道主义医学救援任务，陆军航空兵直升机救援队赴巴基斯坦协助抗击洪涝灾害。2011 年 3 月，日本发生强震并引发海啸，中国国际救援队紧急赴日参与搜救工作。2011 年 7 月，泰国发生严重洪涝灾害，中国人民解放军空军出动 4 架飞机将中国国防部援助泰国武装部队的 90 多吨抗洪救灾物资运抵曼谷。2011 年 9 月，巴基斯坦发生特大洪灾，中国人民解放军空军出动 5 架飞机将 7000 顶

---

① 秦亚青等主编：《国际体系与中国外交》，第 105 页。

② http://news.xinhuanet.com/politics/2015-09/27/c_1116687809.htm.

救灾帐篷空运至卡拉奇，兰州军区派出医疗防疫救援队赴重灾区昆瑞开展医疗救援、卫生防疫工作。2010—2011 年，海军"和平方舟"号医院船先后赴亚非 5 国和拉美 4 国，执行"和谐使命"人道主义医疗服务任务，历时 193 天，航程 4.2 万海里，为近 5 万人提供医疗服务。近年来，中国人民解放军医疗队还结合参加人道主义医疗联合演练，积极为加蓬、秘鲁、印度尼西亚等国家的民众提供医疗服务。中国政府高度重视地雷引发的人道主义问题，积极支持和参与国际扫雷援助活动。1999 年以来，中国人民解放军通过举办扫雷技术培训班、专家现场指导、援助扫雷装备等方式，配合国家相关部门向近 40 个亚洲、非洲、拉丁美洲国家提供扫雷援助，为外国培训扫雷技术人员 400 多名，指导扫除雷场 20 多万平方米，捐赠价值约 6000 万元人民币的扫雷装备器材。① 此外，2014 年，中国海军派出舰艇参与为叙利亚销毁化学武器护航。

2008 年，中国政府派海军舰艇赴海外执行护航任务，这是中国首次参加这类活动，既服务于中国的对外经济，又承担相应的国际责任。根据联合国安理会有关决议并经索马里过渡联邦政府同意，中国政府于 2008 年 12 月 26 日派遣海军舰艇编队赴亚丁湾实施护航。主要任务是保护中国航经该海域的船舶、人员安全，保护世界粮食计划署等国际组织运送人道主义物资船舶的安全，并尽可能为航经该海域的外国船舶提供安全掩护。截至 2012 年 12 月，共派出 13 批 34 艘次舰艇、28 架次直升机、910 名特战队员，完成 532 批 4984 艘中外船舶护航任务，其中中国大陆 1510 艘、香港地区 940 艘、台湾地区 74 艘、澳门地区 1 艘；营救遭海盗登船袭击的中国船舶 2 艘，解救被海盗追击的中国船舶 22 艘。② 迄今为止，中国海军舰艇

---

① 国务院新闻办公室：《中国武装力量的多样化运用》白皮书（全文），2013 年 4 月 16 日，http://news.ifeng.com/mainland/detail_2013_04/16/24267642_1.shtml.

② 同上。

编队持续在亚丁湾巡航。

值得指出的是，随着中国实力地位的不断提高，今后中国承担国际责任的意愿无疑也会增加。有中国学者明确提出，随着中国实力地位的提高，中国外交需要从"以弱对强"转向"以大事小"，承担更多的国际责任，即向全球和地区提供更多的安全公共产品。[①]

五、积极参加全球治理

中国也以积极和建设性态度参加全球治理，发挥和提高包括中国在内的发展中国家在其中的作用与地位。

2001年，中国加入世界贸易组织，成为全球贸易治理重要制度中的一员。2003年9月的坎昆贸易部长会议后，中国就进入世界贸易组织的核心圈了。从2004年起，实际上任何重大贸易谈判都不能没有中国。[②]

中国主张建立公正、公平、包容、有序的国际金融秩序，支持国际货币基金组织和世界银行推进自身改革，从根本上改善治理结构，提高发展中国家的代表性和发言权。[③] 有研究者认为，中国自2007—2008年全球金融危机爆发以后，在构建新的全球经济规范方面施加了重要影响。[④] 2008年4月，国际货币基金组织依据经济规模、外汇储备和其他标准，重新分配了成员的投票权和分摊会费。2010年4月25日，世界银行发展委员会春季会议通过了发达国家向发展中国家转移投票权的改革方案，使发展

[①] 清华大学当代国际关系研究院外交改革课题组 阎学通：《打造中国外交改革创新的机制》，《国际政治科学》2014年第4期，第36—63页。

[②] http://news.ifeng.com/a/20161211/50397820_0.shtml.

[③] 中华人民共和国外交部政策规划司编：《中国外交》（2011年），第245页。

[④] Cho Young-nam, "South Korea-China Relations and Norm Conflicts," *Korea Focus*, Vol. 18, No.3 (Autumn 2010), p.126.

中国家整体投票权从 44.06% 提高到 47.19%，其中中国在世行的投票权从 2.7% 提高到 4.42%，成为世界银行第三大股东，仅次于美国（15.85%）和日本（6.84%）。[①] 2010 年 11 月 5 日举行的国际货币基金组织执行董事会通过了基金组织份额和其他治理结构改革方案，新兴市场国家和发展中国家的份额从 39.5% 增加到 42.3%，提高了 2.8%，其中中国的份额从 3.996% 升至 6.394%，从第六位上升至第三位。[②] 但是，IMF 份额和治理改革方案要得以实施，需要 188 个成员中至少 85% 投票权的支持。其中美国是 IMF 最大股东国，在此问题上拥有一票否决权。此前美国国会一直未批准该方案，导致 IMF 此轮改革多年一直无法实现。2015 年 12 月 18 日，美国国会通过了国际货币基金组织 2010 年份额和治理改革方案（简称"2010 年改革方案"），标志着 2010 年改革方案在拖延多年后即将正式生效。国际货币基金组织于 2016 年 1 月 27 日，宣布其 2010 年份额和治理改革方案已正式生效，这意味着中国正式成为 IMF 第三大股东。有学者认为，这为提升中国的国际货币权力奠定了重要基础。[③]

2007—2008 年开始的全球金融危机，在国际社会引发了创造某种新的国际储备资产来代替美元的大讨论。[④] 在此过程中，中国有关人士也提出了设立新的国际储备货币以取代美元的设想，并推动人民币国际化。比如，中国人民银行行长周小川在二十国集团伦敦会议前提出建立一种与主权国家脱钩并能保持币值长期稳定的国际储备货币，并得到其他金砖国家以及许多发展中国家的赞同，这被认为是对美元在国际货币体系中的主导地位之挑战。2009 年 3 月 23 日，周小川在央行网站发表署名文章，首次公开提

---

①　http://news.xinhuanet.com/world/2010–04/26/c_1255712.htm.

②　中华人民共和国外交部政策规划司编：《中国外交》（2011 年），第 245 页。

③　李巍著：《制度之战：战略竞争时代的中美关系》，第 90 页。

④　李巍著：《制衡美元：政治领导与货币崛起》，上海：上海人民出版社 2015 年版，第 242 页。

出创建超主权国际储备货币的新主张。他还建议应该扩大国际货币基金组织的"特别提款权"，以取代美元作为国际储备货币。黄范章指出："随着国际货币体系多元化的日益发展，美元的主导地位将日益下降，一个与主权国家脱钩的国际储备货币势将获得国际社会的认知……人民币势将实现国际化，并成为国际货币体系中重要的一员。"① 中国也积极推动特别提款权（SDR）改革，提升人民币的国际地位，制衡美元的主导性国际货币地位。② 2015 年 11 月 30 日，国际货币基金组织主席拉加德宣布，正式将人民币纳入 IMF 特别提款权货币篮子，决议将于 2016 年 10 月 1 日生效。IMF 称，人民币在 SDR 的权重为 10.92%，美元在 SDR 的权重为 41.73%，欧元在 SDR 的权重为 30.93%，日元为 8.33%，英镑为 8.09%。这是人民币国际化的一个重大的里程碑式事件，人民币加入 SDR 可能将使更多国家将人民币纳入自己的外汇储备。与此同时，从 2009 年开始，在自身经济崛起和美元危机的双重刺激之下，中国开始采取措施鼓励人民币走出去，实现人民币国际化的目标。③ 当年 7 月，中国政府决定开展跨境贸易人民币结算试点，这被普遍认为是人民币国际化大幕拉开的起点。此外，作为促进人民币国际化的一个措施，中国从 2008 年开始先后与一系列国家签署双边货币互换协议，逐渐形成了一个以人民币为中心的国际货币互换网络。截至 2014 年底，中国人民银行已先后与 28 个境外央行或货币当局签署双边本币互换协议，并先后在中国港澳台地区、新加坡、伦敦、法兰克福、首尔、巴黎、卢森堡等地建立了人民币清算安排。

另外，中国在 21 世纪初继续支持联合国改革。2005 年 6 月 7 日，中国政府专门发布《中国关于联合国改革问题的立场文件》，以官方文件的形式

---

① 黄范章：《未来十年中国经济的走势》，《中国战略观察》2010 年第 3 期，第 7 页。

② 李巍著：《制度之战：战略竞争时代的中美关系》，第 91 页。

③ 李巍著：《制衡美元：政治领导与货币崛起》，第 239 页。

全面系统地阐述了中国对联合国各领域改革的看法和主张。[①] 中国强调安理会改革应优先增加发展中国家，特别是非洲国家的代表性，让更多中小国家有机会进入安理会，参与决策。[②]

六、深入参与地区一体化建设

最后，中国同样以积极主动和建设性态度参加东亚地区一体化建设，参与构建本地区新秩序。

冷战结束以后，区域（或地区）合作成为一种强势的发展趋势。有人甚至认为，"我们今天正生活在一个地区主义时代"[③]，或者"我们的世界是一个地区组成的世界"。[④] 东亚地区自然也不例外，开始出现多种地区多边合作形式以及地区制度和行为规范的构建，这体现在亚太经济与合作组织、扩大的东盟、东盟地区论坛、东盟—中日韩首脑会议、东亚峰会等的创立上面。包括中国在内的绝大多数东亚国家，都在不同程度上介入地区多边合作与地区一体化进程，其对外行为和国内发展都难以摆脱这一进程的影响。[⑤]

自 1997 年亚洲金融危机爆发之后，中国就以十分积极的态度介入东亚

---

① 秦亚青等主编：《国际体系与中国外交》，第 96 页。

② 中华人民共和国外交部政策规划司编：《中国外交》（2011 年），第 232 页。

③ Michael Schulz, Fredrik Soderbaum, and Joakim Ojendal, eds., *Regionalization in a Globalizing World: A Comparative Perspective of Forms, Actors and Process* (London: Zed Books, Ltd., 2001), p.22.

④ ［美］彼得·卡赞斯坦著，秦亚青、魏玲译：《地区构成的世界：美国帝权中的亚洲和欧洲》，北京：北京大学出版社 2007 年版，第 2 页。

⑤ 张小明著：《美国与东亚关系导论》，北京：北京大学出版社 2011 年版，第 192—213 页。

地区多边合作，并且参加"东亚共同体"的构建。[①] 进入 21 世纪，中国的此种热情有增无减，发挥了更为积极主动的作用，以至于有美国学者认为中国大约从 2003 年开始成为东亚"地区主义的主要倡导者"。[②] 这也被视为中国外交的"新面貌"，还有中国学者称之为中国外交中的"新国际主义"。[③]

1997 年亚洲金融危机爆发之后，东盟 +3 会议从某种意义上说已经成为东亚地区占主导地位的多边国际制度，或者说是东亚地区多边国际制度结构中的一根支柱。中国十分重视这一多边合作制度，并且在 2002 年同东盟签署了《中国与东盟全面经济合作框架协议》，中国—东盟自由贸易区于 2010 年 1 月 1 日正式建成，中国与东盟的 90% 以上的贸易产品的关税为零，共有 19 亿人口的、世界上最大的自由贸易区进入了大发展阶段，并有可能成为未来东亚自由贸易区的"入口"。[④] 2008 年爆发的全球金融危机，进一步促进了东盟 +3 框架内的经济合作，包括金融合作。比如，2008年，10+3 国家决定建立 800 亿美元外汇储备库，2009 年又将其规模扩大到 1200 亿美元。这实际上就是东亚货币基金的初步构想，旨在实现东亚各国之间的贸易合作和资金合作。东盟 +3 会议还积极推动东亚共同体建设，

---

① Zhang Xiaoming, "The Rise of China and Community Building in East China," *Asian Perspective*, Vol.30, No.3 (2006), pp.129–148.

② Gilbert Rozman, "Cultural Prerequisites of East Asian Regionalism in the Age of Globalization," *Korea Observer*, Vol. 37, No. 1 (Spring 2006), p.168.

③ Evan S. Medeiros and M. Taylor Fravel, "China's New Diplomacy," *Foreign Affairs*, Vol. 82, No.6 (2003); 秦亚青、朱立群：《新国际主义与中国外交》，《外交评论》总第 84 期（2005 年 10 月），第 21—27 页。

④ 自 2010 年 1 月 1 日始，中国与文莱、印度尼西亚、马来西亚、菲律宾、新加坡和泰国这六个东盟老成员国共有 90% 的产品实行零关税，而越南、老挝、柬埔寨和缅甸这四个东盟新成员国将在 2015 年对 90% 的中国产品实现零关税的目标。参见陆建人：《中国—东盟自由贸易区建设的经验与问题》，《中国战略观察》2010 年第 1 期，第 23—29 页。

包括倡导召开东亚高峰会议，并获得中国的支持。作为东亚共同体建设的重要举措，2005 年 12 月，第一届东亚峰会（EAS）在马来西亚首都吉隆坡顺利召开，中国为东亚峰会的成员国之一。此外，中国与东盟在 2002 年 11 月联合发布了《南海各方行为宣言》，宣布了解决中国与东南亚国家南中国海争端的基本原则（航行自由、自我克制、建立信任、海上合作），这是中国与东盟制定有关解决领土争端和维护地区稳定的行为规范的一个尝试。2011 年 7 月，中国外长与东盟外长就落实《南海各方行为宣言》的指导方针达成了一致。此后，中国与东盟就制定《南海地区行为准则》展开协商。

中日韩领导人会议是东北亚地区新近出现的一种区域多边合作制度。中日韩领导人会议源于从 1999 年开始的 10+3 会议期间举行的中日韩领导人早餐会，该早餐会后来发展为从 2008 年开始的、一年一度的、在 10+3 框架之外的中日韩领导人会议。2008 年 12 月，首次中日韩领导人会议在日本福冈举行。三国领导人在 2009 年的北京会议上决定加快推进由政府、产业、学界共同参加的中日韩自由贸易区联合研究。2012 年在北京召开的中日韩首脑会议上，三国签署投资协定，并同意启动中日韩自由贸易协定谈判。主要由于中日在钓鱼岛和历史问题上的争端，2013 和 2014 年，中日韩首脑会议没有召开，但是中日韩三国自由贸易协定的谈判一直在进行之中。2014 年 11 月，中韩率先完成中韩自由贸易协定实质性谈判，次年正式签署协定。2015 年 11 月，中断两年的中日韩首脑会议得以恢复并在韩国举行，三国领导人发表联合宣言，表示要加快中日韩 FTA 协定谈判。2016 年 6 月，第十轮谈判落幕，中日韩 FTA 进入货物贸易、服务贸易、金融服务、人员交流谈判的"深水区"，意味着三国 FTA 谈判步入实质阶段。2011 年，在韩国成立中日韩三国合作秘书处，这是中日韩领导人会议的常设机构。

作为积极推动地区合作的重要举措之一，中国领导人在 2013 年 10 月倡议筹建亚洲基础设施投资银行，愿意向亚洲地区发展中国家提供基础设施方面的资金支持。① 其目的在于打造中国与周边国家经贸合作的升级版，促进区域经济一体化和共同繁荣。② 中国的倡议迅速得到有关国家的积极响应，相关谈判随之展开。2014 年 9 月，21 个有意成为创始成员国的亚洲国家代表在北京就《筹建亚洲基础设施投资银行的政府间框架备忘录》草案终稿达成协议，次月首批意向创始成员国代表在北京共同签署《筹建亚洲基础设施投资银行备忘录》，共同决定成立亚投行。此后更多的国家申请加入亚投行，成为创始成员国，其中包括英国、法国、德国、意大利、巴西、俄罗斯等非亚洲国家。2015 年 6 月，亚投行 57 个意向创始成员国代表在北京正式签署《亚投行协定》，在该年年底之前，经合法数量的国家批准之后，《亚投行协定》即告生效，亚投行正式成立，总部设在北京。2016 年 1 月 16 日，亚投行开业仪式在北京举行。根据《亚投行协定》，亚投行法定股本为 1000 亿美元，域内成员和域外成员的出资比例为 75 比 25，中国认缴股本占总认缴股本的 30.34%，是亚投行创始阶段的第一大股东，但此后中国的股份和投票权会逐步稀释。③ 作为新的区域性多边开发银行，亚投行从筹建之日起就表明了在现行国际金融秩序的框架内推进多边合作的立场，强调其目标之一就是通过与包括世界银行、亚洲开发银行在内的其他国际金融机构进行合作，共同促进国际金融秩序的发展，推动亚洲地区的经济发展与一体化进程。④ 中国国家主席习近平在亚投行开业仪式上的致

---

① 杜尚泽、刘慧：《习近平同印度尼西亚总统苏西洛举行会谈》，《人民日报》2013 年 10 月 3 日，第 1 版。

② 周文重著：《斗而不破：中美博弈与世界再平衡》，北京：中信出版集团 2017 年版，第 58 页。

③ 李丽辉：《协定签署：亚投行筹建迈出最关键一步》，《人民日报》2015 年 6 月 30 日，第 4 版。

④ 舒建中：《亚洲基础设施投资银行与国际金融秩序》，《国际关系研究》2015 年第 4 期，第 15—26 页。

辞中指出，中国是国际发展体系的积极参与者和受益者，也是建设性的贡献者。倡议成立亚投行，就是中国承担更多国际责任、推动完善现有国际经济体系、提供国际公共产品的建设性举动，有利于促进各方实现互利共赢。中国作为亚投行倡议方，将坚定不移地支持其运营和发展。除按期缴纳股本金之外，还将向银行即将设立的项目准备特别基金出资 5000 万美元，用于支持欠发达成员国开展基础设施项目准备。①

值得注意的是，中国在参与和推进主要包括东亚国家的地区一体化进程中，也面临着来自本地区国家以及域外国家的压力与挑战。特别是进入 21 世纪，随着中国的迅速崛起，中国的一些近邻对中国怀有疑虑和戒心，有人甚至担心历史上以中国为中心的东亚朝贡体系的恢复。比如，在推进中国—东盟自由贸易区建设中，就有东盟学者认为："中国与东盟的自由贸易区计划是'朝贡体系'在东南亚的某种继续，中国通过'早期收获计划'，做出大量让步，向东南亚农产品开放市场，其推行的新地区主义与明清皇帝搞的'朝贡体制'没有什么本质区别。"②特别是中国与一些周边国家在南中国海、东海的领土与海洋权益争端的升温，被认为是中国"强势"的后果，增强了这些国家对中国的担忧与防范。为了平衡中国力量和影响力的增长，一些中国的周边国家对与域外大国的合作表现出极大的兴趣，尤其希望美国重视本地区事务，制衡中国的崛起。

与此同时，自从 2009 年奥巴马当政以后，美国政府出于维持自身在亚太地区的主导地位的目的，推行以应对中国崛起为重要目标的"亚太再平衡"战略，积极介入并影响东亚地区一体化进程，包括主导和推进跨太平洋伙伴关系协定（TPP），挑拨和利用中国与一些周边国家之间的矛盾。这

① http://news.ifeng.com/a/20160116/47099336_0.shtml.
② 代帆、周聿峨:《东亚地区秩序的未来：东亚还是亚太？》，《南洋问题研究》2006 年第 1 期，第 28 页。

属于外部大国对中国在该地区影响力扩大的一种制衡反应。王帆指出："举凡中国倡导的中国与东盟自贸区建设、中韩自贸区建设、中日韩自贸区建设以及海峡两岸不断发展的经贸合作，均被视为对美国主导的现有国际体系和国际秩序的挑战，是对这一地区规则制定权以及美国在亚太地区的经济新规划 TPP 的直接挑战。"[①] 在此背景之下，东亚地区多边合作的发展"面临着新的环境和严峻挑战"。[②] 2015 年 10 月，以美国为首的、参加 TPP 谈判的 12 国达成基本协议，这被认为是一个高门槛设计、意欲将中国排挤在外的自由贸易协定。[③] 美国总统奥巴马曾经明确表示，美国要推动达成 TPP 协议，是为了不让像中国这样的国家来制定地区规则。 2016 年 1 月，奥巴马在其任期内的最后一次国情咨文中不无得意地指出："我们组成了跨太平洋伙伴关系协定以开放市场，保护劳工和环境，推进美国在亚洲的领导。中国并没有在这一区域建立规则，我们通过 TPP 做到了。"[④] 当年 2 月 4 日，包括美国在内的 12 个环太平洋国家的贸易部长参加了在新西兰奥克兰举行的《跨太平洋伙伴关系协定》(TPP) 签字仪式。美国总统奥巴马对协议的签署表示了祝贺，并声称"TPP 协议将让美国而不是中国主导制定 21 世纪亚太地区的路线和规则"。[⑤] 然而，2017 年 1 月出任美国总统的特朗普宣布美国退出 TPP。此外，美国也曾对中国所倡导的亚投行采取抵制态度，后来不得不调整立场。

---

① 王帆:《中美在东亚地区的战略分歧与化解》,《外交评论》2015 年第 5 期, 第 3 页。
② 张蕴岭著:《寻求中国与世界的良性互动》, 第 69 页。
③ 王帆:《中美在东亚地区的战略分歧与化解》。
④ http://news.ifeng.com/a/20160113/47051290_0.shtml.
⑤ http://news.ifeng.com/a/20160205/47370240_0.shtml.

第三节 中国与"新文明标准"

进入 21 世纪，伴随中国的迅速崛起，中国融入国际社会的程度更深，中国在国际舞台上更加活跃和积极主动，并且努力承担与自身实力相称的国际义务和责任。这充分证明，经过 40 年的改革开放，中国的对外观念和行为以及中国和国际社会的关系的确发生了巨大的变化。因此，一些中国学者认为，中国已经成为"国际社会负责任的重要成员"，是"国际秩序的维护者、国际体系的建设者"。[①] 在 2012 年 7 月 7 日召开的"世界和平论坛"上，时任中国国家副主席的习近平在致辞中指出，"中国已成为国际体系的积极参与者、建设者、贡献者"。[②] 今天，在国际舞台上已经很少有人再把中国视为一个"革命国家"，也没有很多人明确把正在崛起的中国视为国际社会中"反抗西方"势力的组成部分。相反，不少西方学者注意到了中国融入世界经济体系的程度、充当世界政治中的"负责任大国"的愿望以及不挑战美国主导地位的意愿。也有西方学者承认，中国对国际人权规制的态度发生了积极的变化，比如中国签署了联合国《经济、社会和文化权利国际公约》《公民权利与政治权利国际公约》等国际人权文件。[③]

---

① 秦亚青等主编：《国际体系与中国外交》，第 5—7 页。

② http://www.gov.cn/ldhd/2012–07/07/content_2178506.htm.

③ Rosemary Foot, *Rights beyond Borders: The Global Community and the Struggle over Human Rights in China* (Oxford: Oxford University Press, 2000); Rosemary Foot, "Chinese Strategies in a US–hegemonic Global Order: Accommodating and Hedging," *International Affairs*, Vol.82, No.1 (2006), pp.777–794; Adam Roberts, "The Evolution of International Relations," Notes for lecture at Royal College of Defense Studies, 21 January 2008, p.21.

美国前副国务卿罗伯特·佐立克（Robert Zoellick）在 2005 年 9 月的一次演讲中，甚至称中国应当成为现存国际体系中的负责任的"利益攸关方"（stakeholder）。[①]

　　然而，有些西方人士对正在崛起的中国可能在国际社会中挑战西方的前景依然表示出某种程度上的担忧。他们对中国崛起的种种忧虑，与他们习惯把非西方国家视为"他者"中的一员、担心西方国家在国际社会的主导地位受到挑战的思维定式是密切相关的。如前所述，按照英国学派的叙事，当今全球性国际社会是欧洲国际社会扩展的结果，其赖以存在的核心价值和行为规则或者"文明标准"，也是由欧洲国际社会发展而来的，并且具有了一定程度上的普遍性，近代以来的国际秩序一直是由西方所主导的。一个正在崛起的中国，假如不进一步发生西方希望看到的变革和符合西方阐述的"新文明标准"，则可能会继续被看作是在国际社会中"反抗西方"势力的组成部分，或者被看作是国际社会中的潜在问题国家。这是因为，在一些西方学者看来，中国代表着一种与西方不同的现代性模式，而且认为自己的模式具有普遍性，因而会挑战西方现代性的榜样与中心地位。正如英国学者马丁·雅克所说的："和日本不一样，中国即使发展千年或更久，还会始终认为自己具有普遍性，自己是世界中心，认为自己实质上代表着全世界。中国现代性的出现，很快剥离了西方国家的中心位置，并使其处于相对弱势的境地。这就是为什么说中国的崛起将会带来如此深远影响的原因。"[②] 不仅如此，在一些西方学者看来，由于中国具有重要的实力地位，西方国家无法通过施压来迫使中国改变自己的行为。一位学者指出，西方曾经以武力迫使中国接受威斯特伐利亚秩序观念，但是今天的中国难以在

[①]　Robert B.Zoellick, "Whither China: From Membership to Responsibility?", September 21, 2005, http://www.state.gov/s/d/former/zoellick/rem/53682.htm.

[②]　［英］马丁·雅克著：《当中国统治世界：中国的崛起和西方世界的衰落》，第 118 页。

西方的压力下放弃这一观念。[①]另一位学者同样认为，面对中国这样一个崛起的大国，西方不敢，也无力逼迫中国接受西方的价值，但中国自愿接受则是另外一回事儿。[②]

在 21 世纪初，国际上（主要是指西方国家）有关"中国威胁论"的观点不绝于耳。中国正在崛起，这已经成为许多西方观察家的共识。但是，对于崛起的中国到底是国际社会中的维持现状国家，还是革命国家或者修正主义国家；中国崛起对于国际社会来说是机遇，还是挑战；西方世界是要遏制中国的崛起，还是把中国融入国际社会等诸如此类的问题，西方观察家们却一直有着不同的看法和认识。值得注意的是，一些西方分析家习惯于从所谓中国的"中央王国"意识和"百年国耻"心理，来判断一个崛起的中国之未来行为方式，十分担心一个强大的中国可能让世界面临新的"黄祸"威胁，面临东西方不同文明之间的对抗。[③]更多西方观察家关注的是，随着中国的崛起，西方所主导的国际体系或国际社会可能受到严重的挑战。一位英国学者预言，正在崛起的中国是国际社会中的一个"改良主义—修正主义国家"，它只接受国际社会中的某些制度，但是抵制其他一些制度，甚至希望改变另外一些制度。[④]美国学者沃尔特·米德（Walter Russell Mead）明确把中国、俄罗斯、伊朗等国一起列为致力于复仇和改变

---

① Yongjin Zhang, *China in International Society since 1949: Alienation and Beyond*, p.250.

② Robert Jackson, *The Global Covenant: Human Conduct in a World of States* (Oxford: Oxford University Press, 2000), p.364.

③ David Scott, *China Stands Up: The PRC and the International System* (London: Routledge, 2007), pp.4–19, pp.83–85、167–168.

④ Barry Buzan, "China in International Society: Is 'Peaceful Rise' Possible?" *The Chinese Journal of International Politics*, Vol.3, No.1 (2010), pp.5–36.

现状的"修正主义大国"。① 英国学者马丁·雅克担心，"中国开创一个以中国为核心的国际体系的构想，也可能会慢慢浮出水面"。② 但是，也有西方学者相信可以让中国继续融入西方主导的国际社会。比如，美国普林斯顿大学教授约翰·伊肯伯里（G. John Ikenberry）在 2008 年初的《外交》杂志上发表文章，分析了中国崛起的后果。他指出，一些观察家认为美国时代行将结束，西方主导的世界秩序将被东方日益占上风的秩序所取代。这位美国观察家给美国政府的建言是："当面对上升中的中国，美国应该记住，它对西方秩序的领导权让它有权塑造中国将做出重要战略抉择的环境。如果它想保留领导权，华盛顿必须努力加强支撑那种秩序的规则和制度——让它更容易加入，更难被颠覆。美国的大战略应该围绕这句格言：'通往东方的路贯穿西方。'它必须尽量加深这个秩序的根基，鼓励中国融入而不是反对这个秩序，提高这个体系在美国相对实力下降后仍可继续生存的概率。美国的'单极时刻'不可避免会结束。如果把 21 世纪的斗争定义为中美之间的斗争，那么中国将拥有优势。如果把 21 世纪的斗争定义为中国和一个复兴的西方体系之间的斗争，那么西方将取得胜利。"③

值得指出的是，有关崛起的中国对世界构成威胁的理由是多种多样的，比如发达国家对中国对资源和能源需求剧增导致价格的暴涨之担忧，中国一些周边国家担心中国军事实力的增强导致中国在领土争端中采取更为强硬的态度，国际社会对中国环境的持续恶化表示忧虑等。另外，由于意识

---

①   Walter Russell Mead, "The Return of Geopolitics: The Revenge of the Revisionist Powers," *Foreign Affairs*, May/June 2014, http://www.foreignaffairs.com/articles/141211/walter-russell-mead/th-return-of-geopolitics?cid=emc-feb15promoa-content-012115&sp_mid=47855989&sp_rid=eG16aGFuZ0Bwa3UuZWR1LmNuS0.

②   ［英］马丁·雅克著：《当中国统治世界：中国的崛起和西方世界的衰落》，第 236 页。

③   G. John Ikenberry, "The Rise of China and the Future of the West: Can the Liberal System Survive ?" *Foreign Affairs*，Vol.87, No.1 (January/February 2008)，pp.23–37.

形态、社会制度等因素，中国很容易继续被西方国家视为"他者"中的一员，在不同程度上被看作西方主导的国际社会中的一个问题国家或者潜在问题国家。也有不少西方学者关注所谓的中美"权力转移"问题，认为中国作为一个正在崛起的大国必然挑战美国在国际社会中的主导地位，中美冲突不可避免。美国战略家阿伦·弗里德伯格就认为，随着中国的崛起，中美冲突不可避免："纵观历史，实力最强的国家和新兴国家之间的关系往往很不稳定，甚至常常诉诸暴力。已确立地位的国家倾向于把自己当成是国际秩序的维护者，是它们帮助创建了这种秩序，也正是从这种秩序中它们继续获益；新兴国家则感觉受到现状的束缚甚至欺骗，并且奋力反抗这种秩序以获取它们认为天经地义该得到的东西。这些由来已久的模式在今天的中美行为中依然非常明显。"① 陈健指出："从最近几年的状况和当前的发展趋势看，如果不加以重视和努力扭转，中美关系有滑向旧式大国对抗冲突的危险。"② 当然，也有西方学者否认这种观点的合理性。比如，美国国际关系学者理查德·内德·勒博根据自己的研究指出："主导大国和崛起大国之间并不会相互攻击对方，这和权力转移理论的假设完全相反。这是非常重要的发现。因为美国的强硬派一直以权力转移理论作为基本框架来分析中国崛起对于大国权力格局的启示。他们认为，所有的崛起国家都会理所当然地追求重新塑造有利于自身的国际体系，为了实现这一点，他们不惜发动战争，为此他们认为中美之间爆发冲突十分有可能，甚至不可避免。这一论断缺乏历史证据的支持。我的研究就表明，崛起大国和主导大国都倾向于攻击弱小的第三国和正在衰落中的大国。这对于试图获取霸权的主

① ［美］阿伦·弗里德伯格著，洪漫、张琳、王宇丹译：《中美亚洲大博弈》，北京：新华出版社 2012 年版，《序言》第 1 页。

② 陈健：《试论新型大国关系》，《国际问题研究》2012 年第 6 期，第 11 页。

导大国和寻求大国地位的崛起国家而言，是一个理性的策略。"①

　　我认为，我们需要注意"中国威胁论"产生的一个重要原因，即正在崛起中的中国被认为没有适应国际规范的变迁，它不符合或不完全符合已经形成的或者正在形成中的"新文明标准"。正如有的西方学者所指出的，崛起的中国希望成为一个大国，它会对西方主导的国际社会结构以及国际社会的规范变革表示不满。② 这正是本书下面拟详尽分析的问题。

　　正如本书第一章所论述的，国际规范就是国际舞台上的行为规则或游戏规则，是国际秩序赖以存在的基础，它们实际上也就是一些西方学者所说的"文明标准"，而西方国家自近代以来一直是"文明标准"的制定者、解释者和裁定者，并努力使之具有普遍性质。从这个意义上说，所谓的"文明标准"或国际规范就是主要由西方国家构建的社会事实。国际规范一直处于变迁过程中，国际社会中的"文明标准"并非一成不变，其内涵一直处于变化、发展过程之中，而且这种变迁的过程主要是由西方国家所主导和塑造的。值得注意的是，在20世纪末、21世纪初，一些西方学者开始明确提出和论述"新文明标准"这一概念，③ 以此解释正在发生的国际规范变迁。虽然所谓的"新文明标准"没有确切的定义，但是有限主权、人权、民主、市场经济、环境主义等被很多人视为"新文明标准"的重要内容，

---

　　① ［美］理查德·内德·勒博著，陈定定、段啸林、赵洋译：《国家为何而战？》，上海：上海世纪出版集团2014年版，《中文版前言》第 II 页。

　　② Andrew Hurrell, "Hegemony, Liberalism and Global Order: What space for would-be great powers?" *International Affairs*, Vol.82, No.1 (2006), pp.545–566; Rosemary Foot, "Chinese Strategies in a US-hegemonic Global Order: Accommodating and hedging," *International Affairs*, Vol.82, No.1 (2006), pp.77–94.

　　③ Jack Donnely, "Human Rights: A new standard of civilization?" *International Affairs*, Vol.74, No.1 (1998), pp.1–24.

其中人权和民主往往被视为国家在国际社会中合法性的重要来源。① 根据源于西方的"文明标准"和"新文明标准"来判断国际社会中的其他国家之性质与地位，一些非西方国家就可能被视为国际社会中的不够"文明国家"，甚至可能被看作是"无赖国家"（rogue state）。

在一些西方国家人士（以及一些非西方国家人士）眼中，正在崛起的中国，尚未符合或者不完全符合国际社会"新的行为标准"或"新文明标准"，因而可能会对西方构成挑战。中国被认为固守强调主权和不干涉原则的、旧的"文明标准"，不情愿接受已经变化了的国际行为规范或者"新文明标准"，从而导致其在全球性国际社会中的成员地位至今还受到质疑。张勇进就指出："然而，即便是在21世纪初，中国作为全球性国际社会完全成员的地位依然受到质疑，因为许多人怀疑中国接受与其大国地位相适应的责任之诚意与意愿。冷战结束以后，国际社会的规范发生了变化，人权和民主化成为政治实践中的日常事务。而作为一个正在崛起的大国，中国一直强烈抵制这种规范变化。当世界似乎正在超越威斯特伐利亚时代的时候，中国则坚定地捍卫威斯特伐利亚秩序。"② 安德鲁·赫里尔（Andrew

---

① I. Carlson and R. Ramphal, *Our Global Neighborhood* (Oxford: Oxford University Press), 1995, pp.46–57; Nicholas Wheeler, *Saving Strangers: Humanitarian Intervention in International Society* (Oxford: Oxford University Press), 2000, p.1; Robert Jackson and George Sorenson, *Introduction to International Relations: Theories and Approaches*, 3rd edition (Oxford: Oxford University Press, 2007), pp.157–159; Tim Dunne, "Fundamental Human Rights Crisis after 9/11," *International Politics*, Vol. 44 (2007), pp.269–286；Brahma Chellaney, "Bridgebuilder on the Ganges: India's ascent in a rapidly changing global order," Hitoshi Tanaka, "Renewal or Irrelevance: Asia's ascendance and the case for systemic reform of global governance," *International Politik* (Fall 2008), pp.34–41; *International Politik* (Fall 2008), pp.82–87; "Korea Institute at Australian National University: Focal Point of Korean Students in Australia," *Korea Foundation Newsletter*, Vol. 17, No. 10 (2008), pp.2–3.

② Yongjin Zhang, "System, Empire and State in Chinese International Relations," *Review of International Studies*, Vol. 27 (2001), p.63.

Hurrell）认为，中国、印度、俄罗斯和巴西等正在崛起的大国，倾向于坚持旧的主权与不干涉规范，但它们要想成为大国俱乐部的成员，必须承认国际社会变化了的规范，即符合新的"文明标准"。① 进入 21 世纪以后，一些西方分析家在努力思考如何通过社会化过程，让中国、印度这样新崛起的大国融入把民主和人权当作全球普遍行为标准或者新的"文明标准"之"自由连带主义国际社会"（liberal solidarist international society）问题。②2008 年初，美国学者约翰•艾肯伯里在《外交》杂志上发表文章，探讨如何将中国融入国际制度，从而使之不损害西方所主导的国际秩序。③但是，美国学者米德认为，中国和俄罗斯等"修正主义国家"绝不会接受冷战后由西方主导的自由主义国际秩序，它们想迎来一个由帝国和诸侯所占据的"新威斯特伐利亚时代"。④ 值得注意的是，美国学者查尔斯•库普乾担心"更为民主的中国很可能变得更加不可预测，在全球舞台上变得更加咄咄逼人"。⑤

　　迄今为止，中国在人权、民主、市场经济以及环境主义等"新文明标准"上都承受着来自国际社会的压力，特别是在人权和民主问题上。值得指出的是，西方所理解和倡导的人权规范主要是公民的政治权利，因此它和民主规范有着密不可分的关系。

---

① Andrew Hurrell, "Hegemony, Liberalism and Global Order: What space for would–be great powers?" *International Affairs*, Vol.82, No.1 (2006), pp.1–19.

② Andrew Hurrell, *On Global Order: Power, Values, and the Constitution of International Society* (Oxford: Oxford University, 2007), pp.211–212.

③ G. John Ikenberry, "The Rise of China and the Future of the West: Can the Liberal System Survive ?"

④ Walter Russell Mead, "History Isn't Dead Yet: Asia and the Return of Geopolitics," *Global Asia*, Vol. 9, No.3 (Fall 2014), pp.20–23.

⑤ ［美］查尔斯•库普乾著，洪漫、王栋栋译：《没有主宰者的世界：即将到来的全球大转折》，北京：新华出版社 2012 年版，第 12 页。

一、中国与人权规范

如前所述，自改革开放以来，中国的人权事业在理论和实践上都取得了较大进展。截至 2011 年底，中国已经加入 28 项国际人权公约，并且正在积极进行立法、司法和行政改革，使国内法更好地与《公民权利和政治权利国际公约》（1998 年已经签署）的内容相衔接，以便尽早批准这个公约。2004 年，第十届全国人大二次会议通过的宪法修正案，首次将"国家尊重和保障人权"写入宪法，提高了保护人权的重要性。2012 年 3 月，全国人大常委会通过的刑法修正案，增加了保障人权的提法，并且取消了 13 个经济性非暴力犯罪的死刑，并对 75 周岁以上的人犯罪适用死刑作出了限制性规定。2012 年 11 月召开的中国共产党第十八次全国代表大会又将"人权得到切实尊重和保障"确立为全面建成小康社会的奋斗目标之一。2008 年 11 月，中国政府还决定根据联合国 1993 年《维也纳宣言和行动纲领》的要求，将制定《国家人权行动计划》，内容涉及完善政府职能，扩大民主，加强法治，改善民生，保护妇女、儿童、少数民族的特殊权利，提高全社会的人权意识等与人权相关的各个方面，以便全面推进中国人权事业的发展。2009 年 4 月，国务院授权国务院新闻办公室发布了《国家人权行动计划（2009—2010 年）》。这是中国政府制定的第一个以人权为主题的国家规划，是中国政府落实尊重和保障人权这一宪法原则的重大举措。2012 年 6 月，国务院授权国务院新闻办公室又发布了《国家人权行动计划（2012—2015 年）》，这是中国政府制定的第二个以人权为主题的国家规划，由国务院新闻办公室和外交部共同牵头建立的国家人权行动计划联席会议机制组织制定和监督实施。2013 年 11 月，劳教制度被废止。

中国也以积极和建设性姿态参与联合国人权机构工作，参加人权国际对话与合作。2006 年，中国当选首届联合国人权理事会（取代原来的联合国人权委员会）成员国（2006—2009），并且在 2009 年成功连任（2009—2012）。2013 年 11 月，第 68 届联合国大会改选联合国人权理事会成员，中国以 176 票当选，任期自 2014 年至 2016 年。在联合国经济、社会及文化权利委员会，消除种族歧视委员会，消除对妇女歧视委员会以及残疾人权利委员会等机构中，均有来自中国的专家。此外，中国还与美国、欧盟、英国、德国、挪威、日本等定期举行人权对话或磋商。①

但是，中国在对人权的认识上与西方国家存在分歧。中国强调集体权利，主张保护人权的主要责任在于主权国家，生存权和发展权是人权的首要内容，人权状况和一国发展程度、历史与文化传统相关联。这和西方强调个人权利、关注公民权利和政治权利的人权观念显然是有所不同的。由于在人权的理解上与西方国家存在分歧，中国迄今为止尚未加入《世界人权宣言》，也没有批准《公民权利和政治权利国际公约》。实际上，改革开放以来，中国在主动融入国际社会的过程中，与西方国家在人权等一系列问题上的争端就一直没有停止过。在 21 世纪初，崛起中的中国依然在人权问题上面临着来自西方世界的极大压力。西方国家就所谓的"西藏问题"（西方把它视为中国的人权问题之一）联合对中国施加压力，包括在联合国人权会议上提出所谓"中国西藏局势"的议案；流亡海外的达赖喇嘛多次获得西方国家政府首脑的会见，也给中国与一些西方主要国家的关系带来了负面影响。此外，进入 21 世纪之后，中国在缅甸爆发大规模反政府游行示威、苏丹达尔富尔流血冲突和人道主义危机等一些国际热点问题上，也同样面临来自西方国家的批评和指责。特别是 2008 年，北京奥运会火炬在西方国家传递期间，中国与西方国家在人权、西藏等问题上的分歧更是

---

① 国务院新闻办公室：《2012 年中国人权事业的进展》白皮书，2013 年 5 月 14 日，http://news.xinhuanet.com/politics/2013–05/14/c_115758619.htm.

达到了白热化的程度，中西思想观念的强烈碰撞得到了充分展现。不少中国人在这一事件中，看到了自己的国家作为一个正在崛起的大国，并没有在国际社会中得到应有的尊重和对待，也感受到了中国融入国际社会过程的艰难。与此同时，中国人的自信心和民族主义情绪的增强，更让西方对中国崛起表示担心。① 西方国家在人权问题上向中国施加压力的一个较近的例子就是，在 2010 年 10 月，诺贝尔和平奖被授予一位中国的持不同政见者。中国外交部发言人曾批评挪威政府公开支持该错误决定，"破坏了两国关系的政治基础和合作氛围"。据 2011 年 5 月 4 日的《环球时报》报道，中国驻挪威大使唐国强在该国一个孔子学院会议上"用最严厉的措辞指责挪威诺委会向刘晓波颁发诺贝尔和平奖"，"质疑挪威作为中国经济合作伙伴的可信赖性"，并表示"除非挪威道歉，中挪经济合作谈判不会重启"。② 此外，以大赦国际（Amnesty International）、人权观察（Human Rights Watch）为代表的国际人权非政府组织长期关注和报道中国的人权状况，并持续对中国的人权问题（如死刑、言论自由、劳改制度等）提出尖锐的批评，给中国政府造成了很大的国际舆论压力。

值得注意的是，中国在人权问题上所面临的压力不仅仅来自西方国家。比如，中国在对待来自朝鲜的非法入境者方面长期遭到韩国的批评，双方的争论在 2012 年初公开化、正面化。当年 2 月 21 日，韩国外交通商部官员宣布韩国政府已决定将中国抓获的"脱北者"安全问题提到联合国人权理事会上。次日，韩国总统李明博称，"脱北者"并非犯罪分子，中国政府应遵循国际标准处理。韩国学者 Cho Young-nam 在文章中专门论述中国

---

① David Scott, *China Stands Up: The PRC and the International System*, pp.83–98.

② http://news.sina.com.cn/c/2011-05-04/075322402381.shtml.

与韩国的观念冲突，其中包括对民主、人权、法治等规范的不同态度。[①]
2014 年 12 月，联大以 116 票赞成、20 票反对、53 票弃权通过决议，谴责
朝鲜境内长期持续存在有系统、普遍和严重侵犯人权的行为，决定将联合
国朝鲜人权问题调查委员会的报告提交安理会，并鼓励将朝鲜局势问题移
交国际刑事法院，对负有最大责任的人实施有效定向制裁。中国、古巴、
俄罗斯等 20 国投了反对票。[②] 2016 年 12 月，应美国、英国、法国、日本
等 9 个理事国请求，联合国安理会就朝鲜人权状况举行公开会议，中国和
俄罗斯等国常驻联合国代表均对安理会审议朝鲜人权局势表示反对。

可以预计，中国未来在人权问题上仍将继续面临来自国际社会的压力。

二、中国与人道主义干涉规范

人道主义干涉规范源于人权规范，或者说是人权规范的一部分。与人权
规范相关的是，中国在人道主义干涉问题上也面临着极大的国际压力。如
前所述，在 21 世纪初，"保护的责任"等有关人道主义干涉的相关概念在
国际社会相当流行，基于保护人权或者人道主义理由的对外干涉行为也越
来越多。2001 年 12 月，由加雷思·埃文斯（Gareth Evans）和马哈穆德·萨
赫诺恩（Mahmoud Sahnoun）领导的国际小组"干涉与国家主权国际委员
会"（The International Commission on Intervention and State Sovereignty,
ICISS）发布了题为《保护的责任》的报告，提出了"保护的责任"的原
则。其含义是：国家负有保护国民免受种族灭绝、种族清洗、大规模屠杀
等责任，但是当国家不能或是不愿意这样做的时候，国际社会有责任进行

[①] Cho Young-nam, " South Korea–China Relations and Norm Conflicts," *Korea Focus*, Vol.18（Autumn 2010）, pp.115–128.

[②] http://news.ifeng.com/a/20141219/42752720_0.shtml.

干涉。① 此后，"保护的责任"进入了联合国改革议程。2004 年 12 月，由知名人士组成的联合国"威胁、挑战和改革问题高级别小组"发表的报告《一个更安全的世界：我们的共同责任》，支持了这一理念。② 2005 年 3 月，联合国秘书长安南在联合国大会上所做的报告《大自由：实现人人共享的发展、安全与人权》，也提及了该概念。③ 2005 年 10 月，联合国里的非洲集团，在卢旺达和南非的领导下，进行了艰苦的斗争，赢得了联合国大会对这一原则的认可，联合国世界首脑会议通过的《世界首脑会议成果》文件正式采纳了"保护的责任"这一概念。在《2005 年世界首脑会议成果》（2005 World Summit Outcome）中，各成员承认"每一个国家都有责任保护其国民不受种族屠杀、战争罪行、种族清洗和反人类罪行的伤害。该项责任要求各国使用适当和必要手段，预防上述罪行并防止引发上述罪行。成员国承认此项责任并以此作为行为准则"。④ 与此同时，该文件也提出主权国家必须对超出本国国界并威胁到全球安全的行为承担责任，即帮助各国履行其责任；发展国家执政能力；通过外交、人道主义和其他和平努力保护人民免受种族屠杀、战争罪行、种族清洗和反人类罪行的伤害。最令人瞩目的是，联合国大会申明，当一国当权者"显然无法保护"其国民时，"我们准备通过安理会，依据包括第七章在内的联合国宪章，采取及时果断

---

① *Report of the International Commission on Intervention and State Sovereignty, The Responsibility to Protect* (Ottawa, Canada: International Development Research Center, 2001); Gareth Evans, The Responsibility to Protect: Ending Mass Atrocity Once and for All (Washington, DC: Brookings Institution, 2008).

② *Report of the Secretary-General's High-Level Panel on Threats, Challenges, and Change, A More Secure World: Our Shared Responsibility* (New York: United Nations, 2004).

③ Kofi Annan on the General Assembly (Fifty-ninth session), "In Larger Freedom: Towards Development, Security and Human Rights for All," 21 March 2005, http://www.un.org/summit2005/documents.html.

④ http://www.un.org/summit2005/documents.html.

的集体行动"。① 2009 年，第 63 届联合国大会通过了《保护的责任》决议，这是该组织通过的第一个有关"保护的责任"之专门决议。美国学者布鲁斯·琼斯等认为："'保护责任'的理念已经得到联合国所有成员国的一致认可。从某种意义上讲，这是一个清晰的信号，表示对主权的理解发生了重大的变化。这一变化发生的时间是如此之短。"② 西方学者亚历克斯·比拉米（Alex J. Bellamy）等指出，这是一个新的国际原则（a new international principle），R2P 的诞生说明了国际规范产生的过程。③

中国对此并没有明确反对，并且还有条件地支持，但是总的来说是持保留和谨慎态度的，属于有限接受。2005 年 6 月，中国驻联合国大使在发言中就"保护的责任"阐明了中国政府的如下立场："各国负有保护本国公民的首要责任，一国内乱往往起因复杂，对判定一国政府是否有能力和意愿保护其国民应慎重，不应动辄加以干涉。在出现大规模人道危机时，缓和与制止危机是国际社会的正当关切。有关行动需严格遵守宪章的有关规定，尊重有关当事国及其所在地区组织的意见，在联合国框架下由安理会根据具体情况判断和处置，尽可能使用和平方式。在涉及强制性行动时，更应慎重行事，逐案处理。"④ 陈拯等指出，这个发言构成了中方立场表述的基本框架，至今并无实质改变，即中国试图保持国际人道主义干涉与维护国家主权之间的均衡，试图限制对"保护的责任"之滥用。⑤ 在 2005 年联

---

① Ibid.

② ［美］布鲁斯·琼斯、［美］卡洛斯·帕斯夸尔、［美］斯蒂芬·约翰·斯特德曼著：《权力与责任：构建跨国威胁时代的国际秩序》，第 11 页。

③ Alex J. Bellamy, *Responsibility to Protect: The Global Efforts to End Mass Atrocities* (Cambridge, UK: Polity Press, 2009), "Introduction," p.2.

④ 《王光亚大使在联大磋商 9 月首脑会成果文件草案时的发言》（2005 年 6 月 21 日），中国外交部网站，http://www.fmprc.gov.cn/123/wjdt/zyjh/t200843.htm.

⑤ 陈拯、朱宇轩：《中国政府与"保护的责任"辩论：基于安理会相关辩论发言的分析》，《当代亚太》2015 年第 5 期，第 130—155 页。

合国首脑会议期间，中国国家主席及中国外交部部长的正式发言中都没有直接提及"保护的责任"这个概念。但是中国作为联合国的成员国，原则上接受了"保护的责任"的理念，没有反对联合国通过相关决议，中国代表也参与了联合国的相关辩论。① 针对"保护的责任"，有中国国际法学者担忧，"一旦'保护的责任'成为'新的（国际法）规范'，它将对国家主权的内涵、国家主权平等原则以及不干涉内政原则等产生深远的影响"。②

中国对人道主义干涉以及"保护的责任"之态度，特别是在苏丹达尔富尔、利比亚、叙利亚等热点问题上的立场，被不少人视为中国对待国际新规范态度的表现。

2003 年 2 月，苏丹达尔富尔危机爆发，并引起国际社会的高度关注。从 2004 年开始，中国政府逐渐介入达尔富尔问题的解决。2006 年 8 月，安理会通过 1706 号决议，第一次援引"保护的责任"，决定在达尔富尔地区部署联合国苏丹特派团，中国和俄罗斯对此投了弃权票。苏丹政府拒绝了该决议之后，中方采取了一些斡旋行动，使得苏丹政府于 2007 年 6 月同意在达尔富尔部署混合维和力量。2007 年 7 月，联合国安理会通过 1769 号决议，表示在尊重苏丹共和国主权的情况下，与苏丹政府合作，协助处理达尔富尔的各种问题。中国对此投了赞成票。于是，2.7 万名维和人员被派往达尔富尔，以制止正在发生的暴行。

2011 年初，利比亚内战爆发。该年 2 月，安理会一致通过 1970 号决议，认为在利比亚发生的针对平民的大规模、有系统的攻击可构成危害人类罪，并要求追究那些对袭击平民事件负责任的人士，对利比亚实施武器禁运，冻结利比亚领导人卡扎菲及其主要家庭成员和同伙的资产，将利比亚问题

---

① Rosemary Foot and Andrew Walter, *China, the United States, and Global Order* (Cambridge: Cambridge University Press, 2011), p.50.

② 杨泽伟著：《国际法析论》（第三版），第 364 页。

移交国际刑事法院等。中国对该决议投了赞成票。此后，安理会于同年3月通过1973号决议，要求各方立即停火，并决定在利比亚设立禁飞区，认为在利比亚领空禁止一切飞行是保护平民以及保障运送人道主义援助的安全之一个重要因素，是促进该国境内停止敌对行动的一个步骤。这个决议被认为是"保护的责任"规范具有影响力的证据，尽管并没有明确提及"保护的责任"一词。① 中国、俄罗斯、巴西、德国和印度对此决议案投了弃权票。这个决议通过之后，以法国、英国、美国三国为主的联合部队以执行安理会决议为依据，从当年3月19日开始对利比亚进行空袭，并最后导致卡扎菲政权垮台。对利比亚的干涉被西方不少人视为"保护的责任"之首次实践。② 中国政府后来批评西方国家对利比亚的干涉是滥用安理会授权。③ 这导致后来中国政府在叙利亚冲突上采取了坚决反对西方国家主张的国际干涉的行为。

叙利亚内战也爆发于2011年初。从2011年10月开始，叙利亚的国内冲突开始成为安理会的讨论议题。法国、德国、英国和葡萄牙向安理会提交了一个决议草案，要求安理会对叙利亚实施军火禁运，并考虑实施其他强制性行动。但是，中国和俄罗斯共同否决了该草案。此后，中国和俄罗斯又联手分别否决了阿盟和美国提出的两个决议草案。2014年5月，联合国安理会就法国等国提交的将叙利亚局势提交国际刑事法院的安理会决议草案进行表决，中国和俄罗斯再次投了反对票。这表明中国反对一些国家利用"保护的责任"，滥用安理会的授权进行政权更迭。④ 2016年12月，联合国安理会就叙利亚阿勒颇局势的有关决议草案进行表决，中国与俄罗

---

① 李丽：《保护的责任与安理会强制性干预决议——利比亚与叙利亚案例的比较分析》，《战略决策研究》2017年第1期，第6页。

② 陈拯、朱宇轩：《中国政府与"保护的责任"辩论：基于安理会相关辩论发言的分析》。

③ 同上，第147—148页。

④ 同上，第151页。

斯、委内瑞拉投票反对，草案未获通过。中国政府也因此在国际上面临着极大的压力和指责。

与此相关的是，国际刑事法院的设立及其授权，也体现了人权规范和保护的责任之原则。根据联合国 1998 年通过的《国际刑事法院规约》（又称《罗马规约》），国际刑事法院于 2002 年 7 月 1 日正式成立。在一国国内法院不能自主审理的情况下，国际刑事法院将对该国犯有种族灭绝罪、战争罪和反人类罪等严重国际罪行的个人进行刑事追责。根据《罗马规约》，国际刑事法院的检察官可以根据某人或者一些组织机构的建议来主动提起犯罪调查。2009 年 3 月 4 日，国际刑事法院向苏丹总统巴希尔发出逮捕令。2010 年 7 月 12 日，国际刑事法院以种族灭绝罪向苏丹总统巴希尔发出第二份逮捕令。此外，国际刑事法院检察人员于 2011 年 5 月 16 日请求法官针对卡扎菲和他的次子赛义夫·伊斯兰、利比亚情报机构负责人阿卜杜拉·塞努西发布逮捕令，指控这三个人在镇压反对派过程中故意把平民当作打击目标，命令、计划并参与非法攻击。起诉罪行包括战争罪和反人类罪。

虽然中国不反对联合国授权的国际干涉行动，比如联合国维和行动，但是中国历来对基于人权理由，并且没有得到联合国授权的国际干涉行为采取反对或不支持的态度。原因在于中国对于人权问题的认识，认为人权属于内政问题，外国无权以人权为由进行干涉。中国也因此承受着来自国际社会的巨大压力。美国战略家加里·J. 施密特批评中国采取这样的立场，是因为"想恢复旧的国际秩序，这种秩序体现在联合国宪章中，并且基于三个世纪以来的国际法原则，即主张国家主权（至少在理论上）神圣不可侵犯。针对一个国家的联合行动只有在回应无端的侵略行为，且只有在安理会——中国拥有否决权——授权之后，才是允许的"。[①] 有的西方学者甚

---

① ［美］加里·J. 施密特主编，韩凝、黄娟、代兵译:《中国的崛起：美国未来的竞争与挑战》，北京：新华出版社 2016 年版，第 29 页。

至明确指出，正在崛起的中国坚持与西方不同的人权与民主理念，特别是反对未经联合国安理会授权的国际人道主义干涉行动，因而会在国际社会中对西方构成挑战。① 但也有西方学者注意到，人权和人道主义干涉规范可能带来的问题。有一位英国学者就指出，在 1945 年以后，国际社会的人权法和武装冲突法规得到了较大发展。人权和人道主义问题在国际政治中的重要性比以往时代要大得多，这可能带来一些问题。比如，"建立在经济自由主义、人权和民主思想基础上的全球社会理念，与依然存在的主权国家理念经常发生冲突"。② 他还特别提到了中国在人权问题上与西方发生的"全球价值与当地情势之间的冲突"。③ 同样值得注意的是，针对西方国家近年来依据"保护的责任"的概念推行干涉主义的行为，阮宗泽提出，中国作为安理会常任理事国之一，应该旗帜鲜明地倡导"负责任的保护"。④

三、中国与民主规范

如前所述，在西方语境中，民主和人权有着密切的关系，民主往往被视为保护人权的制度保障，作为人权重要组成部分的公民政治权利则确保民主制度的顺利运行。和人权一样，民主也被视为"新文明标准"的核心

---

① Nicholas J. Wheeler, "Introduction: The Political and Moral Limits of Western Military Intervention to Protect Civilians in Danger," in Colin McInnes and Nicholas J. Wheeler, eds., *Dimensions of Western Military Intervention* (London: Frank Cass Publishers, 2002), p.4; Tim Dunne and Nicholas J. Wheeler, eds., *Human Rights in Global Politics* (Cambridge: Cambridge University Press, 1999), p.13..

② Adam Roberts, "The Evolution of International Relations," Notes for lecture at Royal College of Defense Studies, 21 January 2008, p.21.

③ Ibid.

④ 阮宗泽：《负责任的保护：建立更安全的世界》，《国际问题研究》2012 年第 3 期，第 9—22 页。

要素，是国家在国际社会中合法性的重要来源。有西方学者指出："对西方人来说，评价一个国家政局的好坏，管理水平的高低，就是看这个国家是否有民主制度，而民主的标准就是看民众是否有普选权，以及该国是否存在多党制。"①

中国从不否定民主规范的重要性，并且把发展与健全中国特色的社会主义民主作为一项重要的任务。正如 2013 年 11 月中共十八届三中全会所指出的："发展社会主义民主政治，必须以保证人民当家做主为根本，坚持和完善人民代表大会制度、中国共产党领导的多党合作和政治协商制度、民族区域自治制度以及基层群众自治制度，更加注重健全民主制度、丰富民主形式，从各层次各领域扩大公民有序政治参与，充分发挥我国社会主义政治制度优越性。"② 2014 年 9 月，中共中央、全国政协举行庆祝中国人民政治协商会议成立 65 周年大会，习近平在大会上发表讲话时强调，社会主义协商民主，是中国社会主义民主政治的特有形式和独特优势，是中国共产党的群众路线在政治领域的重要体现。他提到，民主不是装饰品，不是用来做摆设的，而是要用来解决人民要解决的问题的。找到全社会意愿和要求的最大公约数，是人民民主的真谛。③ 也就是说，中国并不否认民主的重要性，更不反对民主规范，但是中国对民主概念的理解和界定与西方有所不同。实际上，有学者通过研究表明，包括中国在内的东亚国家，在界定民主概念的时候，往往强调"善治"（good governance）和社会公平（social equity），而非西方民主理论家所强调的普选制、法治、政治自由等，

---

① ［英］马丁·雅克著：《当中国统治世界：中国的崛起和西方世界的衰落》，第 172 页。

② 《中共中央关于全面深化改革若干重大问题的决定》（2013 年 11 月 12 日中国共产党第十八届中央委员会第三次全体会议通过），http://news.xinhuanet.com/politics/2013–11/15/c_118164235.htm.

③ 习近平：《在庆祝中国人民政治协商会议成立 65 周年大会上的讲话》，2014 年 9 月 21 日，http://news.ifeng.com/a/20140921/42043243_0.shtml.

东亚的"非民主政体"的合法性以及表现往往比"民主政体"更好。[1]

然而，当今的中国由于其历史传统以及现行政治制度，在国际社会中往往被视为一个非民主的、专制的国家，按西方的标准属于一个问题国家或者潜在的问题国家。也有美国学者认为，现代中国和古代中国一样，其政治传统依然是威权主义的，它与西方的民主传统形成鲜明对比。[2] 今天，在西方主流媒体有关中国的报道中依然常常出现"共产党中国""红色中国""极权国家"等词汇，体现了很多西方人判断中国的国家性质及其在国际社会中的地位之思想偏见。这无疑属于意识形态或观念问题，也属于"新文明标准"的一种表现形式，其核心在于西方用自己的标准来衡量其他国家的行为，倾向于认为单一的而非多元的世界更有利于世界和平与稳定。冷战后流行的"民主和平论"就是这种思维方式的一种表达方式。很大程度上由于其政权性质，在很多西方人眼中，中国还是国际社会中的"非我族类"，中国融入国际社会的程度（政治和经济上）还很不够，它还只是处于国际社会同心圆的外环。[3] 很多西方人士担心一个正在崛起的、"非民主"的中国，可能对西方主导的国际社会构成挑战。2007 年 12 月，美国企业研

---

[1]　Yun-han Chu, Hsin-hsin Pan & Wen-chin Wu, "Regime Legitimacy in East Asia: Why Non-Democratic States Fare Better than Democracies," *Global Asia*, Vol. 10, No. 3（Fall 2015），pp.98–105.

[2]　John K. Fairbank, *China Perceived: Images and Policies in Chinese-American Relations* (New York: Alfred A. Knopf, Inc., 1974), pp.7–9.

[3]　Susan Shirk, *How China Opened Its Doors: The Political Success of China's Trade and Investment Reforms* (Washington, DC: The Brookings Institution, 1994), pp.76–77; Barry Buzan, "From International System to International Society: Structural Realism and Regime Theory Meet the English School," *International Organization*, Vol. 47, No. 3 (1993), pp.327–352; Barry Buzan, "International Society and International Security," in R. Fawn and J. Larkins, eds., *International Society after the Cold War: Anarchy and Order Reconsidered* (Basingstoke: Macmillan, 1996), p.261–287; Yongjin Zhang, *China in International Society since 1949: Alienation and Beyond*, pp.244–251.

究所的研究员邓·布鲁门撒尔（Den Blumenthal）发表文章指出："可能中国打算在国际体系内成长，但只是不喜欢国际体系中大部分由美国来制定的规则。可能当中国足够强大，它会建立更符合它喜好的新规则。"① 2007年圣诞节前夕，对于中国制造的产品大量进入美国，美国学者莱斯特·布朗（Lester Brown）惊呼"圣诞节是中国制造的"，并由此联想到美国在世界上的领导地位正受到挑战。他指出："为了向其他国家要石油、要他们为我们的债务提供资金，美国正在迅速丧失它在世界上的领导地位。我们面临的问题不仅仅是'圣诞节是否中国制造'那么简单，更重要的是我们能否恢复那些令我们成为一个强国———一个让世界钦佩、尊重、仿效的大国———的准则和价值观。这不是圣诞老人能给的礼物，只能靠我们自己来完成。"②

同样值得注意的是，当今世界上正在崛起的非西方国家并非中国一家，但西方国家似乎最关注和担心中国的崛起。例如，西方很多人对中印崛起的态度就很不一样，实际上采取了双重标准。这主要是因为在西方话语体系中，印度是一个民主国家，而中国则属于"非民主"国家。正如一位英国学者所指出的，"印度是当今世界上最大的民主国家，而在中国，民主仍然是个相对陌生的概念"。③ 美国评论家卡普兰也明确表明了自己对印度民主制度的喜好，以及对所谓中国"威权"体制的不屑："我解释一下：我非常看好印度，认为印度的民主制度表现出了足够的弹性以应付未来可能发生的骚乱和地方混乱局面，这一点是中国威权体制无法望其项背的。归根

① Den Blumenthal, "Blind into Beijing," *The American* (An Magazine of Ideas–online at American.com), Dec. 20, 2007, http://www.american.com/archive/2007/december-12-07/blind-into-beijing.

② ［美］莱斯特·布朗：《圣诞节是中国制造的》，http://www.stnn.cc/ed_china/200712/t20071221_697783.html.

③ ［英］马丁·雅克著：《当中国统治世界：中国的崛起和西方世界的衰落》，第267页。

结底，印度民主是一种温和主义力量。"① 在西方，甚至是在联合国，所谓中国的人权状况经常受到指责，而印度作为一个民主国家则常常被赞扬，日内瓦联合国人权委员会② 也从来没有点名批评过印度的人权状况，但中国则"榜上有名"。其实，印度在人权问题上的立场与中国有共同点。印度在人权问题上，主张推进人权应考虑各国的具体情况，认为最根本的人权是生存的权利；对发展中国家来说，发展问题优于民主和人权，反对将人权问题政治化，反对利用人权干涉他国内政，从而损害别国的主权和统一。③ 这在很大程度上是由于中印两国政治制度和价值理念的不同引起的，而后者更接近西方。印度被西方普遍认为是"世界上人口最多的民主政权"，④ 因而民主制度为印度带来了良好的崛起环境。⑤ 正如马丁·怀特所说的，西方国家总是把国际体系中成员国的国内政治安排或政府结构，当作国际合法性的一个原则。⑥ 值得注意的是，也有中国的民族主义者提到了中国由于不是"民主国家"，和印度相比在国际交往中吃了很多亏："我在这里把话说得更明确一些：我们由于不是国际社会所公认的'民主国家'，在国际交往中吃了太多的亏。印度无论是对于国际社会的贡献，还是国内人民的生活，都远远比不上我们，就是沾了'民主国家'的光，无论什么时候国际舆论都是站在它那一边的，在中印边界冲突中是如此，在经济竞争中也是

① ［美］罗伯特·D.卡普兰著，吴兆礼、毛悦译：《季风：印度洋与美国权力的未来》，北京：社会科学文献出版社 2013 年版，第 120 页。

② 2006 年，人权委员会为人权理事会所取代。

③ http://www.fmprc.gov.cn/mfa_chn/gjhdq_603914/gj_603916/yz_603918/1206_604930/.

④ ［美］查尔斯·蒂利著：《民主》，第 51 页。

⑤ 李莉：《印度偏离不结盟及其动因分析》，《国际政治科学》2017 年第 1 期，第 1—35 页。

⑥ Martin Wight, *Systems of States* (London: Leicester University Press in association with London School of Economics and Political Science, 1977), p.41.

如此。"① 实际上，印度政治家也常常拿民主和人权说事，以证明印度比中国强。比如，2009 年 11 月，印度总理辛格在美国外交关系委员会发表演讲时声称，尽管中国发展速度快于印度，"我总是相信，还有比国内生产总值增长更为重要的价值"，其中包括"尊重基本人权，尊重法治，以及尊重多元文化、多元族群、多元宗教的权利"。他还指出，民主国家所推行的政策"一定会比非民主国家的统治集团所采取的改革政策要有效得多"。② 2012年底上台的日本首相安倍晋三曾经公开呼吁，日本应与印度、澳大利亚、美国组成"民主安全菱形"，与实力不断上升的中国相抗衡。

需要指出的是，也有西方学者认为，中国崛起所造成的最大难题并不是中国缺乏民主，而是中国的"中央王国"心态。正如马丁·雅克所说的："西方对中国的评论，错就错在太过于关注中国的政体、民主的缺失、共产党政府以及所谓的军事威胁等问题。事实上，中国崛起所带来的真正挑战很可能是文化上的，正如我们之前讲到的'中央王国'心态。或者换句话说，中国崛起所引发的最大难题并不是民主的缺失，而是中国会如何处理自己和别人的差异。一国的历史和文化很大程度上决定了它会以何种眼光来看待这个世界。历史上每一个曾经称霸的国家或者大陆都会用一种全新的方式来展示其实力。比如欧洲的典型方式就是海上扩张加殖民帝国，而美国则是空中优势和全球经济霸权。中国同样也会以崭新的方式来展现其实力……中国崛起为一个世界大国后，很可能会在相当长的一段时期内在文化等方面完全改写世界秩序。"③ 他进一步指出，崛起的中国有可能恢复历史上的朝贡体系："一旦有机会，中国也许希望恢复过去长期被神圣化的

---

① 王小东著：《天命所归是大国》，南京：江苏人民出版社、凤凰出版传媒集团 2008年版，第 40 页。

② John Pomfret, "Obama welcomes Singh, hails India's 'leadership role' in Asia," *Washington Post*, November 25, 2009.

③ ［英］马丁·雅克著：《当中国统治世界：中国的崛起和西方世界的衰落》，第 200 页。

外交传统，即除了不能给予平等地位，其他方面对各国一视同仁，并要求它们臣服于中国。"① 但是，也有西方学者认为，崛起的中国和美国不一样，中国并无强烈意愿向外推广自己的发展模式："美中两国之间的一个重要差异是：两国都认为自己与众不同，但美国把它独特的力量和优点看成是可供其他国家效仿的模式，而中国则把它的力量和优点看成是难以被其他国家仿效的中国特色的明证；美国希望其他国家都变得像美国一样，中国则认为任何国家都不可能变得像中国一样。"②

四、中国与市场经济规范

改革开放以来，中国逐渐接受了市场经济规范，并且以很快的速度融入世界经济体系（包括贸易、金融、投资、国际经济制度等）之中，并被认为是中国"重新加入"国际社会过程之最少具有争议的方面。③ 从某种意义上讲，中国的改革开放过程，就是接受市场经济规范、建立和完善社会主义市场经济的历程。特别是在 1992 年，中共十四大明确提出了中国经济体制改革的目标是建立社会主义市场经济体制，提出要使市场在国家宏观调控下对资源配置起基础性作用。2013 年的中共十八届三中全会进一步提出了使市场在资源配置中起决定性作用的重大理论观点。与此同时，中国也在不断努力融入世界经济体系。特别是在中国于 2001 年加入世界贸易组织（WTO）之后，中国融入世界经济体系的程度得到更进一步加深。中国根据加入世界贸易组织的承诺，逐步降低关税，关税总水平从加入世贸组织前的 15.3％降到 2010

---

① 同上，第 312 页。

② ［澳］休·怀特著，樊犇译：《中国抉择：美国为什么应与中国分享权力》，北京：世界知识出版社 2013 年版，第 74—75 页。

③ Yongjin Zhang, *China in International Society since 1949: Alienation and Beyond*, pp.194–243.

年的 9.8%，并取消了大多数非关税措施。[①] 根据 2011 年 9 月发表的《中国和平发展》白皮书，2001 年加入世界贸易组织以来，中国年均进口近 7500 亿美元商品，相当于为相关国家和地区创造了 1400 多万个就业岗位。过去十年，在华外商投资企业从中国累计汇出利润 2617 亿美元，年均增长 30%。中国非金融类年度对外直接投资从不足 10 亿美元增加到 590 亿美元，有力地促进了有关国家的经济发展。2009 年境外中资企业实现境外纳税 106 亿美元，聘用当地员工 43.9 万人。中国近年来对世界经济增长的贡献率均达到 10% 以上。[②] 但是，中国在加入世界贸易组织的时候接受了一些限制性条款，其中包括对中国出口产品反倾销调查的"非市场经济地位"待遇。另外，中国在 2001 年加入世界贸易组织之后，也自动加入《与贸易相关的知识产权协定》（TRIPs），参加知识产权保护建设，推动全球贸易和投资自由化。中国和东盟于 2009 年签署了知识产权领域合作谅解备忘录，推动双方知识产权保护制度的建立。

　　然而，中国经济市场化和融入世界经济体系的程度，仍被认为远未达到西方期望的水平。有西方学者声称，使中国成为全球经济体系中的一个负责任的支柱，将是未来长期的挑战之一。[③] 根据中国加入世界贸易组织议定书第 15 条，在反倾销和反补贴调查中，倾销幅度的确定可以不以中国实际成本数据为依据，而选择一个市场经济第三国或进口国的同类相似商品价格，即"替代国"做法。该条款的适用期限是 15 年，在 2016 年 12 月 11 日失效。按照当初签订的入世协议，中国应当在加入这一组织 15 年后，

① 　国务院新闻办公室:《中国和平发展》白皮书，2011 年 9 月 6 日，http://www.gov.cn/jrzg/2011-09/06/content_1941204.htm.

② 　同上。

③ 　C. Fred Bersten, "A Partnership of Equals: How Washington Should Respond to China's Economic Challenge," *Foreign Affairs*, Vol. 87, No. 4 (July/August 2008),pp.57–69; Donald H. Straszbeim, "China Rising," *World Policy Journal* (Fall 2008), pp.157–170.

自动获得"完全市场经济地位"。然而，中国在对外贸易方面面临着很多批评，特别是被指责对其出口商进行不公正的补贴，也没有严格执行知识产权保护协定。中国自 2001 年加入 WTO 以来，就成为美国和欧洲的头号投诉对象。实际上，作为一个进出口大国，中国遭遇的反倾销和反补贴在次数和金额上均居世界首位。[①] 从 2001 年入世以来，中国还没有被所有国家承认为一个完全市场经济国家。是否承认中国完全市场经济地位一直是影响中国与欧盟、美国、日本关系的一个重要问题。2011 年 9 月 20 日，中国商务部发言人在新闻发布会上表示，经过近 40 年的改革开放，中国已经实现了由计划经济向市场经济的转轨，但是欧盟至今不承认中国完全市场经济地位，中方对此表示非常失望。 2016 年 5 月 12 日，欧洲议会全体会议通过一项决议，反对承认中国市场经济地位。该决议得到 546 名欧洲议员赞成，只有 28 票反对，77 票弃权。美国也一再表示不承认中国的市场经济地位。2016 年 12 月 8 日，日本经济产业省正式宣布，关于中国在世界贸易组织中的地位，已决定继续不承认中国是"市场经济国家"；日本将维持容易对不当倾销征收高关税的"反倾销税"机制。[②]

与此同时，中国也长期被批评为汇率操控国。进入 21 世纪，人民币汇率一直是中美经济关系中的一个问题，美国努力迫使人民币升值，以增加对华出口。中国在 2005 年进行了汇率改革，人民币对美元汇率逐步上升。自 2005 年以来，人民币汇率形成机制市场化改革已取得明显进展，截至 2013 年 4 月底，人民币对美元名义汇率已升值约 32%，人民币实际有效汇率升值超过 36%。尽管如此，国际社会一些国家依然认为人民币币值被低估了，特别是美国政府高级官员不断指责中国对汇率实施严格管制和操控

---

① 赵龙跃编著：《制度性权力：国际规则重构与中国策略》，北京：人民出版社 2016 年版，第 94、109—115 页。

② http://wemedia.ifeng.com/282574493318059/wemedia.shtml.

措施。

五、中国与环境主义规范

进入 21 世纪初，全球环境问题变得更加突出，以环境保护为核心内容的环境主义已经成为所谓"新文明标准"的重要内容之一。《气候变化框架公约》强调要将世界上的排放大国都纳入新的气候变化国际框架之中，它未来可能发展成世界气候组织，属于新的世界性国际组织，从而使得环境主义规范制度化。从某种意义上说，环境主义也属于"负责任主权"原则范畴。

与此同时，进入 21 世纪，日益恶化的中国环境问题（21 世纪初在中国发生的重要环境污染事件包括：2005 年松花江水污染事件；2007 年太湖、滇池、巢湖蓝藻暴发；2013 年中东部持续雾霾天气；2015 年底华北地区持续空气重度污染等），也使中国政府和民众的环保意识日益增强。根据中国环保部 2013 年 6 月 4 日公布的《2012 中国环境状况公报》，全国环境质量状况形势依然严峻：超过 30% 的河流和超过 50% 的地下水不达标；空气质量方面，325 个地级市中，有 59.1% 的城市不符合新的空气质量标准，113 个环保重点城市的不达标率更是达到 76.1%。[1] 世界卫生组织发布的 2008—2015 年度世界上 103 个国家 2977 个城市的年平均户外空气质量监测数据显示，中国境内包括拉萨和海口在内的 110 座城市无一达到世卫组织推荐的户外空气质量标准。[2] 原中国环保局局局长曲格平在谈及中国

———————

[1]　http://news.xinhuanet.com/local/2013–06/05/c_116033075.htm.

[2]　WHO, "Global Urban Ambient Air Pollution Database (update 2016)," 世卫组织推荐的空气质量标准（年平均浓度为）：PM10 每立方米 20 微克，PM2.5 每立方米 10 微克。参见徐彤武：《全球卫生：国家实力、现实挑战与中国发展战略》，《国际政治研究》2016 年第 3 期，第 37 页注 10。

环境问题时指出："似乎没有人称赞中国的环境状况好，国家领导人也在讲'环境形势严峻'，其实说'非常严峻''十分严峻'都不过分，世界范围内还没有哪个国家面临着这么严重的环境污染。而且不光是一个大气污染，还有水污染、土壤污染、有毒化学品污染等，存在的问题很多、很大。"[①] 2007 年以前，美国向大气中排放的与能源相关的二氧化碳量是所有国家中最大的。但是中国温室气体排放量增长速度很快，目前中国和美国是世界上两个最大的温室气体排放国家。[②] 据估计，到 2030 年，中国与能源相关的二氧化碳排放量预计将占世界总量的 26%，与煤炭相关的排放将占世界的 48%。如果在未来 25 年里，中国和印度实现预期的经济和工业增长，那么这两国的碳排放增长加起来将占到全球增长的 60% 左右。[③] 中国属于世界上的排放大国之一，自然是新规范要制约的目标之一。中国在国际气候变化谈判中，坚持不承担绝对减排义务，反对加入强制性减排机制，其在环境问题上面临的国际压力也会越来越大。

在 2009 年 12 月的哥本哈根世界气候变化大会（全称是《联合国气候变化框架公约》第 15 次缔约方会议暨《京都议定书》第 5 次缔约方会议，也被称为哥本哈根联合国气候变化大会）上，中国就成为被批评和指责的重要目标国之一。2009 年 12 月，192 个国家的环境部长和其他官员在哥本哈根召开联合国气候会议，商讨《京都议定书》一期承诺到期后的后续

---

① http://news.ifeng.com/shendu/nfzm/detail_2013_06/07/26205127_0.shtml.

② 有统计认为，2007 年，中国已经取代美国成为世界上最大的二氧化碳排放国，参见［英］马丁·雅克著：《当中国统治世界：中国的崛起和西方世界的衰落》，第 140 页。也有统计认为，2009 年，中国已经成为全球最大的碳排放国家，参见 Lyle J. Goldstein, *Meeting China Halfway: How to defuse the emerging US–China rivalry* (Washington, D.C.: Georgetown University Press, 2015), p.113.

③ ［美］布鲁斯·琼斯、［美］卡洛斯·帕斯夸尔、［美］斯蒂芬·约翰·斯特德曼著：《权力与责任：构建跨国威胁时代的国际秩序》，第 94 页。

方案，就未来应对气候变化的全球行动签署新的协议（即《哥本哈根议定书》）。这是继《京都议定书》（其第一期承诺于 2012 年到期）后又一具有划时代意义的全球气候协议书，将对地球今后的气候变化走向产生决定性的影响。这是一次被喻为"拯救人类的最后一次机会"的会议。美国和中国作为碳排放最多的两个国家，其立场自然是这次会议的焦点。作为《联合国气候变化框架公约》及其《京都议定书》的缔约方，中国一向致力于推动公约和议定书的实施，认真履行相关义务。温家宝在这次会议上的发言中强调，"共同但有区别的责任"原则是国际合作应对气候变化的核心和基石，应当始终坚持。因此，发达国家必须率先大幅量化减排并向发展中国家提供资金和技术支持，这是不可推卸的道义责任，也是必须履行的法律义务。发展中国家应根据本国国情，在发达国家资金和技术转让支持下，尽可能减缓温室气体排放，适应气候变化。他明确提出："中国政府确定减缓温室气体排放的目标是中国根据国情采取的自主行动，是对中国人民和全人类负责的，不附加任何条件，不与任何国家的减排目标挂钩。"[①] 而在哥本哈根大会上，美国想让中国承担更多责任。比如美国代表就指责中国的立场，反对美国向中国减排提供资金支持，否认发达国家应该为中国在工业化进程中累积造成的大气环境污染"埋单"，并要求中国制定更大力度的减排目标。这次会议最终通过了不具法律约束力的《哥本哈根协议》，它维护了《联合国气候变化框架公约》及其《京都议定书》确立的"共同但有区别的责任"原则，就发达国家实行强制减排和发展中国家采取自主减排行动作出了安排。中国被认为是阻碍这次会议达到预期目标的重要国家，会后对中国的指责不绝于耳。同样地，在 2011 年的德班气候变化会议上，中美也没有达成共识。因此，有中国学者认为，中国未来必将持续面对要

---

① 　新华社：《温家宝总理在哥本哈根气候变化会议领导人会议上的讲话》（全文），2009 年 12 月 19 日，http://news.xinhuanet.com/world/2009–12/19/content_12668033.htm.

求承担强制性减排责任的压力, 而且"中国可选择的空间并不大"。[①]

其实, 中国国内环境持续恶化已经迫使中国政府在环境保护上加大力度, 并增强了国际环境保护合作的意识。习近平强调, "决不以牺牲环境为代价去换取一时的经济增长"。[②] 曲格平在接受《南方周末》采访的时候指出: "现在全国上下都认识到: 不惩治腐败要亡党亡国。我认为不消除环境污染, 不保护好生态环境, 也要亡党亡国。对环境治理要下决心, 再不能只停留在口头上和纸面上了。"[③] 2013 年, 中共十八届三中全会明确提出要加快生态文明制度建设, 并且指出"建设生态文明, 必须建立系统完整的生态文明制度体系, 实行最严格的源头保护制度、损害赔偿制度、责任追究制度, 完善环境治理和生态修复制度, 用制度保护生态环境"。[④] 可以预计, 未来国内严峻的环境问题会进一步逼迫中国对待国际环境保护规范的态度发生变化, 并且承担更多的国际责任。值得注意的是, 在北京及其周边地区持续雾霾的背景下, 2014 年 11 月, 中国政府为了办好北京 APEC 非正式首脑会议, 对北京及其周边省市进行了前所未有的限制性措施(也是无奈之举), 包括机动车单双号限行等, 带来了持续多日的"APEC 蓝"。也正是在这次会议期间, 中国国家主席习近平与美国总统奥巴马共同发表《中美气候变化联合声明》, 美国计划于 2025 年实现在 2005 年基础上减排 26%—28% 的全经济范围减排目标并将努力减排 28%, 中国计划 2030 年左右二氧化碳排放达到峰值且将努力早日达峰, 并计划到 2030 年非化石能源

---

① 余潇枫主编: 《中国非传统安全研究报告(2012—2013)》, 北京: 社会科学文献出版社 2013 年版, 第 160 页。

② http://news.xinhuanet.com/politics/2013-06/01/c_115995880.htm.

③ http://news.ifeng.com/shendu/nfzm/detail_2013_06/07/26205127_0.shtml.

④ 《中共中央关于全面深化改革若干重大问题的决定》(2013 年 11 月 12 日中国共产党第十八届中央委员会第三次全体会议通过), http://news.xinhuanet.com/politics/2013-11/15/c_118164235.htm.

占一次能源消费比重提高到 20% 左右。这显示中美两国作为世界前两大经济体也是前两大温室气体排放国，愿意负责任地共同应对气候变化。

对于中国未来如何应对环境问题方面的压力，杨泽伟建言："中国政府应坚持可持续发展战略，维护《气候变化框架公约》和《京都议定书》的基本框架。一方面，中国承认减排是经济社会发展的大势所趋，是人类文明进步的必然；另一方面，坚决维护中国作为发展中国家的发展权益，强调发展经济和消除贫困是发展中国家压倒一切的优先任务，并立足于发展权的实现，坚持赋予发展中国家、气候变化的脆弱群体和穷人以更多的碳排放权。"[①]

2015 年 12 月 12 日，巴黎气候变化大会通过了具有法律约束力的全球气候变化新协定，为 2020 年后全球应对气候变化行动作出安排。《联合国气候变化框架公约》近 200 个缔约方一致同意通过了《巴黎协定》。《巴黎协定》指出，各方将加强对气候变化威胁的全球应对，把全球平均气温较工业化前水平升高控制在 2 摄氏度之内，并为把升温控制在 1.5 摄氏度之内而努力。全球将尽快实现温室气体排放达峰，21 世纪下半叶实现温室气体净零排放。根据协定，各方将以"自主贡献"的方式参与全球应对气候变化行动。发达国家将继续带头减排，并加强对发展中国家的资金、技术和能力建设支持，帮助后者减缓和适应气候变化。中国气候变化事务特别代表解振华在大会发言中表示，《巴黎协定》是一个公平合理、全面平衡、富有雄心、持久有效、具有法律约束力的协定，传递出了全球将实现绿色低碳、气候适应型和可持续发展的强有力积极信号。他呼吁各方积极落实巴黎会议成果，为《巴黎协定》的生效实施做好准备，并强调中方将主动承担与自身国情、发展阶段和实际能力相符的国际义务，继续兑现 2020 年前

---

① 杨泽伟著：《国际法析论》（第三版），第 121 页。

应对气候变化行动目标，积极落实自主贡献，努力争取尽早达峰，并与各方一道努力，按照《公约》的各项原则，推动《巴黎协定》的实施，推动建立合作共赢的全球气候治理体系。① 这实际上也意味着，中国在环境主义规范问题上，已经从规范的接受者成为规范的制定者之一。

　　总之，正在崛起的中国面临着西方所构建并主导的国际规范变迁这一社会事实。具体来说，在全球化的背景下，西方对国际社会行为规范或"文明标准"的认识正在发生变化，其总体趋势是弱化主权原则，强调人权、民主等原则。这样一来，在当今国际关系中就存在着一个重要问题，即包括中国在内的广大非西方国家（今天这类国家在国际社会中占据多数的地位）如何对待国际规范的变迁？随着人权、民主等被视为国家国际合法性"新标准"的核心要素，崛起的中国自然会在国际社会中面临着来自西方世界的极大压力，特别是面对着来自霸权国家的极大压力。正如亚当·沃森（Adam Watson）所指出的，国际社会中的国家只是法律上平等，实际上是不平等的，始终存在大国（一个或多个）行使霸权的情势，比如迫使其他国家遵守国际社会的规则和制度（往往是由霸权国家解释的，甚至可能是由霸权国家制定的），并干涉他国内部事务。这在冷战后国际社会中的一个突出表现就是，美国等一些西方国家坚持普遍人权原则。在沃森看来，这种"在人权问题上的立场，便是 19 世纪（西方）要求那些想加入欧洲主导的国际社会的非欧洲国家必须符合"文明标准"的立场之现代版本"。②

---

　　① 新华网：《详讯：巴黎气候变化大会通过全球气候新协定》，2015 年 12 月 13 日，http://news.xi nhuanet.com/world/2015-12/13/c_128524201.htm.

　　② Adam Watson, "The Practice Outruns the Theory," in B. A. Roberson, ed., *International Society and the Development of International Relations Theory*, revised paperback edition (London: Continuum, 2002), p.151.

第四节 崛起的中国与未来的国际秩序

如前所述，国际规范正在发生变化，这是主要由西方国家所构建的社会事实。根据西方所制定和解释的"新文明标准"，中国依然属于国际社会中"不够文明"的国家，崛起的中国于是容易被视为西方在国际社会中所要面对的一个挑战。

中国正在崛起，这是一个事实。国际规范在发生变化，这也是一个事实，尽管它是一个主要由西方国家所构建和主导的社会事实。中国的崛起与国际规范的变迁之间存在一定关联性。从理论上说，正在崛起的中国既可能适应、接受西方主导的国际规范的变迁，也可能挑战或者希望修正、重塑现有国际规范。在另外一个方面，随着国际规范的变迁，国际社会中的主导国家既可能认可和接受中国的崛起，也可能制约或阻碍中国的崛起。其结果不仅取决于中国与西方主导的国际社会之间的互动关系，也取决于中国自己的政策选择。

中国对于国际规范的变迁所采取的应对之策，可能难以用"适应、接受"或者"挑战、修正"之类的简单的、非此即彼的话语来加以概括。这就如同用"革命国家""修正主义国家"或者"维持现状国家"等词汇难以准确描述中国的国际身份一样。另外，中国属于一个正在崛起的、转型中的国家，其应对国际规范变迁之策也必定是不断变化、调整的。尽管如此，我还是试图做出如下几点判断：

第一，中国继续坚持融入国际社会的政策，承担相应的国际责任，并且适应国际规范的变迁。

在今天以及可以预见的将来，国际规范的变迁过程，基本上不是中国可以左右得了的，而是主要由西方国家所主导的。挑战国际社会的主流规范显然不利于中国的发展，这已经为历史所证明，因为新中国曾经充当过国际社会中的"革命国家"，并因此长期被疏远和孤立。相反，中国自从改革开放以来所采取的主动融入国际社会的政策，已经导致中国与国际社会的关系得到极大改善，中国自身的综合实力也得到大大增强。改革开放40年来，中国发生了很大的变化，中国与国际社会的关系也同样发生了很大变化。在很大程度上，正是因为中国自身的变化，导致了中国与国际社会的关系发生了变化。可以预见的是，中国变革的过程还将继续，中国与国际社会的关系也将继续发生变化，中国进一步融入国际社会是大势所趋。需要特别指出的是，中国不应该把自己放在西方所倡导的"人权""民主"等原则或规范的对立面上，否则会在国际社会中再次陷于被孤立和疏远的境地。毫无疑问，中国应该改变自己，包括大大提高自己的综合实力，并且在国际社会的主流规范与制度框架内行动，以便在更大程度上影响世界，发挥国际社会负责任大国的作用。漆海霞在研究了春秋战国时期国家之间关系的历史后指出："中国当前也面临崛起的问题，外界的遏制不可避免，因而中国外交的关键是要避免突破当前国际规范的底线，以降低遏制的力度，分化遏制同盟。当然，这些措施仅限于谋略层面。中国不可过于侧重谋略或武力，而应吸取秦亡的教训，立国立德，走王道之路，实现'兴灭国、继绝世、举逸民，天下之民归心焉'。"[①]

实际上，近年来，中国主流媒体、领导人已经一再明确表示中国愿意成为"文明国家"世界一员并承担相应责任。2007年中共十七大前夕，《人民日报》发表评论员文章，明确表示中国属于"文明国家"一员："中国坚持独立自主的和平外交政策，在和平共处五项原则基础上同世界各国和睦

---

① 漆海霞：《战国的终结与制衡的失效——对战国时期合纵连横的反思》，《当代亚太》2015年第5期，第48页。

相处，有效地捍卫了国家的主权、安全和利益，维护了国家发展的重要战略机遇期，在国际舞台上树立了和平、民主、文明、进步的形象。"该文进一步指出，中国作为"国际社会的重要一员"，努力承担国际义务与责任。① 2007 年 10 月，胡锦涛在中国共产党第十七次全国代表大会上的报告中指出，"当代中国同世界的关系发生了历史性变化，中国的前途命运日益紧密地同世界的前途命运联系在一起"，"中国发展离不开世界，世界繁荣稳定也离不开中国"。② 杨洁篪明确表示中国是"国际社会负责任的大国"，始终以认真负责的态度来处理国际事务。③ 他还表示："随着中国自身力量的增强，我们当然会承担更多的国际责任，同世界各国人民一起来推进和平和发展事业。"④ 中国国务院新闻办公室于 2011 年 9 月 6 日发布的《中国的和平发展》白皮书明确提出，中国要"做和平发展的实践者、共同发展的推动者、多边贸易体制的维护者、全球经济治理的参与者"。⑤ 2013 年 5 月 20 日，中国总理李克强在印度报纸上发表文章，强调"中国是现行国际秩序和国际体系的受益者和维护者"。⑥ 中国前国务委员戴秉国在 2016 年出版的回忆录中明确指出："中国是现行国际体系中成长起来的大国，对现行体系没有敌意，不是'挑战者''造反派'。中国是有明显二元现象的大国。近代史上找不到像中国这样 GDP 总量居世界第二，但人均 GDP 却排在世界 100 位开外的大国。中国发展任务之重之艰难，前无古人。中国没

① 李文云：《中国和平友好走向世界》，《人民日报》"喜迎党的十七大特刊"，2007 年 10 月 14 日，http://politics.people.com.cn/GB/1026/6374853.html.

② 中广网：《胡锦涛在党的十七大上的报告》，2007 年 10 月 25 日，http://news.xinhuanet.com/politics/2007–10/24/content_6939223.htm.

③ 杨洁篪：《2007 年国际形势和与中国外交工作》，《求是》2008 年第 1 期。

④ http://www.xinhuanet.com/2008lh/zb/0312a/.

⑤ http://www.gov.cn/jrzg/2011–09/06/content_1941204.htm.

⑥ http://news.xinhuanet.com/world/2013–05/20/c_115836188.htm.

有意愿、没有能力，也没有时间争夺美国的霸权地位或者所谓'势力范围'。中国越发展，越需要同美国加强合作，越需要与美国共同走一条相互尊重、和谐共处、合作共赢的新型大国关系之路。"①

与此同时，中国学者、政府领导人等在强调维护中国国家主权重要性的同时，也承认民主、人权等规范的重要性。近年来，一些中国学者公开表达了"民主是个好东西""人权不是西方的专利，而是所有人的要求"等观点。② 2007 年 10 月，胡锦涛在中共十七大报告中提到要健全民主制度。③ 2011 年 1 月 19 日，胡锦涛在美国华盛顿回答记者有关中国人权的问题时指出："中国坚定不移地保护和推进人权，中国人权事业取得了举世公认的成就。中国承认和尊重人权的普遍性原则，但同时认为人权普遍性原则必须与各国国情相结合。对中国这样一个人口众多、又处于改革中的发展中国家来说，中国经济社会发展还面临很多挑战，发展人权事业还有很多事情要做。"他还表示："中国将进一步提高人民生活水平，推进民主法治建设，也愿意与各国就人权问题开展交流对话，相互借鉴有益的做法。中美在人权问题上有分歧，但中方愿意与美方在相互尊重、互不干涉内政的基础上，就人权问题开展交流对话，以加深了解、扩大共识、减少分歧。"④ 2012 年 11 月 8 日，胡锦涛在中共十八大报告中阐述全面建成小康社会和全面深化改革开放目标的时候，特别提到了扩大民主与尊重人权问题："人民民主不断扩大，民主制度更加完善，民主形式更加丰富，人民积极性、主动性、

---

① 戴秉国著：《战略对话——戴秉国回忆录》，北京：人民出版社、世界知识出版社 2016 年版，第 175 页。

② 俞可平著：《民主是个好东西》，北京：社科文献出版社 2006 年版；俞新天著：《掌握国际关系密钥：文化、软实力与中国对外战略》，上海：上海人民出版社 2010 年版，第 176 页。

③ 中广网：《胡锦涛在党的十七大上的报告》。

④ http://news.stnn.cc/guoji/201101/t20110121_1498892.html.

创造性进一步发挥，依法治国基本方略全面落实，法治政府基本建成，司法公信力不断提高，人权得到切实尊重和保障。"① 温家宝也在 2007 年初指出："科学、民主、法制、自由、人权，并非资本主义国家所独有，而是人类在漫长的历史进程中共同追求的价值观和共同创造的文明成果。只是在不同的历史阶段、不同的国家，它的实现形式和途径各不相同，没有统一的模式，这种世界文明的多样性是不以人们的主观意志为转移的客观存在。"②

　　也有不少学者提到在中国建设不同于西方民主模式的、中国式民主的可能性问题。马丁·雅克指出："民主不应是抽象的概念，不能脱离历史和文化，也不是放之四海而皆准。因为，如果缺乏相应的环境，民主不但不会奏效，甚至还会带来灾难。民主必须自己慢慢地成长，而不应是强加的……不同的社会所处的环境和发展水平各有差异，都有各自的轻重缓急，因此，民主也应放在恰当的历史和发展大环境中来考量。"③ 他进一步指出："在中国，任何民主政治制度都必将会体现中国人生活中无处不在的传统价值观和信仰。换句话说，民主中国将不可避免地带有明显的儒家文化特点。"④ 徐中约认为，未来在中国将会产生不同于西方民主的中式民主制度："通过改革，一种中国式、有节制的民主政体将应运而生。如果它是某种类似 1919 年五四运动以来学者和政治家们所追求的那种政体——中西文化精华的结合，完全现代化的同时又具有鲜明的中国特色——它一定会为大多

---

　　① 胡锦涛：《坚定不移沿着中国特色社会主义道路前进，为全面建成小康社会而奋斗——在中国共产党第十八次全国代表大会上的报告》（2012 年 11 月 8 日），人民出版社 2012 年版，第 17 页。

　　② 温家宝：《关于社会主义初级阶段的历史任务和我国对外政策的几个问题》，《人民日报》2007 年 2 月 27 日。

　　③ ［英］马丁·雅克著：《当中国统治世界：中国的崛起和西方世界的衰落》，第 173 页。

　　④ 同上，第 179 页。

数中国人所接受"。① 而新加坡前总理、内阁资政李光耀则坚定否认了中国成为一个西方式民主国家的可能性。他写道："中国不会成为一个自由的西方式民主国家，否则就会崩溃。对此，我相当肯定，中国的知识分子也明白这一点。如果你认为中国会出现某种形式的革命以实现西方式民主，那你就错了。"② 钱乘旦强调指出："我们不能照搬西方民主，必须根据自己的国情，立足于中国大地和中华民族传统文化土壤，一点一点摸索，建立起社会主义的新型民主。而这将是长期而艰巨的努力，必须法治先行，在制度上进行长期的探索。"③ 当然，也有学者倾向于认为，民主和科学是舶来品，中国的传统思想没有、也产不出民主和科学来。要在中国确立民主与科学，必须彻底批判中国的传统思想。④

第二，中国坚持世界多元化的原则，不应该、也绝不可能一味迎合别人的要求和迫于外来的压力而无原则地改变自己以适应西方所主导的国际规范变迁，而要努力保持自身的文化特色与政治特色。

中国作为一个历史悠久的大国，保持自身的特色至关重要。全球化进程的发展与深入，并不能从根本上改变世界是多元的这一现实。李光耀在论及世界多样性时指出："任何一个政权、任何一个宗教、任何一种思想都无法征服世界，或者按照自己的设想重塑世界。世界的多样化特征太明显了，不同的种族、文化、宗教、语言及历史要求各国通过不同的道路实现民主和自由市场。"⑤ 在一个多种文化共存的世界中，中国会继续坚持世界

---

① ［美］徐中约著：《中国近代史》（第六版），第 607 页。
② ［美］格雷厄姆·艾利森、［美］罗伯特·布莱克威尔、［美］阿里·温尼编：《李光耀论中国与世界》，北京：中信出版社 2013 年版，第 16 页。
③ 钱乘旦：《关于"民主"：历史与现实》。
④ 顾准著：《顾准文集》，贵阳：贵州人民出版社 1994 年版，第 348—353 页。
⑤ ［美］格雷厄姆·艾利森、［美］罗伯特·布莱克威尔、［美］阿里·温尼编：《李光耀论中国与世界》，第 156 页。

多元化、国际关系民主化的原则。正如 2007 年 10 月 14 日的《人民日报》评论员文章所指出的："在国际事务中，中国致力于推动各国平等参与国际事务，促进国际关系民主化；推动各国共享经济全球化和科技进步的成果，促进互利共赢；推动不同文明加强交流理解，倡导世界多样性。"[①] 2013 年 9 月 25 日，王毅在联合国千年发展目标特别会议开幕式上的发言中指出："推进发展议程，需要尊重各国国情。各国历史、文化、发展阶段都不同，决定了发展道路的不同。'条条大路通罗马'，没必要大家都走一条道，别人走的道可以作为借鉴，但并不一定适合自己去走。无论是中国梦、美国梦、欧洲梦、非洲梦，对幸福生活的追求是相似的，但方式方法各有千秋，不能讲谁优谁劣，更不能强迫别人做自己的梦。国际社会应该尊重多样化的现实，挖掘多样化的潜力，在包容互鉴中实现各国的发展目标。"[②] 这实际上也就是中国提出的"和谐世界"思想的要旨。正如叶自成所指出的："中国'和谐世界'的理念，正是基于对'文明多样性是人类社会的基本特征，也是人类文明进步的重要动力'这个客观规律的尊重、'为人类社会发展创造光明的未来'而提出的。"[③] 在我看来，中国的"和谐世界"思想属于"多元和平"（pluralistic peace）理念，其核心是承认文化多元、发展模式多样。未来的国际社会到底建立在单一文化，还是多元文化的基础之上呢？我认为，其结果取决于多元和平理念与民主和平理念之间的较量。中国理应表明和坚持自己的国际秩序理念。具体来说，中国应该一方面不挑战西方所倡导的民主、人权等规范，另一方面又应该看到民主、人权等概念的含义是发展、变化的，各国对民主、人权的理解不完全一致，中国有充足的理

---

① 李文云：《中国和平友好走向世界》。

② http://news.xinhuanet.com/world/2013-09/26/c_117519291.htm.

③ 叶自成、龙泉霖著：《华夏主义——华夏体系 500 年的大智慧》，北京：人民出版社 2013 年版，第 539 页。

由探索具有自身特色的推进民主制度建设、保障人权的道路。正如李安山所指出的："我们说，一种概念的运用并无专利。西方人可以用，我们也可以用，如'民主''人权'等概念。然而，重要的是，我们应该赋予这些概念以符合自身条件和价值观的内容。"① 这意味着，中国认为"文明"是多元的，"标准"也是复数的。

第三，中国也应该积极参加国际规则的调整、修正与创建，以影响国际规范的变迁。

为了让国际规范具有真正的普遍性，包括中国在内的广大非西方国家理应积极参与国际规范的建构、修正与调整，从而影响国际规范的变迁，以维护自身的利益。中国政府在这方面已经表明了自己的立场，也有学者表达了类似的声音。2007 年底，杨洁篪在《求是》上撰文说，中国要"积极参与国际规则的调整"。② 陈德铭也在 2009 年 9 月的一次访谈中指出："客观上看，WTO 的许多规则是在发达国家主导下制定的。我们加入 WTO后，就要参与规则的制定，从更高的层面维护我国和广大发展中国家的利益。"③ 2011 年的国务院白皮书明确指出："中国以积极姿态参与国际体系变革和国际规则制定，参与全球性问题治理，支持发展中国家发展，维护世界和平稳定。"④ 张宇燕则提出，现行国际规则大多具有"非中性"的特征，中国要"通过双边与多边合作，继承、改进、整合、创新现有国际规则体系，即让国际制度趋于中性，甚至更有针对性地维护发展中国家的利益，

---

① 李安山等著：《非洲梦：探索现代化之路》，南京：江苏人民出版社 2013 年版，《作者的话》第 3 页。

② 杨洁篪：《2007 年国际形势和中国外交工作》。

③ 新华网：《共和国部长访谈录：商务部部长陈德铭谈新中国 60 年商务》，http://news.xinhuanet.com/politics/2009–09/07/content_12010716_3.htm.

④ 国务院新闻办公室：《中国和平发展》白皮书，2011 年 9 月 6 日，http://www.gov.cn/jrzg/2011–09/06/content_1941204.htm.

实现全人类的共同繁荣与发展"。①

　　值得注意的是，中国领导人多次提及中国应该积极参与全球经济治理。2010 年 10 月召开的中国共产党第十七届中央委员会第五次全体会议，就明确提出中国要"积极参与全球经济治理……推动国际经济体系改革，促进国际经济秩序朝着更加公平合理的方向发展"。② 2014 年 12 月 5 日，中共中央政治局就加快自由贸易区建设进行第十九次集体学习。中共中央总书记习近平在主持学习时强调，加快实施自由贸易区战略，是适应经济全球化新趋势的客观要求，是全面深化改革、构建开放型经济新体制的必然选择，也是我国积极运筹对外关系、实现对外战略目标的重要手段。我们要加快实施自由贸易区战略，发挥自由贸易区对贸易投资的促进作用，更好帮助我国企业开拓国际市场，为我国经济发展注入新动力、增添新活力、拓展新空间。加快实施自由贸易区战略，是我国积极参与国际经贸规则制定、争取全球经济治理制度性权力的重要平台，我们不能当旁观者、跟随者，而是要做参与者、引领者，善于通过自由贸易区建设增强我国国际竞争力，在国际规则制定中发出更多中国声音、注入更多中国元素，维护和拓展我国发展利益。③ 2015 年 10 月 12 日，中共中央政治局围绕全球治理格局和治理体制进行了专题集体学习，习近平总书记强调要推动全球治理体制向着更加公正合理方向发展。④

　　值得指出的是，自从 2009 年以来，中国主动尝试创建新的多边国际制

---

① 张宇燕:《多角度理解"一带一路"战略构想》,《世界经济与政治》2016 年第 1 期，第 1 页。

② 《中国共产党第十七届中央委员会第五次全体会议公报》,《人民日报》2010 年 10 月 19 日。

③ http://news.xinhuanet.com/fortune/2014–12/06/c_1113546075.htm.

④ 习近平:《推动全球治理体制更加公正更加合理》, http://news.xinhuanet.com/fortune/2015–10/13c_1116812159.htm.

度来实现自己的国家利益，比如参与创建金砖国家银行、主导创建亚洲基础设施投资银行等，都被认为是通过替代性多边制度安排挑战既有多边制度的行为，或者"竞争的多边主义"行为。① 也有中国学者认为，在诸如应对气候变化，提供国际发展援助，牵头成立亚洲基础设施投资银行和金砖国家银行，以"一路一带"倡议带动亚非欧沿线国家的发展等方面，中国已经展现出令人瞩目的国际影响力，成为国际规则的一个重要塑造者。② 此外，随着中共十八大提出建设海洋强国的目标，有中国学者提出中国要参与重要海洋规则的塑造，以维护重要海洋利益。③

　　作为安理会常任理事国之一，中国一直支持联合国改革，强调安理会改革应优先增加发展中国家，特别是非洲国家的代表，让更多中小国家有机会进入安理会，参与决策。④ 在气候变化问题上，中国联合一些发展中国家坚持"共同但有区别的责任"原则。比如，在 2012 年 11 月多哈气候变化会议前夕，中国邀请巴西、印度和南非三国的环境部长协调谈判立场并发表了联合声明，在多哈会议期间结为一个强有力的发展中国家谈判集团，有效地反击发达国家的施压。⑤ 2013 年 5 月 20 日，中国总理李克强在印度报纸发表文章，在指出"中国是现行国际秩序和国际体系的受益者和维护者"的同时，也表明中国"愿同印度等广大国家共同推进国际体系的改革"。⑥ 这些事例足以表明中国作为国际社会中正在崛起的非西方大国，

---

　　① ［美］罗伯特·基欧汉：《竞争的多边主义与中国的崛起》，《外交评论》2015 年第 6 期，第 20—26 页。

　　② 陈志敏、苏长和：《做国际规则的共同塑造者》，《外交评论》2015 年第 6 期，第 51—56 页。

　　③ 胡波：《论中国的重要海洋利益》，《亚太安全与海洋研究》2015 年第 3 期，第 14—28 页。

　　④ 中华人民共和国外交部政策规划司编：《中国外交》（2011 年），第 232 页。

　　⑤ 余潇枫主编：《中国非传统安全研究报告（2012—2013）》，第 157 页。

　　⑥ http://news.xinhuanet.com/world/2013-05/20/c_115836188.htm.

希望参与国际社会规则的调整、影响国际规范变迁的意愿。与此同时，我们也应该清醒地认识到，迄今为止，西方国家主导国际规范建构、变迁的局面没有发生根本性变化，非西方国家影响国际规范建构、变迁的能力还很弱。因此，正在崛起的中国尚属于发展中国家，在国际权力结构中的地位还不够强大，在影响国际规范建构、变迁的过程中要量力而行，切不可操之过急，以免给自己带来麻烦。此外，对于中国来说，为未来国际社会提供具有广泛吸引力的规范与原则，是中国影响国际规范变迁的至关重要的方面。

　　自从中国加入现代国际社会以来，中国一直是国际规范的接受者，而非制定者。那么，随着中国国际地位的提高，未来是否可能出现中国主导国际规范变迁的局面呢？中国学者对此问题有不同的认识。一部分学者强调，实力的提高必将使得中国成为国际规范的制定者。阎学通指出："到2023年，中国将成为与美国同一级别的超级大国，因此中国除了需要有巨大的物质力量来建立国际新秩序外，还需要以新思想来指导建设新型国际规范以稳定那个新秩序。"[1] 他还认为，在2025—2050年，随着中国综合实力超越美国，中国对国际规范演化的影响将超过美国，特别是在国际经济规范领域。[2] 阎学通领导的清华大学当代国际关系研究院外交改革课题组在其研究报告中明确提出："要营造能够接受中国崛起的国际舆论氛围，我国就需要向国际社会提出比西方社会更具普遍意义的价值观，如公平、正义、文明等，强化中国在世界上的软实力，提升中国文化的亲和力。我国还需要更积极主动地介入国际事务并提出主张和建议，参与国际安全规则

---

① 阎学通著：《历史的惯性：未来十年的中国与世界》，第186页。
② 阎学通：《国际领导与国际规范的演化》。

的制定，在更多的国际事务中具有话语权，体现中国的存在。"① 阎学通还认为，体现中国传统文化的仁、义、礼的公正、正义、文明是分别高于平等、民主、自由的三个普遍价值，是中国应该在国际社会推广的价值观。② 其实，早在 1996 年，俞正樑教授就提出，中国传统文化强调的仁、义、礼、智、信等观念可以相应地为国家行为准则提供规范。③ 杨倩如也指出："随着民族复兴和综合实力的提升，中国的角色必将逐渐由国际关系的参与者、后进者转而成为国际体系的重构者和区域关系的主导者。传统对外关系的制度和理论遗产不仅将在未来的中国对外战略中发挥重要作用，更应在未来国际体系的构建和国际规范的制订中发挥积极的作用。"④ 针对中国与有关国家在南中国海问题上的争端，吴士存等明确指出："中国已经开始通过全球通用的'法言法语'的方式来影响和重塑国际舆论并积极构建合理的国际新规则。"⑤

但是，也有一部分中国学者表达了比较谨慎的态度。比如王庆新认为："即使将来某一天中国的经济规模超过美国，中国在西方国家主导的国际社会中还是一个孤立的少数派，不可能改变国际主流社会的文化价值观和力量均衡。"⑥ 所以，他认为，一个崛起的中国"需要与主流国际社会的很多

---

① 清华大学当代国际关系研究院外交改革课题组 阎学通：《打造中国外交改革创新的机制》。

② 阎学通著：《世界权力的转移：政治领导与战略竞争》，北京：北京大学出版社 2015 年版，第 91—99 页。

③ 俞正樑：《中华优秀传统文化与国际政治新秩序》，《学习与探索》1996 年第 4 期，第 73—76 页。

④ 杨倩如：《双重视野下的古代东亚国际体系研究——在中外关系史与国际政治学之间》。

⑤ 吴士存、蒋围：《中菲南海仲裁案新近发展述评》，《亚太安全与海洋研究》2015 年第 1 期，第 27 页。

⑥ 王庆新：《春秋华夏天下秩序的启示》，第 84 页。

价值观进行沟通与融合，至少是相当部分的认同与融合。当然，中国不可能也不必全部认同西方的价值观，因为中国文化传统中的很多价值观，特别是儒家的仁义礼智信思想，有很多是与西方的基督教价值观相通的。为了构建和谐世界，崛起的中国在发展自己实力的同时，在弘扬自己文化传统中具有普遍意义的核心价值的同时，有必要也有责任在文化价值层面与西方世界作更多的沟通与融合"。[①] 陶坚指出，虽然改革开放 40 年来，中国极大增强了实力，改变了国际力量对比态势，但是将现有秩序完全推倒重来，从未进入过中国战略决策者的理性选择视野，中国只是在从"适应性融入"迈向"建设性塑造"国际体系。[②] 张睿壮也认为，新秩序应以现有秩序为基础，对其进行改革和完善，而不是拆庙重建。[③] 秦亚青的一段话也表达了类似的观点："在相当长的一段时期内，国际体系仍然是一个以西方为主导的国际体系，包括理念和制度设计。随着中国的迅速发展，随着更多的新兴国家参与国际体系，中国的影响会越来越大，国际体系也会越来越异彩纷呈。但西方主导的基本态势仍然不会改变，支撑这一体系的基本理念和规则也不会改变。对于中国来说，还是需要通过自己的合作性实践活动，更加积极地参与国际体系的变革进程，稳扎稳打，徐图改革，推动国际体系更趋稳定与平衡，促进国际秩序朝着更加公平合理的方向发展。"[④] 我赞同此种观点。

　　总之，正在崛起的中国如何应对西方主导的国际规范的变迁，是今天以及可以预见的将来，中国与国际社会关系中的一个核心问题。中国正在

---

　　① 　同上，第 85 页。

　　② 　陶坚：《"融入"和"塑造"国际体系是一个长期进程》，《外交评论》2015 年第 6 期，第 41—46 页。

　　③ 　张睿壮：《现行国际秩序与中国》，《外交评论》2015 年第 6 期，第 46—50 页。

　　④ 　秦亚青等主编：《实践与变革：中国参与国际社会体系进程研究》，北京：世界知识出版社 2016 年版，《代序》第 18 页。

崛起，国际规范也在发生变迁。中国的崛起包括两个层面的含义，即中国在世界上实力地位的大大提高，以及中国被承认为大国俱乐部成员之一并参与世界新秩序的塑造。其中，中国崛起的第二个层面涉及中国与国际社会关系的核心问题，即一个正在崛起的中国如何对待长期以来主要由西方国家所主导的国际规范建构与变迁这一社会事实。在西方话语中，国际规范正在发生从强调主权原则的"文明标准"到强调民主、人权等原则的"新文明标准"的变迁过程。而依据"新文明标准"，中国很容易被视为西方在国际社会中面对的一个"问题国家"或"潜在问题国家"，其在国际社会中的合法性不断受到质疑。中国应对国际规范变迁之策，在很大程度上将影响中国与国际社会的关系。我认为，中国一方面要适应，而不是挑战国际规范的变迁，另一方面也应该坚持世界多元化原则，并且积极参与国际规范的修订和创建，努力影响国际规范变迁过程。

结　论

　　本书的结论部分将回到本书导论中提出的问题，即近代以来至今，中国与西方主导的国际社会是否总存在不和谐或紧张的关系？其原因何在？

　　经过对中国与国际社会关系历史演进的梳理，我认为，近代以来至今，中国与西方主导的国际社会的确一直存在着不和谐或紧张关系，尽管不同的历史时期其程度有所不同，既有严重对抗的阶段，也有关系相对较好的时候。在晚清，随着西方殖民主义扩展，中国主导的东亚国际社会与发源于欧洲的主权国家所组成的现代国际社会之间发生碰撞，最终导致了1840—1842年的鸦片战争。中国从1842年中英鸦片战争结束、被迫打开国门，到1943年彻底摆脱半殖民地状态、被承认为国际社会中的一个具有完全主权权利的国家，前后历经了整整一百年的时间，它比近邻日本、泰国等非西方国家加入国际社会的过程都要漫长得多、艰难得多。在这一百年里，中国不断面对来自西方列强以及脱亚入欧的日本的入侵、扩张与压迫，被迫签订一系列丧权辱国的不平等条约，被排挤于现代国际社会之外，或者以半独立、半文明国家的身份处于现代国际社会的边缘。第二次世界大战结束后不久，随着新中国的建立及其推行革命外交，中国又长期处于在国际社会中被孤立或者疏远的状态。20世纪70年代末的改革开放以来，中国开始了一个不断主动融入国际社会的历史进程，中国与国际社会的关系得到了很大的发展。但即便如此，在过去的 40 年间，中国在国际社会中的合法性实际上一直受到质疑，特别是在人权、民主等问题上，中国一直面对来自一些国家（主要是西方发达国家）的批评或指责。尤其是在中国快速崛起的 21 世纪初，中国与国际社会中的主导国家之间的关系在某些问题领域再次处于某种紧张状态。总的来看，近代以来，中国与国际社会关系的历史演进并非表现为一个简单的直线型的、进步的过程，而是比较曲折、复杂的，既有进步，也有后退，不同程度的紧张关系一直是存在的，而且未来中国与国际社会的关系也有很大的不可预测性。

原因何在？中国与现代国际社会的关系无疑属于双向互动关系（包括冲击—反应关系）的范畴，因此二者之间关系的好坏一定是取决于双方的行为或政策，当双方的行为或政策相向而行的时候，二者之间的关系就比较好，而当双方的行为或政策反向而行的时候，二者之间的关系就比较紧张。从西方主导的现代国际社会一方来看，近代以来西方列强（包括明治维新之后的日本）凭借强大的现代工业和军事力量，以及高效的政治组织能力，以殖民主义扩张的方式，冲击以中国为中心的东亚国际社会或朝贡体系，并导致其逐渐走向瓦解，中国及其周边的绝大部分国家（暹罗和阿富汗是例外），先后被强加给不平等条约或被兼并，从而沦为西方列强的殖民地或半殖民地，被排挤于现代国际社会之外或者处于现代国际社会的边缘。西方列强长期以来不仅不承认、不给予中国平等地位，而且还以瓜分势力范围、军事干涉和侵略行动进一步损害中国的主权权利，导致中国经历了难以忘却的"百年国耻"。中国也为争取成为一个国际社会中的拥有平等地位的国家而进行了不懈努力，并取得部分成功。在第二次世界大战末期以及战后最初几年，中国终于被承认为国际社会中一个拥有平等地位的成员，并且还成为联合国安理会五大常任理事国之一，跻身世界大国的行列。但是，在 1949 年新中国成立之后，西方主要国家及其盟友，又以意识形态为由，长期对新中国实施孤立与封锁，中国与国际社会的关系再次变得紧张起来，中国介入了其周边地区多个武装冲突或者危机之中。20 世纪 70 年代末开始的改革开放，开启了一个中国主动融入国际社会的新的历史进程，中国与国际社会的关系有了很大的改善，中国在诸多方面融入国际社会之中，尽管中国在某些问题上或某些领域中与国际社会的关系有时依然紧张。进入 21 世纪，面对综合实力不断提高、进一步融入国际社会的中国，西方主要国家都产生了不同程度的焦虑感，中国仍然被视为国际社会中一个比较另类的非西方大国，"中国威胁论"有一定市场。西方国家担心崛起后的中国会冲击现存国际秩序，可能源于对中国的此种认知。而从中国一方来看，在处理与西方主导的现代国际社会关系上，可能由于历史上形成的"天朝上国"的优越感，加上近代以来形成的"受害者意识"，中国在主动改变自己的观念与行为、融入现代国际社会的过程中，总是显得比很多非西方国家（尤其是日本）要慢一拍，遇到的困难也要大很多。中国是一个历史悠久的非西方大国，它曾经在较长的历史时期里，在东亚地区国际社会中居于主导地位、是当时的国际规范和"文明标准"的制定者。正因为如此，有西方学者认为，中国由于历史悠久、传统深厚，总是怀有天下中心主义的情怀，它始终是一个文明国家，而不是一个民族国家，难以在民族国家构成的国际社会中找到自己的位置。过去中国把外部世界看作非我族类，中国现在被外部世界看作非我族类。与此同时，"百年国耻"所导致的受害者意识在中国人心中也是根深蒂固的，从而导致其对外部世界总是怀有不信任感，影响中国与国际社会的关系。值得指出的是，我虽然认为历史上形成的"天朝上国"和"受害者意识"对中国对外行为的影响很大，但是也认为这种意识并非完全左右中国对外决策，中国的对外关系还是有很多的自主选择余地的。实际上，近代以来，中国政府在处理与现代国际社会关系的问题上，所采取的对策实际上很不一样，也一直是在发生变动的，其所导致的结果也截然不同。也就是说，"历史记忆"并不是导致中国与国际社会关系演进过程中总是存在紧张关系的唯一重要因素。实际上，在处理与现代国际社会关系上，中国的政策选择所起的作用也很大，中国应该在国际社会中成为一个什么样的国家，或者身份认同问题，实际上在很大程度上属于国内政治范畴。

近代以来，中国与国际社会一直存在着不同程度的不和谐或紧张关系，集中体现在中国与国际规范变迁的关联性上面。国际规范是国际舞台上的行为规则或游戏规则，也是国家组成的国际社会的行为标准。国际规范经历了从地区国际规范到全球国际规范的变化，国际规范的内涵也始终处于变化和发展过程之中。自从近代以来，西方一直主导着现代主权国家国际社会中国际规范的变迁，并且充当国际规范和"文明标准"的制定者和裁定者。国际规范的变迁主要是由西方国家所构建的社会事实。直到今天，发源于欧洲的、由主权国家所组成的国际社会依然存在，西方也会继续维持其在国际社会中的主导地位，尽管其主导的方式在发生变化。值得指出的是，国际社会中的行为规范或"文明标准"虽然发源于西方，但已经具有一定程度上的普遍性，其中某些要素，比如主权原则，已经为所有国家所认可。正在形成的新国际规范或"新文明标准"，也为不少非西方国家所认同与支持。作为一个非西方国家和主权国家国际社会的后来者，中国接受现代国际规范以及适应国际规范变迁的过程比较漫长和艰难。在应对西方主导的国际规范变迁方面，作为非西方国家的中国是否总是落后一拍，从而导致中国始终落后于国际社会的发展？正如有学者所指出的，变迁的国际规范像一个移动的靶子，中国总是处于向这个靶子瞄准但又没有击中的境地。

迄今为止，中国与现代国际社会关系的历史演进过程表明，中国是现代国际社会的后来者，国际规范及其变迁体现出国际社会中的权力关系，西方国家始终是规范的主要制定者、修订者以及裁定者，尽管非西方国家的声音在增强。在这样一种社会之中，中国抵制国际规范，必然导致自己被孤立，中国的发展必将受到影响。因此，接受国际规范和适应其变迁符合中国的国家利益。正所谓改变自己，影响世界。中国必须跟上现代的步伐，坚持主动融入国际社会的政策，承担相应的国际责任，并且适应国际规范的变迁。与此同时，中国的历史传统和政治现实，也使得中国难以一味迎合西方的要求和压力而无原则地改变自己以适应西方所主导的国际规范的变迁，而会努力保持自身的文化特色与政治特色。但是，跟上现代的步伐与保持传统之间始终存在着张力。这决定着中国在未来会在某些问题上在国际社会中继续承受较大的压力，甚至中国在国际社会中的合法性也会不断受到质疑。另外，作为一个正在崛起的新兴大国，随着中国实力地位的增强，中国必然会积极参加国际规范的制定与修订，从而以自身的力量影响国际规范的变迁。实际上，中国崛起为世界大国的重要标志是参与国际规范的制定和修订。然而，中国在朝着这个方向迈进的时候必然会遇到很大的阻力，也需要高度的政治智慧来应对。未来的国际规范，应该继续建立在一个单一或共同文化基础之上，还是产生于多元文化共识之中？作为一个正在崛起的非西方国家，中国应该同其他非西方国家，特别是非西方大国一道，强调多元文化的重要性。然而，作为一个崛起中的非西方大国，中国要想全面参与现有国际规范的制定与塑造，还需要克服很多困难。其主要困难在于中国在国际社会中的形象与合法性问题，中国为此还要付出长期和艰苦的努力。

主要参考文献

一、中文著作

［美］乔万尼·阿里吉、［日］滨下武志、［美］马克·塞尔登主编，马援译:《东亚的复兴:以 500 年、150 年和 50 年为视角》，北京:社会科学文献出版社 2006 年版。

［美］伊丽莎白·埃克诺米、［美］米歇尔·奥克森伯格主编，华宏勋等译:《中国参与世界》，北京:新华出版社 2001 年版。

［英］S.A.M. 艾兹赫德著，姜智芹译:《世界历史中的中国》，上海:上海人民出版社 2009 年版。

［美］本尼迪克特·安德森著，吴叡人译，《想象的共同体》，上海:上海世纪出版集团 2003 年版。

［法］达里奥·巴蒂斯特拉著，潘志平译:《国际关系理论》(修订增补本)，北京:社会科学文献出版社 2010 年版。

［美］迈克尔·巴尼特、［美］玛莎·芬尼莫尔著，薄燕译:《为世界定规则:全球政治中的国际组织》，上海:上海人民出版社 2009 年版。

白桂梅著:《国际法》(第二版),北京:北京大学出版社 2010 年版。

〔韩〕白永瑞著:《思想东亚:朝鲜半岛视角的历史与实践》,北京:三联书店 2011 年版。

〔日〕滨下武志著,朱荫贵、欧阳菲译:《近代中国的国际契机:朝贡贸易体系与近代亚洲经济圈》,北京:中国社会科学出版社 1999 年版。

〔法〕让·博丹著,〔美〕朱利安·H. 富兰克林编,李卫海等译:《主权论》,北京:北京大学出版社 2008 年版。

〔英〕卡尔·波拉尼著,黄树民译:《巨变:当代政治与经济的起源》,北京:社会科学文献出版社 2017 年版。

〔英〕卡尔·波普尔著,陆衡、郑一明等译:《开放社会及其敌人》(第一卷、第二卷),北京:中国社会科学出版社 2016 年版。

〔美〕戴维·波普诺著,李强等译:《社会学》(第十版),北京:中国人民大学出版社 1999 年版。

〔英〕赫德利·布尔著,张小明译:《无政府社会:世界政治中的秩序研究》,上海:上海世纪出版集团 2015 年版。

陈廷湘、周鼎著:《天下 世界 国家:近代中国对外观念演变史论》,上海:上海三联书店 2008 年版。

陈乐民著:《在中西之间:自述与回忆》,北京:三联书店 2014 年版。

陈琪、刘丰主编:《中国崛起与世界秩序》,北京:社会科学文献出版社 2011 年版。

陈永祥著:《宋子文与美援外交》,北京:世界知识出版社 2004 年版。

陈忠经著:《国际战略问题》,北京:时事出版社 1987 年版。

〔日〕川岛真著,田建国译:《中国近代外交的形成》,北京:北京大学出版社 2012 年版。

〔美〕罗伯特·达尔著,李柏光、林猛译:《论民主》,北京:商务印书馆 1999 年版。

［美］罗伯特·达尔著，曹海军、佟德志译：《民主及其批评者》，长春：吉林人民出版社 2006 年版。

戴秉国著：《战略对话——戴秉国回忆录》，北京：人民出版社、世界知识出版社 2016 年版。

戴逸著：《18 世纪的中国与世界》导言卷，沈阳：辽海出版社 1999 年版。

［英］方德万著，胡允桓译：《中国的民族主义和战争（1925—1945）》，北京：三联书店 2007 年版。

［美］玛莎·费丽莫著，袁正清译：《国际社会中的国家利益》，杭州：浙江人民出版社 2001 年版。

［美］费正清等编，中国社会科学院历史研究所编译室译：《剑桥中国晚清史（1800—1911）》，北京：中国社会科学出版社 1985 年版。

［美］费正清、［美］赖肖尔著，陈仲丹等译：《中国：传统与变革》，南京：江苏人民出版社 1992 年版。

［美］费正清等编，刘敬坤等译：《剑桥中华民国史 1912—1949》，北京：中国社会科学出版社 1994 年版。

［美］费正清著，刘尊棋译：《伟大的中国革命 1800—1985》，北京：世界知识出版社 2000 年版。

［美］费正清著，张理京译：《美国与中国》（第四版），北京：世界知识出版社 2000 年版。

［美］费正清著，傅光明译：《观察中国》，北京：世界知识出版社 2001 年版。

［美］费正清编，杜继东译：《中国的世界秩序：传统中国的对外关系》，北京：社会科学出版社 2010 年版。

［美］玛莎·芬尼莫尔著，袁正清译：《干涉的目的：武力使用信念的变

化》，上海：上海世纪出版集团 2009 年版。

　　［美］迈克尔·巴尼特、［美］玛莎·芬尼莫尔著，薄燕译：《为世界定规则：全球政治中的国际组织》，上海：上海人民出版社 2009 年版。

　　冯友兰著：《中国哲学史》上、下册，重庆：重庆出版社 2009 年版。

　　［美］傅高义著，谷英、张柯、丹柳译：《日本第一：对美国的启示》，上海：上海译文出版社 2016 年版。

　　［日］福泽谕吉著，北京编译社译：《文明论概略》，北京：九州出版社 2008 年版。

　　［英］厄内斯特·盖尔纳著，韩红译：《民族与民族主义》，北京：中央编译出版社 2002 年版。

　　干春松：《重回王道：儒家与世界秩序》，武汉：华中师范大学出版社 2012 年版。

　　［美］朱迪斯·戈尔茨坦、［美］罗伯特·基欧汉编，刘东国、于军译：《观念与外交政策：信念、制度与政治变迁》，北京：北京大学出版社 2005 年版。

　　顾维钧著：《顾维钧回忆录》（第一分册），北京：中华书局 1983 年版。

　　顾维钧著：《外人在华之地位》，长春：吉林出版集团有限责任公司 2010 年版。

　　顾准著：《顾准文集》，贵阳：贵州人民出版社 1994 年版。

　　郭嵩焘著：《郭嵩焘日记》，长沙：湖南人民出版社 1981 年版。

　　韩念龙主编：《当代中国外交》，北京：中国社会科学出版社 1988 年版。

　　何方著：《论和平与发展时代》，北京：世界知识出版社 2000 年版。

　　［美］何伟亚著，邓常春译：《怀柔远人：马戛尔尼使华的中英礼仪冲突》，北京：社会科学文献出版社 2002 年版。

　　何新华著：《最后的天朝：清代朝贡制度研究》，北京：人民出版社

2012 年版。

　　［英］戴维·赫尔德等著，杨雪冬等译：《全球大变革：全球化时代的政治、经济与文化》，北京：社会科学文献出版社 2001 年版。

　　［美］塞缪尔·亨廷顿著，刘军宁译：《第三波——20 世纪后期民主化浪潮》，上海：上海人民出版社 1998 年版。

　　洪岚著：《南京国民政府的国联外交》，北京：中国社会科学出版社 2010 年版。

　　胡涤非著：《民族主义与近代中国政治变迁》，北京：知识产权出版社 2009 年版。

　　黄华著：《亲历与见闻——黄华回忆录》，北京：世界知识出版社 2007 年版。

　　［英］埃里克·霍布斯鲍姆著，李金梅译：《民族与民族主义》，上海：上海世纪出版集团 2000 年版。

　　暨爱民著：《民族国家的建构——20 世纪上半期中国民族主义思潮研究》，北京：社会科学文献出版社 2013 年版。

　　［美］亨利·基辛格著，胡利平等译：《论中国》，北京：中信出版社 2012 年版。

　　［美］亨利·基辛格著，胡利平等译：《世界秩序》，北京：中信出版集团 2015 年版。

　　贾烈英著：《构建和平：从欧洲协调到联合国》，北京：时事出版社 2013 年版。

　　贾庆国主编：《全球治理与大国责任》，北京：新华出版社 2010 年版。

　　贾庆国主编：《全球治理与中国作用》，北京：新华出版社 2011 年版。

　　贾庆国主编：《相互建构：崛起中的中国与世界》，北京：新华出版社 2013 年版。

贾庆国主编：《全球治理：保护的责任》，北京：新华出版社 2014 年版。

蒋梦麟著：《西潮·新潮》，长沙：岳麓书社 2000 年版。

蒋廷黻著：《中国近代史》，郑州：中州古籍出版社 2015 年版。

蒋廷黻著：《国士无双——蒋廷黻回忆录》，北京：新星出版社 2016 年版。

［加］江忆恩著，朱中博、郭树勇译：《文化现实主义：中国历史上的战略文化与大战略》，北京：人民出版社 2015 年版。

金光耀、栾景河主编：《民族主义与近代外交》，上海：上海古籍出版社 2014 年版。

［美］柯文著，林同奇译：《在中国发现历史——中国中心观在美国的兴起》，北京：中华书局 1989 年版。

［美］彼得·卡赞斯坦、［美］罗伯特·基欧汉、［美］斯蒂芬·克拉斯纳主编，秦亚青等译：《世界政治理论的探索与争鸣》，上海：上海世纪出版集团 2006 年版。

［美］彼得·卡赞斯坦主编，宋伟、刘铁娃译：《国家安全的文化：世界政治中的规范与认同》，北京：北京大学出版社 2009 年版。

［美］彼得·卡赞斯坦主编，秦亚青等译：《世界政治中的文明：多元多维的视角》，上海：上海世纪出版集团 2012 年版。

［美］康灿雄著，陈昌煦译：《西方之前的东亚：朝贡贸易五百年》，北京：社会科学文献出版社 2016 年版。

［美］戴维·莱克著，高婉妮译：《国际关系中的等级制》，上海：上海世纪出版集团 2012 年版。

雷颐著：《李鸿章与晚清四十年》，太原：山西出版集团、山西人民出版社 2008 年版。

［意］利玛窦、［比］金尼阁著，何高济等译：《利玛窦中国札记》，北京：中华书局 1983 年版。

李慎明主编：《中国民众的国际观》（第三辑），北京：中国社会科学出版社 2012 年版。

李铁城主编：《联合国的历程》，北京：北京语言学院出版社 1993 年版。

李铁城著：《联合国五十年》（第二版增订本），北京：中国书籍出版社 1996 年版。

李铁城主编：《世纪之交的联合国》，北京：人民出版社 2002 年版。

李铁城主编：《联合国里的中国人 1945—2003》上、下册，北京：人民出版社 2004 年版。

李铁城、钱文荣主编：《联合国框架下的中美关系》，北京：人民出版社 2006 年版。

李铁城主编：《走近联合国》，北京：人民出版社 2008 年版。

李铁城、邓秀杰编著：《联合国简明教程》，北京：北京大学出版社 2015 年版。

李巍著：《制度之战：战略竞争时代的中美关系》，北京：社会科学文献出版社 2017 年版。

李文杰著：《中国近代外交官群体的形成（1861—1911）》，北京：三联书店 2017 年版。

李扬帆著：《走出晚清——涉外人物及中国的世界观念研究》，北京：北京大学出版社 2005 年版。

李扬帆著：《涌动的天下：中国世界观变迁史论（1500—1911）》，北京：知识产权出版社 2012 年版。

李越然著：《中苏外交亲历记》，北京：世界知识出版社 2001 年版。

李云泉著：《朝贡制度史论——中国古代对外关系体制研究》，北京：新华出版社 2004 年版。

李兆祥著：《近代中国的外交转型研究》，北京：中国社会科学出版社

2008 年版。

李肇星著:《说不尽的外交——我的快乐记忆》,北京:中信出版社
2014 年版。

凌青著:《从延安到联合国——凌青外交生涯》,福州:福建人民出版社
2008 年版。

林永亮著:《东亚主权观念:生成方式与秩序意涵》,北京:社会科学文
献出版社 2015 年版。

[美]约瑟夫·R.列文森著,郑大华译:《儒教中国及其现代命运》,北
京:中国社会科学出版社 2000 年版。

刘德斌主编:《国际关系史》,北京:高等教育出版社 2004 年版。

刘禾著,杨立华等译:《帝国的话语政治:从近代中西冲突看现代世界
秩序的形成》(修订译本),北京:三联书店 2014 年版。

刘铁娃主编:《保护的责任:国际规范建构中的中国视角》,北京:北京
大学出版社 2015 年版。

刘晓著:《出使苏联八年》,北京:中共党史资料出版社 1986 年版。

刘志云著:《当代国际法的发展:一种从国际关系理论视角的分析》,北
京:法律出版社 2010 年版。

闾小波著:《近代中国民主观念之生成与流变:一项观念史的考察》,南
京:江苏人民出版社 2012 年版。

楼宇烈著:《中国的品格》,海口:南海出版公司 2009 年版。

罗志田著:《激变时代的文化与政治:从新文化运动到北伐》,北京:北
京大学出版社 2006 年版。

[英]马戛尔尼著,刘半农译:《1793 乾隆英使觐见记》,天津:天津人
民出版社 2006 年版。

[英]乔治·马戛尔尼、[英]约翰·巴罗著,何高济、何毓宁译:《马

戛尔尼使团使华观感》，北京：商务印书馆 2013 年版。

［美］马士著，张汇文等译:《中华帝国对外关系史》，上海：上海书店出版社 2000 年版。

［美］麦克法夸尔、［美］费正清编，谢亮生等译:《剑桥中华人民共和国史》，北京：中国社会科学出版社 1998 年版。

茅海建著:《天朝的崩溃：鸦片战争再研究》，北京：三联书店 1995 年版。

［英］詹姆斯·梅奥尔著，王光忠译:《民族主义与国际社会》，北京：中央编译出版社 2009 年版。

牛军编著:《中华人民共和国对外关系史概论（1949—2000）》，北京：北京大学出版社 2010 年版。

牛军主编:《历史的回声：二战与现代东亚秩序》，北京：人民出版社 2015 年版。

［澳］潘成鑫著，张旗译:《国际政治中的知识、欲望与权力：中国崛起的西方叙事》，北京：社会科学文献出版社 2016 年版。

裴坚章主编:《中华人民共和国外交史》，北京：世界知识出版社 1994 年版。

［法］佩雷菲特著，王国卿等译:《停滞的帝国：两个世界的撞击》，北京：三联书店 2013 年版。

钱其琛著:《外交十记》，北京：世界知识出版社 2003 年版。

秦亚青等主编:《国际体系与中国外交》，北京：世界知识出版社 2009 年版。

［美］布鲁斯·琼斯、［美］卡洛斯·帕斯夸尔、［美］斯蒂芬·约翰·斯特德曼著，秦亚青等译:《权力与责任：构建跨国威胁时代的国际秩序》，北京：世界知识出版社 2009 年版。

曲星著:《中国外交 50 年》，南京：江苏人民出版社 2000 年版。

〔韩〕金容九著，权赫秀译：《世界观冲突的国际政治学——东洋之礼与西洋公法》，北京：中国社会科学出版社 2013 年版。

〔美〕保罗·芮恩施著，李抱宏等译：《一个美国外交官使华记——1913—1919 年美国驻华公使回忆录》，北京：商务印书馆 1982 年版。

容闳著，石霓译注：《容闳自传——我在中国和美国的生活》，上海：百家出版社 2003 年版。

施肇基、金问泗著：《施肇基早年回忆录·外交工作的回忆》，北京：中华书局 2016 年版。

师哲回忆，李海文整理：《在历史巨人身边——师哲回忆录》，北京：中央文献出版社 1991 年版。

宋海啸著：《中国外交决策模式》，北京：时事出版社 2016 年版。

〔美〕斯塔夫里阿诺斯著，吴象婴、梁赤民译：《全球通史：1500 年以后的世界》，上海：上海社会科学院出版社 1992 年版。

唐家璇著：《劲风煦雨》，北京：世界知识出版社 2009 年版。

唐士其著：《西方政治思想史》（修订版），北京：北京大学出版社 2008 年版。

陶坚、林宏宇主编：《中国崛起与国际体系》，北京：世界知识出版社 2012 年版。

〔美〕查尔斯·蒂利著，魏洪钟译：《民主》，上海：上海世纪出版集团 2009 年版。

万明著：《中国融入世界的步履：明与清前期海外政策比较研究》，北京：社会科学文献出版社 2000 年版。

王炳南著：《中美会谈九年回顾》，北京：世界知识出版社 1985 年版。

王沪宁著：《国家主权》，北京：人民出版社 1987 年版。

王建朗著：《中国废除不平等条约的历程》，南昌：江西人民出版社

2000 年版。

王杰主编：《国际机制论》，北京：新华出版社 2002 年版。

王立诚著：《中国近代外交制度史》，兰州：甘肃人民出版社 1991 年版。

王立新著：《踌躇的霸权：美国崛起后的身份困惑与秩序追求（1913—1945）》，北京：中国社会科学出版社 2015 年版。

王邵坊著：《中国外交史：鸦片战争至辛亥革命时期 1840—1911》，郑州：河南人民出版社 1988 年版。

王绳祖主编：《国际关系史》上册，武汉：武汉大学出版社 1983 年版。

王韬著：《漫游随录·扶桑游记》，长沙：湖南人民出版社 1982 年版。

王学东著：《气候变化问题的国际博弈与各国政策研究》，北京：时事出版社 2014 年版。

王逸舟主编：《磨合中的建构：中国与国际组织关系的多视角透视》，北京：中国发展出版社 2003 年版。

王逸舟、谭秀英主编：《中国外交六十年（1949—2009）》，北京：中国社会科学出版 2009 年版。

王正毅著：《世界体系论与中国》，北京：商务印书馆 2000 年版。

汪东兴著：《汪东兴日记》，北京：中国社会科学出版社 1993 年版。

［美］汪荣祖著：《走向世界的挫折——郭嵩焘与道咸同光时代》，长沙：岳麓书社 2000 年版。

［美］魏斐德著，梅静译：《中华帝国的衰落》，北京：民主与建设出版社 2017 年版。

魏玲著：《规范、网络化与地区主义：第二轨道进程研究》，上海：上海人民出版社 2010 年版。

［英］R. J. 文森特著，凌迪、黄列、朱晓青译：《人权与国际关系》，北京：知识出版社 1998 年版。

吴东之主编:《中国外交史:中华民国时期 1911—1949》,郑州:河南人民出版社 1990 年版。

吴志攀、李玉主编:《东亚的价值》,北京:北京大学出版社 2010 年版。

伍修权著:《在外交部八年的经历 1950.1—1958.10》,北京:世界知识出版社 1983 年版。

伍修权著:《回忆与怀念》,北京:中共中央党校出版社 1991 年版。

［美］徐国琦著,马建标译:《中国与大战:寻求新的国家认同与国际化》,上海:上海三联书店 2008 年版。

［美］徐中约著,计秋枫、朱庆葆译:《中国近代史:1600—2000 中国的奋斗》,北京:世界图书出版公司 2008 年版。

田曾佩主编:《改革开放以来的中国外交》,北京:世界知识出版社 1993 年版。

谢俊美著:《东亚世界与近代中国》,上海:上海人民出版社 2011 年版。

谢益显主编:《中国外交史:中华人民共和国时期 1949—1979》,郑州:河南人民出版社 1988 年版。

谢益显主编:《中国外交史:中华人民共和国时期 1979—1994》,郑州:河南人民出版社 1995 年版。

［美］熊玠著,余逊达、张铁军译:《无政府状态与世界秩序》,杭州:浙江人民出版社 2001 年版。

熊向晖著:《我的情报与外交生涯》,北京:中共党史出版社 1999 年版。

熊月之著:《西学东渐与晚清社会》(修订版),北京:中国人民大学出版社 2011 年版。

许纪霖著:《家国天下——现代中国的个人、国家与世界认同》,上海:上海人民出版社 2017 年版。

［美］许田波著,徐进译:《战争与国家形成:春秋战国与近代早期欧洲

之比较》，上海：上海世纪出版集团 2009 年版。

薛福成著：《出使英法意比四国日记》，长沙：岳麓书社 1985 年版。

［英］马丁·雅克著，张莉、刘曲译：《当中国统治世界：中国的崛起和西方世界的衰落》，中信出版社 2010 年版。

阎明复著：《阎明复回忆录》（第一卷、第二卷），北京：人民出版社 2015 年版。

阎学通著：《历史的惯性：未来十年的中国与世界》，北京：中信出版社 2013 年版。

颜惠庆著，吴建雍等译：《颜惠庆自传：一位民国元老的历史记忆》，北京：商务印书馆 2003 年版。

杨凡逸著：《折冲内外：唐绍仪与近代中国的政治外交 1882—1938》，北京：东方出版社 2016 年版。

杨公素著：《沧桑百年——杨公素回忆录》，香港：中国文艺出版社 2011 年版。

杨洁勉著：《体系改组与规范重建——中国参与解决全球性问题对策研究》，上海：上海人民出版社 2012 年版。

俞祖华著：《民族主义与中华民族精神的现代转型》，北京：社会科学文献出版社 2012 年版。

袁明主编：《国际关系史》，北京：北京大学出版社 1994 年版。

臧运祜著：《20 世纪的中国与世界》，北京：北京大学出版社 2010 年版。

张鹏著：《中国对外关系展开中的地方参与研究》，上海：上海世纪出版集团 2015 年版。

张小明著：《国际社会英国学派：历史、理论与中国观》，北京：人民出版社 2010 年版。

张蕴岭著：《寻求中国与世界的良性互动》，北京：中国社会科学出版社

2013 年版。

张忠绂编著:《中华民国外交史（1911—1921）》，北京：华文出版社 2012 年版。

赵可金著:《当代中国外交制度的转型与定位》，北京：时事出版社 2012 年版。

赵龙跃编著:《制度性权力：国际规则重构与中国策略》，北京：人民出版社 2016 年版。

赵汀阳著:《天下体系——世界制度哲学导论》，南京：江苏教育出版社 2005 年版。

赵汀阳著:《坏世界研究：作为第一哲学的政治哲学》，北京：中国人民大学出版社 2009 年版。

赵汀阳著:《天下的当代性：世界秩序的实践与想象》，北京：中信出版集团 2016 年版。

郑必坚著:《论中国和平崛起发展新道路》，北京：中共中央党校出版社 2005 年版。

郑大华、邹小站主编:《中国近代史上的民族主义》，北京：社会科学文献出版社 2007 年版。

郑启荣、牛仲军主编:《中国多边外交》，北京：世界知识出版社 2012 年版。

中华人民共和国外交部、中央文献研究室编:《周恩来外交文选》，北京：中央文献出版社 1990 年版。

中华人民共和国外交部、中央文献研究室编:《毛泽东外交文选》，北京：中央文献出版社、世界知识出版社 1994 年版。

钟飞腾著:《发展型安全：中国崛起与秩序重构》，北京：中国社会科学出版社 2017 年版。

钟叔河著：《走向世界：近代知识分子考察西方的历史》，北京：中华书局 1985 年版。

周方银、高程主编：《东亚秩序：观念、制度与战略》，北京：社会科学文献出版社 2012 年版。

周明之著，雷颐译：《胡适与中国现代知识分子的选择》，南宁：广西师范大学出版社 2005 年版。

周文重著：《斗而不破：中美博弈与世界再平衡》，北京：中信出版集团2017 年版。

二、英文著作：

David Armstrong, *Revolution and World Order: The Revolutionary State in International Society* (Oxford: Oxford University Press, 1993).

Alex J. Bellamy, ed., *International Society and Its Critics* (New York: Oxford University Press, 2005).

Alex J. Bellamy, *Responsibility to Protect: The Global Efforts to End Mass Atrocities* (Cambridge, UK: Polity Press, 2009).

Ken Booth and Nicholas J. Wheeler, *The Security Dilemma: Fear, Cooperation and Trust in World Politics* (Basingstoke: Palgrave Macmillan, 2008).

Chris Brown, *International Relations Theory: New Normative Approaches* (New York: Columbia University Press, 1992).

Chris Brown with Kirsten Ainley, *Understanding International Relations*, 3rd ed. (Basingstoke: Palgrave Macmillan, 2005).

Hedley Bull and Adam Watson, eds., *The Expansion of International*

Society (Oxford: Oxford University Press, 1984).

Hedly Bull, *The Anarchical Society: A Study of Order in World Politics*, 4th ed. (Basingstoke: Palgrave Macmillan, 2012).

Scott Burchill, Andrew Linklater, Richard Devetak, Jack Donnelly, Matthew Paterson, Christian Reus-Smit and Jacqui True, *Theories of International Relations*, 3rd ed. (Basingstoke: Palgrave Macmillan, 2005).

Barry Buzan and Richard Little, *International Systems in World History: Remaking the Study of International Relations* (Oxford: Oxford University Press, 2000).

Barry Buzan and Rosemary Foot, eds., *Does China Matter? A Reassessment: Essays in Memory of Gerald Segal* (London: Routledge, 2004).

Barry Buzan, *From International to World Society? English School Theory and the Social Structure of Globalization* (Cambridge: Cambridge University Press, 2004).

Allen Carlson, *Unifying China, Integrating with the World: Securing Chinese Sovereignty in the Reform Era* (Stanford, CA: Stanford University Press, 2005).

Gerald Chan, *China's Compliance in Global Affairs: Trade, Arms Control, Environmental Protection, Human Rights* (Singapore: World Scientific Publishing Co. Pte. Ltd., 2006).

Titus C. Chen and Dingding Chen, eds., *International Engagement in China's Human Rights* (London and New York: Routledge, 2016).

Thomas J. Christensen, *The China Challenge: Shaping the Choices of A Rising Power* (New York: W. W. Norton & Company, 2015).

Ian Clark, *Legitimacy in International Society* (New York: Oxford

University Press, 2005).

Ian Clark, *International Legitimacy and World Society* (Oxford: Oxford University Press, 2007).

Francis M. Deng, et al, *Sovereignty as Responsibility: Conflict Management in Africa* (Washington, DC: Brookings Institution, 1996).

Tim Dunne, *Inventing International Society* (London: Macmillan, in association with St. Antony's College, Oxford, 1998).

Tim Dunne and Nicholas J. Wheeler, eds., *Human Rights in Global Politics* (Cambridge, Cambridge University Press, 1999).

Jeffrey L. Dunoff, Steven R. Ratner, David Wippman, eds., *International Law: Norms, Actors, Process*, 4th ed. (New York: Wolters Kluwer, 2015).

Gareth Evans, *The Responsibility to Protect: Ending Mass Atrocity Once and for All* (Washington, DC: Brookings Institution, 2008).

John K., Fairbank, *China Perceived: Images and Policies in Chinese-American Relations* (New York: Alfred A. Knopf, Inc., 1974).

John King Fairbank and Merle Goldman, *China: A New History*, enlarged edition (Massachusetts, Cambridge: The Belknap Press of Harvard University Press, 1998).

Martha Finnemore, *National Interests in International Society* (Ithaca: Cornell University Press, 1996).

Martha Finnemore, *The Purpose of Intervention: Changing Beliefs about the Use of Force* (Ithaca: Cornell University Press, 2003).

Rosemary Foot and Andrew Walter, *China, the United States, and Global Order* (Cambridge: Cambridge University Press, 2010).

Judith Goldstein and Robert O. Keohane, eds., *Ideas and Foreign Policy*

(Ithaca: Cornell University Press, 1993).

Gerrit W. Gong, *The Standard of 'Civilization' in International Society* (Oxford: Clarendon Press, 1984).

David Held, *Global Covenant: The Social Democratic Alternative to the Washington Consensus* (Cambridge: Polity Press, 2004).

Andrew Hurrell, *On Global Order: Power, Values, and the Constitution of International Society* (Oxford: Oxford University Press, 2007).

Robert Jackson, *The Global Covenant: Human Conduct in a World of State* (Oxford: Oxford University Press, 2000).

Alan James, *Sovereign Statehood: The Basis of International Society* (London: Allen & Unwin, 1986).

Peter Katzenstein, ed., *The Culture of National Security: Norms, Identities, and World Politics* (New York: Columbia University Press, 1996).

Peter J. Katzenstein, Robert O. Keohane, and Stephen D. Krasner, eds., *Exploration and Contestation in the Study of World Politics* (Cambridge: The MIT Press, 1999).

David C. Kang, *China Rising: Peace, Power, and Order in East Asia* (New York: Columbia University Press, 2007).

Edward Keene, *Beyond the Anarchical Society: Grotius, Colonialism and Order in World Politics* (Cambridge: Cambridge University Press, 2002).

Robert Keohane, *International Institutions and State Power: Essays on International Relations Theory*（Boulder, CO.: Westview Press, 1989）

Robert Keohane, *After Hegemony: Cooperation and Discord in the World Political Economy* (Princeton, N.J.: Princeton University Press, 1984).

Audie Klotz, *Norms in International Relations: The Struggle against*

Apartheid (Ithaca: Cornell University Press, 1995).

Friedrich Kratochwil, *Rules, Norms, and Decisions: On the Conditions of Practical and Legal Reasoning in International Relations and Domestic Affairs* (Cambridge: Cambridge University Press, 1989).

Richard Ned Lebow, *A Cultural Theory of International Relations* (Cambridge: Cambridge University Press, 2008).

Jeffrey W. Legro, *Rethinking the World: Great Powers Strategies and International Order* (Ithaca: Cornell University Press, 2005).

Andrew Linklater and Hidemi Suganami, *The English School of International Relations: A Contemporary Reassessment* (Cambridge: Cambridge University Press, 2006).

Richard Little, *The Balance of Power in International Relations: Metaphors, Myths and Models* (Cambridge: Cambridge University Press, 2007).

Charles Manning, *The Nature of International Society*, Reissue with a New Preface (London and Basingstoke: The Macmillan Press Ltd., 1975).

Makau Mutua, *Human Rights Standards: Hegemony, Law, and Politics* (Albany, NY: State University of New York Press, 2016).

Cornelia Navari, ed., *Theorising International Society: English School Methods* (Basingstoke: Palgrave Macmillan, 2009).

Karl Popper, *The Poverty of Historicism* (London and New York: Routledge, 2002).

Thomas Risse, Stephen C. Ropp, and Kathryn Sikkink, eds., *The Power of Human Rights: International Norms and Domestic Changes* (Cambridge: Cambridge University Press, 1999).

B. A. Roberson, ed., *International Society and the Development of International Relations Theory* (London: Continuum, 1998).

David Shambaugh, *China Goes Global: The Partial Power* (Oxford: Oxford University Press, 2013).

Richard J. Smith, *Chinese Maps: Images of "All Under Heaven"* (New York: Oxford University Press, 1996).

Geoffrey Stern, *The Structure of International Society: An Introduction to the Study of International Relations*, 2nd ed. (London: Continuum, 2000).

Shogo Suzuki, *Civilization and Empire: China and Japan's Encounter with European International Society* (London and New York: Routledge, 2009).

Shogo Suzuki, Yongjin Zhang and Joel Quirk, eds., *International Orders in the Early Modern World: Before the Rise of the West* (New York and London: Routledge, 2014).

Ssu-yu Teng and John K. Fairbank, *China's Response to the West: A Documentary Survey, 1839-1923* (Cambridge, Massachusetts: Harvard University Press, 1979).

Ward Thomas, *The Ethics of Destruction: Norms and Force in International Relations* (Ithaca, NY: Cornell University Press, 2001).

Charles Tilly, *Democracy* (Cambridge: Cambridge University Press, 2007).

Brunello Vigezzi, *The British Committee on the Theory of International Politics (1954-1985): The Rediscovery of History* (Milan: Edizioni Unicopli, 2005).

R. J. Vincent, *Human Rights and International Relations* (Cambridge:

Cambridge University Press, 1986).

Michael Walzer, *Just and Unjust Wars*, 3rd ed. (New York: Basic Books, 2000).

Adam Watson, *The Evolution of International Society: A Comparative Historical Analysis* (London: Routledge, 1992).

Adam Watson, *Hegemony & History* (London and New York: Routledge, 2007).

Arne Odd Westad, *Restless Empire: China and the World Since 1750* (London: Bodley Head, 2012).

Nicholas Wheeler, *Saving Strangers: Humanitarian Intervention in International Society* (Oxford: Oxford University Press, 2000).

Anje Wiener, *The Invisible Constitution of Politics: Contested Norms and International Encounters* (Cambridge: Cambridge University Press, 2008).

Martin Wight and Herbert Butterfield eds., *Diplomatic Investigations: Essays in the Theory of International Politics* (London: George Allen & Unwin, 1966).

Martin Wight, *Systems of States* (London: Leicester University Press, in association with London School of Economics and Political Sciences, 1977).

Martin Wight, *International Theory: The Three Traditions* (London: Leicester University Press, 1991).

Linda Wittor, *Democracy as an International Organization of States and Right of the People* (New York: Peter Lang, 2016).

Yongjin Zhang, *China in the International System, 1918-1920: The Middle Kingdom at the Periphery* (Basingstoke: Macmillan in association with St. Antony's College, Oxford, 1991).

Yongjin Zhang, *China in International Society since 1949: Alienation and Beyond* (Basingstoke: Macmillan Press, Ltd., in association with St. Antony's College, Oxford, 1998).